名师名校名校长

凝聚名师共识
回应名师关怀
打造名师品牌
培育名师群体

高中数学
"问题链+任务单"
单元教学整体设计

GAOZHONG SHUXUE

WENTILIAN RENWUDAN

DANYUAN JIAOXUE ZHENGTI SHEJI

陈小波 / 著

东北师范大学出版社

长春

图书在版编目（CIP）数据

高中数学"问题链+任务单"单元教学整体设计 / 陈小波著. — 长春：东北师范大学出版社，2022.9
ISBN 978-7-5681-9417-4

Ⅰ.①高… Ⅱ.①陈… Ⅲ.①中学数学课—教学设计—高中 Ⅳ.①G633.602

中国版本图书馆CIP数据核字（2022）第168897号

□责任编辑：石　斌　　　　　　□封面设计：言之凿
□责任校对：刘彦妮　张小娅　　□责任印制：许　冰

东北师范大学出版社出版发行
长春净月经济开发区金宝街 118 号（邮政编码：130117）
电话：0431-84568023
网址：http：// www.nenup.com
北京言之凿文化发展有限公司设计部制版
北京政采印刷服务有限公司印装
北京市中关村科技园区通州园金桥科技产业基地环科中路 17 号（邮编：101102）
2022年9月第1版　　2023年2月第1次印刷
幅面尺寸：170mm×240mm　印张：22.25　字数：359千

定价：58.00元

序 言

为了落实立德树人根本任务，本轮基础教育课程改革提出以核心素养为导向.《中国学生发展核心素养》是党的教育方针的具体化、细化.数学学科核心素养明确了学生学习数学课程后应达成的正确价值观、思维品质和关键能力，体现了数学课程教学对全面贯彻党的教育方针、落实立德树人根本任务、发展素质教育的独特育人价值，是核心素养与数学课程教学内在联系的桥梁.在"基于核心素养的数学课程目标体系"中，"四基""四能"目标是数学核心素养目标在课堂教学中的具体化、细化，是数学教学中落实核心素养目标的载体和抓手.

以这样的理念为指导，可以构建日常教学中落实立德树人根本任务的基本路径：

基于数学的整体性，以一般观念为统领，以研究一个数学对象的基本套路［背景—概念（本质）—性质（关系、规律）—结构（联系）—应用］为线索，创设符合数学知识发生、发展规律和学生思维规律及认知特点的问题串，引导学生开展系列化的数学活动，促使学生经历发现问题、提出问题、分析和解决问题的过程，在获得数学基础知识、基本技能的过程中，领悟基本思想，积累基本活动经验.学生在获得"四基"，提升"四能"的过程中，逐步学会用数学眼光观察现实世界，用数学思维思考现实世界，用数学语言表达现实世界.

对于课堂教学而言，不仅要有明确的培养核心素养的路线图，还需要有具体的操作方法，有了路线图和操作方法，还需要有执行力强的教师.在某种意义上来说，教师的专业化水平和育人能力才是决定课程改革成败的关键因素.课堂是立德树人的主阵地，如果进入课堂的"临门一脚"问题解决不好，那么再好的课改设计都将前功尽弃.因此，我们必须找到帮助教师提升专业化水平和育人能力的路径，切实帮助教师提高数学的理解水平和精准分析学情的能力，掌握多样化的教学方式，引导教师积极探索基于情境和问题导向的互动式、启发式、探究式、体验式等课堂教学，突出学生的主体地位，有效保护学生的好奇心、想象力、求知欲，激发学生的学习兴趣，提高其学习能力，促进学生系统掌握"四基"，提高"四能"，进而有效发展学生的数学核心素养.

实践表明，教学设计能力是全面提升教师专业化水平和育人能力的关键抓手.基于数学学科核心素养目标的单元整体教学设计与实践研究，可以有效地帮助教师在掌握教学设计方法与技能的过程中，提高数学的理解水平，提升把握学生认知规律的水平，提升学情分析、情境与问题设计、学习评价以及作业设计等方面的能力，进而提升对数学新课程、新教材和新评价的实施能力.从本次课程改革实施以来，单元整体设计成为热点，广大数学教育工作者对此展开了大量研究，本书就是这一研究领域的最新成果.

陈小波老师邀我为本书作序，使我有机会对本书先睹为快.粗略地阅读，给我留下的突出印象有如下几点：

第一，本书的整体架构非常合理.本书先在宏观上概述了高中数学单元教学整体设计的理论，以实践者的视角分析了单元教学设计的内涵与意义，并给出了单元教学设计的整体框架；再从理论与实践相结合的立意出发，阐述了高中数学单元教学设计的路径与方法，明晰了单元教学设计的要点；最后以高中数学单元教学整体设计案例为载体，对单元教学设计进行微观分析，帮助广大教师体悟单元教学设计的研发程序.

第二，本书的实践指向非常明确.陈小波老师发挥自己长期从事数学教学与教研的优势，从自己的亲身实践中敏锐地觉察到高中数学单元教学的关键是整体设计"单元导引—课时教学—整体反思"一体化的实施方案，提出要将"单元要素设计""课时要素设计""单元整体评价"置于单元整体设计中，构建学习单元的整体结构和实施路径，融学习的内容、目标、过程和评价于一体，引导学生把握数学内容的本质，培养数学思维，感受数学价值，促进学生的数学学科素养持续发展.在这样的观点下，建构了"三段七步十九要素"的高中数学"问题链+任务单"单元教学整体设计框架，创设了"单元+课时+反思"单元教学的体例与范式，提出了基于单元导引的"问题链+任务单"教学策略与方法，设计了"纵向+横向"的系统性评价体系．这是一个具有一定系统性的单元教学整体设计解决方案，非常难得．

第三，"单元要素设计中的任务单""课堂教学中的问题链+任务单"和"单元整体评价反思中的任务单"的设计是本书最具特色的内容，也是本书的亮点．长期以来，全国各地都在研究"导学案"，并且由此出现了脱离教材教学的现象．本书提出的高中数学"问题链+任务单"单元整体设计避免了这种现象，这种设计注重依据教材设计课前、课中、课后的学习任务，所给出的表单具有正确的教学导向性，同时也非常有利于教师的实践操作．

第四，本书提出了解决"重局部轻整体，教学内容碎片化""重技能轻思维，教学活动解题化""重结果轻过程，教学方式单一化"等问题的一种路径和方法．我认为，不会提问是当前教师教学设计与实施中的主要问题之一，本书对于解决这个问题提出了可借鉴的方法．在"问题链+任务单"单元教学整体设计中，问题链是整节课的教学主线，任务单是围绕问题链设计的教学载体．其中，教学目标始终处于核心地位，以目标为导向的系列化问题构成一个个通向目标的具体步骤，对应目标设计的学习任务成为一个个检测目标达成度的"试金石"．

陈小波老师践行了"教师是研究者""教学即教研"的职业定位，本书是他长期教研实践的精心总结，可谓是"十年磨一剑"，做得非常扎实．这是实践基础上的理性概括成果，难能可贵．衷心希望广大一线教师在新一轮课改实施过程中能像陈小波老师一样，以研究者的自我定位投入其中．期待有更多的有实践依据的、能够有效指导教学的研究成果涌现出来，为发展学生数学学科核心素养、落实立德树人根本任务作出我们应有的贡献．

章建跃

2022年8月于人民教育出版社

目 录

第一篇　高中数学单元教学整体设计概述

第二篇　高中数学单元教学整体设计策略

第三篇　高中数学单元教学整体设计案例

第一篇 ①

高中数学单元教学整体设计概述

高中数学单元教学设计是以教科书为基础，基于学习需要，整合具有某种内在关联性的教学内容，构建知识链条和结构体系，在整体观和联系观视域下有序规划教学要素，优化教学效果的整体设计方案．整体设计单元教学突出了学习单元的内容主线与课程知识的逻辑关系，增强了课时与课时之间的关联程度，体现了数学的整体性、逻辑的连贯性、思想的一致性、思维的系统性、方法的普适性．

在高中数学的实际教学中，教师们普遍采用"一课一讲"的教学方式，其优势是比较容易实现"立知立能"的教学目标，但也有其局限性，如存在"重局部轻整体，教学内容碎片化""重结果轻过程，教学方式单一化""重技能轻思维，教学活动解题化"等问题．要解决这些局限性问题，加强单元教学就是一个较为准确的方向和较为有效的手段，基于"单元导引"整体设计理念，融合"一课一讲"课时教学，整体理解学生的认知和学习需要、数学课程结构体系、数学思想方法，实现"立知立能立人"的教育教学目标．

单元教学是理解数学、理解教材、理解必备知识、提升关键能力、学好用好数学、从"学会"到"会学"再到"学以致用"、落实"四基"、培养"四能"、发展数学学科素养的基本途径，也是贯彻"立德树人"背景下"学科育人"的理念，形成人的理性思维、科学精神和智力发展的有效途径．

第一章
高中数学单元教学整体设计的含义

高中数学单元教学整体设计既是一种教学设计方案，也是单元教学的指导思想，遵循"分析—设计—实施—评价"模式而展开．其中，分析部分包括分析学习起点、学习需要、划分学习单元、前期准备等；设计部分包括解析单元内容、解析单元目标、分析教学策略、分析诊断问题、课时分配安排等；实施部分包括开展教学活动；评价部分包括单元学习评价、课时学习评价、整体评价等．

第一节　高中数学单元教学整体设计的内涵

一、历史发展

（一）国内相关研究

20世纪20年代，梁启超先生提出"分组比较教学法"，认为"教学需要通盘考虑，不能一篇一篇去讲解，应该将其进行恰当的分组，可以选择两个星期教一组，或三个星期教一组"①，这是我国早期最接近单元教学的观点．单元教学真正引起我国教育界重视的时期，是在 20 世纪 90 年代前后，这时候，教学设计已经成为我国教育界一个相对独立的领域，推动了我国教科书编写单元化的进程．

国内对于单元、单元教学的内涵的理解，有两类看法．一类看法是，单元是教科书编排的章节；还有一类看法是，单元是基于学习需要和教学需求，依据教学内容对结构上的逻辑关系进行重组的"大单元"，即把几个教学单元合并成更大的单元，相比较而言，这样的大单元能更好地体现数学学科教学的系统性和整体性．

(二) 国外相关研究

关于教学设计的早期研究，美国教育心理学家罗伯特·米尔斯·加涅 (Robert Mills Gagne，1916—2002) 是代表性学者之一，他在《教学设计原理》中，提出了"教以学为基础""学习分类"等核心思想，即"为学习设计教学""教学设计必须以帮助学习过程而不是教学过程为目的""教师要根据学生的学习活动过程设计相应的教学活动过程"等学习与教学思想．

关于单元教学的历史发展，可以追溯到 19 世纪末至 20 世纪前半叶，比利时教育家、心理学家德克罗利 (Ovide Decroly，1871—1932)，提出"以兴趣为中心，以整体为原则"的课程与教学系统，即"将每个单元作为一个相对独立的整体，在教学整体化的原则下，制订单元主题，再根据单元主题组织教学内容，并要求在一个相对连续的时间内完成单元主题内容"，这就是单元教学的雏形．加涅在《教学设计原理》中也阐述了课程或教程要求我们确定目标的顺序，一旦课程或教程的目标确定下来，就要确定主要的教学单元，其中每个单元可能需要几课时或几周的时间来学习，在每个单元中，要确定每个单元学习结束时要达到的具体目标，他也特别强调了单元目标分解的重要性．在 20 世纪初，美国教育家克伯屈 (William Hurd Cobbler，1871—1965) 提出的"设计教学法"强调了有目的、有意义的单元活动，进一步促进了实用主义的单元教学理论的发展．

二、时代要求

(一) 学科育人任务

在全面深化课程改革，落实立德树人根本任务的时代背景下，中华人民共

---

① 吕世虎，杨婷，吴振英．数学单元教学设计的内涵、特征以及基本操作步骤［J］．当代教育与
　文化，2016（4）：41-46.

和国教育部于 2019 年发布了《关于加强和改进新时代基础教育教研工作的意见》（教基〔2019〕14 号），提出不仅要加强对课程教学中育人方式的研究指导，还要加强对课程教学关键环节的研究指导，以课程方案为灵魂，以课程标准为统领，以学科育人为抓手，落实立德树人战略.

国务院办公厅 2019 年印发《关于新时代推进普通高中育人方式改革的指导意见》（国办发〔2019〕29 号），要求在全面实施新课程、使用新教材的过程中，积极探索基于情境、问题导向的互动式、启发式、探究式、体验式等课堂教学.

（二）课程标准要求

《普通高中数学课程标准（2017 年版）》（以下简称《课标（2017 版）》）要求加强单元教学、主题教学，促进深度学习、真实学习.2019 年版高中数学教材与旧版教材的呈现方式有了较大的变化，除了内容的部分调整外，主要变化体现在"情境化"的呈现方式，比如，学科知识的整体性、逻辑关系的系统性、内容融合的关联性、思想方法的普适性、获得体验的情境性.所以，《课标（2017 版）》要求在教学过程中，应该关注单元知识的系统性，关注学科内容主线之间的关联，关注学科核心素养之间的协调关系，整体理解学科的结构体系，系统掌握学过的学科内容，准确把握课程目标、课程内容、学业质量的要求，不仅要关注每一节课的教学目标，更要关注主题和单元的教学目标，实现学业质量和相应单元的"学业要求".

（三）国内研究基础

吕世虎、杨婷、吴振英在《数学单元教学设计的内涵、特征以及基本操作步骤》一文中认为，数学单元教学设计是在整体思维指导下，从提升学生数学核心素养的角度出发，通过教学团队的合作，对相关教材内容进行统筹重组和优化，并将优化后的教学内容视为一个相对独立的教学单元，以突出数学内容的主线以及知识间的关联性，在此基础上对教学单元整体进行循环改进的动态教学设计.

章建跃在《核心素养立意的高中数学课程教材教法研究》（上、下册）丛书中，介绍了"单元—课时教学设计"的体例与要求，将理论与实践相结合，对教学设计的各要素、栏目的内容要点和编写要求提出了建议和说明，对当前高中数学单元教学的研究有很强的指导性.

三、内涵概述

（一）"学习单元"的内涵

核心素养背景下的"学习单元"不同于传统意义上的"知识单元"，它是基于发展数学学科素养的学习需要，整合教学内容，优化教学结构，突出内容主题和知识关联的"学习单元"，是相对独立的"课程单元"．

"知识单元"关注的是知识结构的局部联系，而"学习单元"关注的是知识结构体系的关联、思想方法的渗透、学科素养的发展，关注的范围更广，可以是一节、一章、一个主题内容的学习单元，也可以是跨章节、跨年度、跨学段、跨学科的学习单元，还可以是某一模块、某一关联内容、某一核心内容、某一学习领域的学习单元。如果是由几个教学单元组成的学习单元，或者是对教材内容进行整合的学习单元，又或者是探究数学思想方法的学习单元，抑或者是发展数学素养的学习单元，都可以称为"大单元"，一个大单元就是一个微课程单位或学习单位．

（二）"学习单元"的分类

教师根据学习需要、内容结构和学业要求，可以将"学习单元"划分为主题知识单元、思想方法单元、核心素养单元，它们可以重要的数学概念或核心内容为主线、以数学思想方法为主线、以数学学科素养为主线，对应的内容主题分别为知识类学习单元、方法类学习单元、素养类学习单元①．

（三）"单元教学"的内涵

单元教学是基于学习需要，围绕学习单元，依据课程标准、学业要求，将课程目标分解为单元目标并制订课时目标，把课程内容分解为单元内容，再将单元内容分解为课时内容并指明课时安排，设计完整的单元教学方案并实施的过程．

单元教学是相对一课一讲而言的，构建了发展核心素养与实施课堂教学的联系桥梁，实现了从知识点的了解、理解和掌握转变为重视数学本质、思想方法、关键能力和核心素养等的培养和发展．单元教学一般是围绕某个主线或某个主题展开的，从关注单一的知识点、单一课时的教学转变为关注更大范围

---

① 史宁中，王尚志. 普通高中数学课程标准（2017 年版）解读［M］. 北京：高等教育出版社，2018.

（如一个单元、一个主题、一个模块等）的教学，一个单元教学就是一个微课程教学，在这个意义上看，单元教学与主题教学、项目学习、深度学习的含义是一致的①.

（四）"整体设计"的内涵

"整体"是由构成事物的诸要素组成的统一体，这些组成部分之间存在内在逻辑关系，这样的"整体"也称为"单元"或者"主题"．"整体设计"是围绕学习单元，将一些具有逻辑关系的知识点或者思想方法组合在一起，将学习活动中的各个环节都纳入整个单元里进行设计的过程．

整体设计可以上接学科素养、下接课时目标，强调"整体—局部—整体"的系统性、关联性、整体性、层次性和逻辑性，体现了"单元导引—课时教学—整体评价"一体化设计．

（五）"高中数学单元教学整体设计"的内涵

高中数学单元教学整体设计是基于发展学科素养的学习需要，梳理学习单元的链条和结构体系，重组教材内容，优化数学知识结构和学生认知结构，构建"课程—单元—课时"一体化方案的过程，是将具有逻辑关系的内容和前后关联的内容进行整体设计的过程，强调课时与课时的关联性、延续性和可操作性．只有通过整体设计基于单元学习的单元教学，才能将学科核心素养真正落实到课堂教学中．高中数学单元教学整体设计结构如图1-1-1．

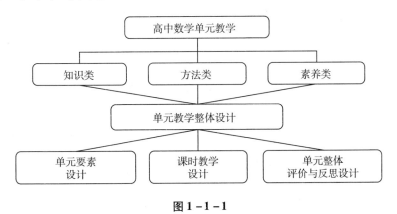

图 1-1-1

---

① 史宁中，王尚志．普通高中数学课程标准（2017 年版）解读［M］．北京：高等教育出版社，2018.

四、主要内容

高中数学单元教学整体设计的研究成为当下教师教学研究的重心，也是新时代教师应该具备的专业化技能．高中数学单元教学整体设计主要涉及以下七个方面：

（一）高中数学单元教学整体设计的含义

全面梳理高中数学单元教学整体设计的内涵、意义与原则，准确阐述"学习单元""学习单元分类""单元教学""整体设计""高中数学单元教学整体设计"等核心概念．

（二）高中数学单元教学整体设计的范式

构建高中数学单元教学整体设计的"三段七步十九要素"总体框架，构建"单元＋课时＋反思"的单元教学整体设计体例与范式．

（三）高中数学"问题链＋任务单"单元式教学法

创建基于"单元导引"的"问题链＋任务单"的教学方法，以问题为主线、以任务为载体，创设合理的教学情境，提出恰当的数学问题，设计适合的评价任务，启发思考与交流，践行学科育人的理念．

（四）高中数学"横向＋纵向"系统性评价体系

构建"纵向＋横向"评价系统，分为单元学习评价活动、课时学习评价活动、单元整体评价与反思活动三部分．"横向＋纵向"评价系统是一种基于单元导引的创新评价系统，体现了量化工具创新、反思评价创新、"整体—局部—整体"闭环逻辑创新．

（五）高中数学单元教学整体设计的路径

开展高中数学单元教学整体设计的区域研究与实践，研究可借鉴、可操作的路径和策略，构建三步式整体教研、共同体联合教研和大单元备课机制等协同教研模式．

（六）高中数学单元教学整体设计的策略

阐述高中数学单元教学整体设计各个要素的内涵，以及各要素之间的逻辑关系，分析单元教学整体设计的技术路径，有序规划和组织单元教学的实施．

（七）高中数学单元教学整体设计的案例

根据高中数学单元教学整体设计的总体框架，划分知识类、方法类、素养类三大类别，精选学习单元的主题，开发经典的实践案例．

第二节　高中数学单元教学整体设计的意义

一、贯彻课程理念

（一）聚焦课程目标

《课标（2017 版）》要求准确把握课程目标、课程内容、学业质量的要求，不仅关注每一节课的教学目标，更要关注主题（单元）的教学目标，合理设计教学目标；要关注学生对具体内容的掌握情况，更要关注学生数学学科核心素养水平的表现，还要关注学科素养的综合性与整体性；明确了主题（单元）下的具体内容目标，并且用不同类型的行为动词描述了主题（单元）的结果性目标和过程性目标．因此，在单元教学整体设计的实践过程中，应该重点阐明课程目标、单元目标、课时目标之间的逻辑关系，明确各单元下的课时分配的具体课时数，明晰各目标系统的内容及结构，梳理各目标系统之间的相互关联、相互促进的关系，以及每个目标系统的要求．

（二）落实课标要求

高中数学单元教学整体设计以问题为导向、以任务为驱动，重点围绕数学核心素养的情境与问题、知识与技能、思维与表达、交流与反思四个方面设计教学，落实课标要求，贯彻学科育人的课程理念．

（三）优化课程结构

高中数学单元教学整体设计立足"优化结构、突出主线、精选内容"的原则．整体设计"单元—课时—评价"教学方案，有利于把握数学本质与学科育人的关系，有利于把握过程与结果的关系，有利于学生体验探究、表达、建构、发展的思维过程，有利于理顺单元与课时内容的逻辑关系以及课时与课时内容的逻辑关系，符合高中学生的认知规律．

（四）推进课程实施

高中数学单元教学整体设计的实践是实施新课程、使用新教材的有力抓手，

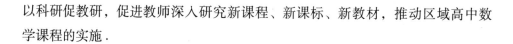
以科研促教研，促进教师深入研究新课程、新课标、新教材，推动区域高中数学课程的实施．

二、指导课堂教学

（一）整合教材内容

单元教学整体设计强调整体教学，以核心内容为基础，对教材中的关联性内容进行分析、重组和整合，基于整体教学目标，设计单元导引下的课时教学，体现了单元整体性．

（二）转变教学方式

高中数学单元教学整体设计是以"学为中心、发展素养"为原则，从"一课一讲"转变为"单元导引"，探索"基于情境、问题导向"的探究式、启发式、互动式、体验式课堂教学。构建"单元导引"的"问题链＋任务单"教学方式，促进教与学方式的转变．既重视教，又重视学，更重视学法指导，促进学生学会学习．其中，关注教师的教，指的是关注教师的教学方式的创新，激发学生学习数学的兴趣．关注学生的学，指的是培养学生良好的学习习惯，了解学生的数学学科核心素养水平．关注学法指导，指的是关注学生差异，是否学会、是否会学、能否学以致用．

三、发展学科素养

整体设计单元教学立足数学整体性，引导学生整体理解和掌握基础知识、基本技能、基本思想、基本活动经验，逐步提高发现问题、提出问题、分析问题和解决问题的能力．培养正确的学科价值观念．可以促进学生深度学习、真实学习，发展其理性思维、数学探究、数学应用、数学文化的数学学科素养．

四、提升教学能力

教师教学能力的提升取决于教师课堂教学设计能力的不断强化．通过高中数学单元整体教学，可以提升教师的数学素养，包括课程教材理解力、单元教学设计力、课堂教学领导力等，也可以全面提升教师队伍的单元教学认识水平．

第三节　高中数学单元教学整体设计的原则

一、数学本质性原则

高中数学单元教学整体设计以一个学习单元为载体，融合了关联数学必备知识、思想方法、关键能力和学科素养等内容，理顺了学科素养与知识技能之间的上下位关系，揭示了数学内容的本质和学科特征．

二、数学整体性原则

主题化的高中数学课程内容，突出函数、几何与代数、概率与统计、数学建模活动与数学探究活动四条主线，它们贯串于必修、选择性必修和选修课程内容．基于数学整体性的单元教学的主要特点有整体把握教学内容、整体安排教学课时、整体把握学生认知规律、整体关注不同学段差异、整体评价与反思教学过程等．

三、思维系统性原则

高中数学单元教学整体设计体现了"整体—局部—整体"的系统性逻辑关系，其中，思维是单元教学的灵魂，也是高中数学课堂教学的灵魂．因此，用系统性思维整体设计单元教学，可以保证单元教学的有效实施，有助于培养学生的系统性数学思维．

四、逻辑连贯性原则

高中数学单元教学整体设计遵循数学的严谨性和逻辑性，在整合单元知识内容的过程中，可以沿用教材原有的逻辑体系，也可以根据学生学习的需要整合相关内容，还可以参考数学概念和方法的发生、发展过程，以及学生数学思维的发生、发展过程整合相关内容．

11

单元教学与课时教学之间的逻辑关系可以简单概括为整体与部分之间的关系．其中，单元教学包含课时教学，但又不是单节课时的简单叠加，课时教学是单元教学的组成部分，两者之间也可以是一种超越整体与部分的逻辑关系．

五、"教、学、评、育一致性"原则

高中数学单元教学整体设计坚持"教、学、评、育一致性"原则，体现《课标（2017 版）》的学业质量要求，即解决"起点在哪""目标去哪""活动体验""过程评价""反思目标达成度""学科育人"等问题．其中，目标是"教、学、评、育一致性"的灵魂，评价与反思是"教、学、评、育一致性"的核心，评价与反思包括学生自评、教师自评、师生互评、同伴互评、专家评价等方面．

六、方法普适性原则

高中数学单元教学整体设计是基于解决数学问题的需要，围绕学习单元展开的活动，单元教学有利于归纳数学的共有属性，提炼解决数学问题的一般性和普适性的方法．

七、策略创新性原则

高中数学单元教学整体设计的策略包括内容与内容解析、目标与目标解析、问题诊断和教学策略、评价设计、课堂教学环节五个方面．其中，"评价设计"包括单元评价、课堂评价、整体评价与反思．

构建"单元＋课时＋反思"单元教学整体设计的体例与范式，创新了"问题链＋任务单"教学法，创设了"三步式整体教研"，提出了"单元学习预期"等．其中，"单元学习预期"是把学生的预期学习结果（终点）作为起点来设计教学活动，即在开展教学活动之前，先思考学习目的到底是什么、如何才能达到预期目的等问题，在此基础上设计学习评价，而不只是在一个课堂教学之后才进行评价，这样可以保证预期的学习效果与教学活动之间的一致性．

八、教法多样性原则

高中数学单元教学整体设计能很好地体现"基于情境、问题导向"的教与学方式，以学生为主体、教师为主导、训练为主线、会学为主旨，采用先学后教式、问题驱动式、探究式、启发式、互动式、体验式、归纳式等多样方式展开教学．

九、学法交互性原则

高中数学单元教学整体设计能很好地体现学法的交互性，关注学生的学习差异，区分学生认知的不同水平，细致分析学生的学习障碍，预估可能的学习困难等．设计合理的学习活动和反思交流活动，让学生有更多的体验机会．

十、发展动态性原则

高中数学单元教学整体设计是动态的教学设计，在设计过程中以及实施单元教学后，还要进行单元教学整体评价与反思，对整个单元教学的实施过程进行反思、修改和完善，并对后续教学提出指导意见．

十一、实施协同性原则

高中数学单元教学整体设计理念先进，内容丰富，过程复杂，形式多样，方式灵活．因此，开展单元教学整体设计活动需要充分发挥团队的智慧，依靠区域、校际或者学校的教研机制，协同推进和落实．

十二、评价创新性原则

由单元评价、课堂教学评价、整体评价与反思组成"横向＋纵向"的系统性评价体系，具有阶段性、连续性、反思性、创新性等特点．

第二章
高中数学单元教学整体设计的范式

　　"核心素养—课程标准—单元设计—课时计划"是课程发展与教学实践中环环相扣的链环，一线教师必须基于"核心素养"展开单元设计的创造①．单元教学整体设计体现了数学学科的本质性和整体性、逻辑思维的系统性和连贯性、思想方法的一致性和普适性．

第一节　高中数学"单元＋课时＋评价" 单元教学整体设计框架

　　高中数学单元教学整体设计是"单元导引—课时教学—整体评价"一体化的实施方案，将单元要素设计、课时要素设计、单元整体评价置于单元整体设计中，构建学习单元的知识链条和结构体系，引导学生进行单元整体性和联系

① 钟启泉．单元设计：撬动课堂转型的一个支点［J］．教育发展研究，2015，33（24）：1－5.

性学习，在整合学习内容、学习目标、学习过程和学习评价的过程中，经历知识发生发展过程、思想方法形成过程和数学思维发展过程，促进学生数学学科素养连续性和阶段性发展．而传统的一课一讲的教学方式存在一些不足，比如"重局部轻整体，教学内容碎片化""重技能轻思维，教学活动解题化""重结果轻过程，教学方式单一化"等．因此，加强单元教学整体设计可以破解这些教学中存在的问题，助力学科素养目标的有效达成．

高中数学"单元＋课时＋评价"的单元教学整体设计包括"三段七步十九要素"．

一、三段

"三段"是指"单元—课时—评价"三个阶段，即单元要素设计、课时要素设计、单元整体评价与反思要素设计，三者之间是前后关联、相互融合的关系．以此实现把握整体性的知识结构，理顺系统性的逻辑关系，探究普适性的解决方法的目的．

二、七步

"七步"是指单元内容、单元目标、问题诊断、教学策略、学习评价（单元—课时）、教学过程（教学环节及评价）、整体评价反思七个步骤．其中，目标解析和目标分解是单元教学整体设计中的难点，可以通过分析课程—单元—课时的目标一致性来理解单元目标和课时目标的关系，强调目标解析具体化．单元目标是内容要求和学业要求的统一体，将单元目标分解到课时当中，完成全部课时教学，才能实现单元教学目标．

三、十九要素

"十九要素"是指单元内容、内容解析、单元目标（课时分解）、目标解析、认知分析、学习障碍、教学方法（问题链＋任务单）、课时安排、评价内容、评价方式、情境导入、探究交流、成果展示、构建数学、学以致用、评价反思、课堂总结、单元整体评价反思、后续指导意见．其中，"问题链＋任务单"教学法可以突破课时教学的重难点问题．

四、"单元—课时—评价"整体设计框架

高中数学整体设计的"三段七步十九要素"体现了学习单元与课时内容之间的关联要素，指出了分解单元目标到课时目标的路径，构建了基于"学科育人、单元导引"的"单元＋课时＋评价"单元设计体例，创设了"问题链＋任务单"教学法，探索了基于情境、问题导向的互动式、启发式、探究式、体验式等课堂教学方式，反映的是数学的整体性、系统性、逻辑性、联系性.

高中数学"单元＋课时＋评价"整体设计框架如图 1 - 2 - 1.

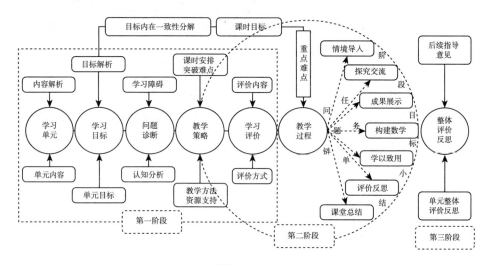

图 1 - 2 - 1

单元教学整体设计实现了单元教学和课时教学的整合与优化，单元教学不能离开课时教学，课时教学又是单元教学的组成部分.明确了单元与课时、课时与课时之间既有层次又有联系的逻辑关系，强调了学科课程知识结构的系统性、联系性和整体性.结构如图 1 - 2 - 2.

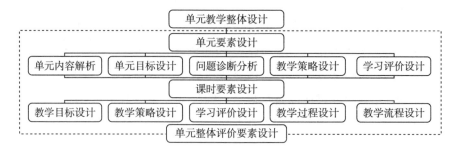

图 1 - 2 - 2

第二节　单元要素设计框架

"单元要素设计"是单元教学设计的第一阶段，含单元内容、单元目标设计、问题诊断设计、教学策略设计、学习评价设计五步，包含内容、内容解析、单元目标、目标解析、学习障碍分析、认知水平分析、课时安排、资源条件、教学方法、突破难点、学习评价内容、学习评价方式十二个要素．结构如图 1 - 2 - 3.

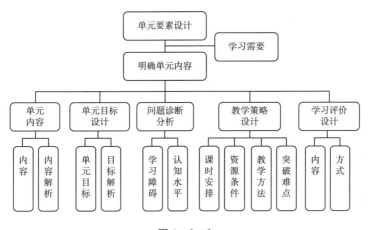

图 1 - 2 - 3

一、单元内容选择

（一）明确学习单元

基于学习需要和学生学情选择合适的学习单元，梳理关联知识，整合单元内容，这个过程需要教师有一定的教学经验．

（二）解析单元内容

解析单元内容包括内容本质、知识结构、学科育人、思想方法、教学重点五个方面，依据课标中"内容要求"解析．精准分析学习单元的内容本质、知识结构体系、学习层次，以及这个学习单元的学科育人价值是什么、蕴含的数学思想方法有哪些、知识间上下位结构是怎样的、来龙去脉是什么、教学重点在哪里等问题，还需要清楚这些要素之间的逻辑关系．内容解析解决了"教什么""如何教""教到什么程度"等问题．属性单如表1-2-1.

表1-2-1

单元内容	内容		
	内容解析	内容本质	
		知识结构	
		学科育人	
		思想方法	
		教学重点	

二、单元目标设计

（一）明确单元目标

单元目标设计既是整体设计的重点，也是整体设计的起点．单元目标是由《课标（2017版）》的"学业要求"决定的．因此，制订一个学习单元的目标要求时，要紧扣课标，深入研读课标中的内容要求、学业要求、教学提示和学业质量，根据课标中的相关要求叙写单元目标．

（二）解析单元目标

1. 理解"课程—单元—课时"目标内在一致性

理解核心素养背景下的"课程目标—单元目标—课时目标"的内在一致性体系，其中，单元目标设计是落实课程目标与课时目标的内在一致性的关键，往上可以追溯课程目标，往下可以分解对接课时目标．结构图如图1-2-4.

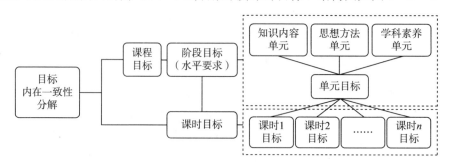

图1-2-4

2. 单元目标和课时目标相结合

单元目标解析的目的，一是将课标中关于教学提示和学业要求的宏观性表述文字具体化，对照"学业要求"制定学习单元的单元目标；二是依据"教学提示"将单元目标分解到课时目标．单元目标和课时目标相辅相成，只有经过各个课时目标的积累和达成之后，才能实现单元目标的达成．属性单如表 1 – 2 – 2.

表 1 – 2 – 2

单元目标	目标	
	目标解析	

三、问题诊断设计

问题诊断主要是分析和预估学生在教学过程中可能遇到的学习障碍，以及出现障碍的可能原因，一般从学生的认知基础入手，同时关注学生差异，以具体教学内容为载体进行分析，指出单元教学的难点．属性单如表 1 – 2 – 3.

表 1 – 2 – 3

问题诊断	认知基础	
	障碍原因	
	指出难点	

四、教学策略设计

教学策略设计立足教学任务的落实，包括合理安排课时、如何突破难点、选择教学方法、整合教学要素和资源等方面，是为了完成单元教学任务所采用的方法和步骤，是实施教学活动的基本依据．属性单如表 1 – 2 – 4.

表 1 – 2 – 4

教学策略	课时安排		第 1 课时
			第 2 课时
			……
			第 n 课时
	突破难点		
	教学方法		
	资源支持		

五、学习评价设计

学习评价包括三个阶段、四个评价内容和八个观察点. 三个阶段为单元学习检测、课堂教学评价、单元整体评价反思. 四个内容为学习准备、学习活动、学习梳理和单元检测. 八个观察点为单元预习、问题链活动、任务单活动、知识结构、思想方法、学科素养、单元练习单和单元检测单.

学习评价设计是数学教学活动中的重要组成部分,学习评价主要考查学生学习的成效. 在单元教学整体设计中,我们将学习评价的设计工作提前到课时教学活动之前完成,把学生的预期学习结果作为依据来设计教学活动,最大限度地保证预期的学习结果与教学活动之间的教、学、评一致性. 先于教学活动进行的学习评价设计对学生的学习具有指向性、预测性,这是单元教学整体设计的创新之处.

简而言之,就是通过设计科学的评价内容和方式,来检测学习结果是否达到本单元预期目标和达成目标的程度,为预设、调整和完善教学提供准确的反馈信息. 比如,编制单元练习单、单元检测单、创新问题情境、合理设计任务单等.

属性单如表 1 - 2 - 5.

表 1 - 2 - 5

评价项目	评价内容	评价要点	评价方式
学习评价	学习准备	单元预习	自评
	学习活动	问题链活动	自评、师评
		任务单活动	自评、师评
	学习梳理	知识结构	自评
		思想方法	自评
		学科素养	自评
	单元检测	单元练习单	自评、师评
		单元检测单	师评

第三节 课时要素设计框架

"课时教学设计"是单元教学整体设计的第二阶段,也是整体设计的第六步,包含课时内容、课时教学目标设计、课时教学策略设计、课时学习评价设计、课时教学过程设计五个方面.由于课时内容在单元要素设计中已经做了明确阐述,所以在课时教学设计中可以不再进行课时内容解析.其中,课时教学过程设计包含情境导入、探究交流、成果展示、构建数学、学以致用、评价反思、课堂总结七个要素.课时教学设计框架结构如图1-2-5.

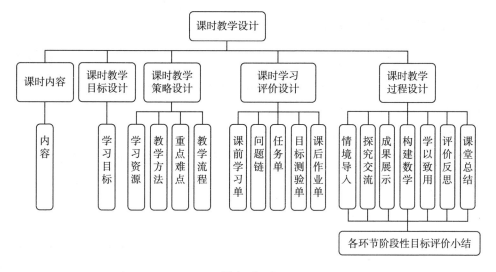

图1-2-5

一、课时教学目标设计

课时教学目标设计要以内容为载体,掌握"四基",发展"四能",即学习掌握基础知识和基本技能,领会数学基本思想,积累基本的活动经验,发展提出问题、发现问题、分析问题、解决问题的能力.

根据《课标(2017版)》学业要求,结合单元教学目标,基于学习的需要和学生的起点，确定课时数和相应的课时目标，再根据学习目标将课时划分成 n 个环节（n 个层次），每个环节聚焦一个阶段性目标，各环节的目标小结也非常重要．在教学实践中，课时教学目标的叙写要特别关注过程与结果的融合，以及隐性目标和显性目标的融合，还要处理好课时目标与课中各环节（各层次）目标之间的整体与局部的关系．这样的课时目标能收到承上启下、内化提升的效果，实现每个环节的教、学、评一致性，真正发展学生的数学学科核心素养，落实学科育人目标．

属性单如表 1 - 2 - 6.

表 1 - 2 - 6

目标设计	学习目标	经历（活动过程），能力（应会解决的问题），发展（提高、体会）数学思想方法和素养

二、课时教学策略设计

课时教学策略设计涉及教学资源、教学方法、教学重点、教学难点和教学流程等内容．根据不同的学习需要和不同课型，合理选择教学方法，比如：问题驱动式、启发式、归纳式、探究式、体验式、合作交流式、讲练结合式以及"问题链＋任务单"教学法等．

教学重点主要涉及核心概念及其蕴含的数学思想方法，难点指的是学习过程中可能遇到的障碍、困难与问题，并提出相应的突破方式．

属性单如表 1 - 2 - 7.

表 1 - 2 - 7

教学策略	教学资源	
	教学方法	
	教学重点	
	教学难点	
	教学流程	

三、课时学习评价设计

课时学习评价设计的主要形式是问题链和任务单，包括课前学习单、问题链（含追问）、任务展示单、目标检测单、交流反思、阶段性目标小结、课堂总结、课后作业单等，及时诊断和检测学生是否学会，是否达到学以致用的预期目标，并对教与学的效果进行反馈，有利于及时改进教学．

评价内容具有一定的针对性和层次性，针对性主要是以教学目标的达成度为依据，层次性主要是处理好各环节评价与整节课时评价的层次关系．因此，应该特别重视教学过程中各环节的目标评价，通过设计问题链和任务单，让每个教学环节必须聚焦一个阶段性小目标，可以起到承上启下的作用，保证教学过程的层次性．

属性单如表 1 - 2 - 8.

表 1 - 2 - 8

	课前	课前学习单	自评
课时学习评价	课中	问题链	自评、师评
		任务单	自评、师评
		目标检测单	师评
	课后	课后作业单	自评

四、课时教学过程设计

教学过程设计应该基于"数学概念和思想方法的发生过程、学生数学思维过程"两方面的融合①，采用"问题链＋任务单"教学法，遵循"以单元为导引，以学生为主体，以教师为主导，以问题为导向，以任务为载体，以训练为主线，以会学为主旨"的原则，创设教学情境，设计教学环节，引导学生深度学习．

教学环节一般包含情境导入、探究交流、成果展示、构建数学、学以致用、评价反思、课堂总结七个环节，每一个环节有相应的设计意图．以"问题链＋

① 章建跃.《普通高中教科书·数学（人教 A 版）》"单元—课时教学设计"体例与要求［J］. 中学数学教学参考，2019（22）：14 - 16.

任务单"方式，建构教学过程中各环节的逻辑关系，各环节之间设计有阶段性小结评价内容，通过这些评价内容检测各个环节的目标是否达成．课堂总结部分不同于课中阶段性小结，不仅要总结本节课所学知识，还要梳理知识结构体系，渗透数学思想方法和培养核心素养，引导学生建构知识的横向和纵向体系．

课时教学过程设计详见本书第一篇第三章第二节高中数学"问题链＋任务单"教学设计．

第四节　单元整体评价与反思框架

单元整体评价与反思是单元教学整体设计的第三阶段，是在完成整个单元教学的基础上，进行回顾式纵向的评议与反思，它与前两个阶段的单元要素设计和课时教学设计同样重要，通过评议、反思、修改，不断调整、完善和改进单元教学，提升整体设计能力．

单元整体评价与反思包含学生自评的"单元学习评价"、教师自评的"单元教学评价"、团队互评的"单元整体评价与反思"三个方面的内容．其中，团队互评的"单元整体评价与反思"是单元整体评价设计的主要评议形式，一般以团队、同伴、专家集体评议为主，是团队和个人对教学设计和教学过程的全面反思．重点评价和反思本单元教学中有哪些值得肯定的优点与价值，有哪些需要反思的问题，还可以进行怎样的改进，为后续教学提供哪些参考意见等．

一、单元学习评价单（学生自评）

单元学习评价单如表 1－2－9.

表 1 - 2 - 9

阶段	序	项目	内容	效果
学习准备	1	学习态度	学习兴趣	
	2	单元预习	完成单元预习单	
课堂学习	3	课前学习单	课中展示情况	
	4	活动表现	交流与反思、思维与表达、问答、提出问题、分析问题、活动参与程度、互动程度	
	5	任务表现	问题链、任务单、目标检测单	
	6	单元练习	完成情况	
	7	单元检测		
	8	关键能力	学会、会学、学以致用	
课后学习	9	完成作业	巩固概念，提升知识技能、综合能力	
	10	回顾梳理	单元内容、思想方法、学科素养、典型数学模型	
说明			效果（程度）：一般、良好、优	

二、单元教学评价单（教师自评）

单元教学评价单如表 1 - 2 - 10.

表 1 - 2 - 10

阶段	序	项目	内容	效果（程度）
学生的学	1	目标达成度	目标是否达成	
	2	必备知识	知识技能、思想方法	
	3	关键能力	逻辑思维、运算求解、空间想象、数学建模、创新能力	
教师的教	4	优点与价值	"单元＋课时"教学设计与教学实施的经验	
	5	不足与反思	"单元＋课时"教学设计与教学实施的不足	
	6	改进意见	形成指导意见	
说明			效果（程度）：一般、良好、优	

三、单元整体评价与反思单（互评）

单元整体评价与反思单如表 1 – 2 – 11.

表 1 – 2 – 11

评价项目		评价内容	评价要点	评价方式
整体评价与反思	学生的学	目标达成度		教师评价 同事评价 专家评价
		必备知识		
		关键能力		
	教师的教	优点		
		不足		
	对后续教学的指导意见			

第五节 学习单元划分框架

学习单元是相对单节课时而言的，是对教材中的单元内容进行整合的学习单元，或者是基于培养数学思想方法而整合的学习单元，又或是基于发展数学学科素养而整合的学习单元．关注的内容是一个单元、一个章节、一个主题、一个模块、一个领域等，一个"学习单元"就是一个微课程单位或学习单位，也可以是由几个学习单元组成的大单元．

一、学习单元划分意义

单元教学设计的第一步就是选择和划分学习单元，它的意义在于可以聚焦数学核心概念的本质、数学的通性通法、知识之间的关联，梳理数学知识产生与发展过程中所蕴含的数学思想；为学生提供个性化学习微课程，为学校、教师拓展和开发课程内容资源提供可能；引导学生展示数学理解力，满足学生自主探究的欲望，拓展学生的数学视野．

经历学习单元的过程后，能够更加深入地理解高中数学知识的本质，能够理解和表述数学的抽象性与一般性、逻辑推理与数学的严谨性、数学模型与数学应用的广泛性之间的必然联系，提升数学学科素养．

二、学习单元划分原则

（一）学习需要原则

学习的需要是选择合适的学习单元最重要的依据，是在一课一讲的传统教学的基础上，为了引导学生从整体上把握数学课程而进行的教学活动．通过单元教学活动，加深理解数学知识体系的整体性、连续性和阶段性．

（二）理解教材原则

理解教材、整合教材、活用教材是选择合适的学习单元的基本原则之一．相对其他学科而言，高中数学情境化教材的结构性、体系性和整体性更加突出．所以，应该深度分析教材中主线背景、册目录、册导引、章引言、章小结、章—节课程内容、习题等内容。

1. 分析"册目录"的主线背景

一册教材的目录蕴含着课程内容的重要信息，其中，教师要以数学学科核心素养为导向，把握数学学科核心素养在本册内容体系的四条主线脉络，明确各章节的函数、几何与代数、概率与统计、数学建模活动与数学探究活动等内容背景．

2. 理解"册导引""章引言""章小结"的指引

"册导引""章引言"分别属于"一册书"或"一章"的学习起点，"章小结"属于"一章"的学习反思，也是一章的回顾与梳理．教材各个章节的设计反映了同一主线内容的逻辑关系、不同主线内容之间的逻辑关系、不同数学知识所蕴含的通性通法和数学思想，体现数学内容是一个循序渐进、螺旋上升的有机整体．同时，这些前期准备为教师自主选择、增补和调整教学内容预留必要空间．

3. 整合"章—节"教材内容

情境化的教材结构和内容呈现方式丰富多样，有较强的可读性与亲和力，并且设计了很多情境和情境活动引导学生自主学习，如素材选取、栏目设计、活动方式、情境类型、思路引领、习题选择、图文表达形式等．教师在深入研究分析"章—节"教材内容，包括"习题"素材内容后，合理选择学习单元并实施单元教学，这是一个较为准确的方向和较为有效的抓手．教师可以从整体上把握数学课程，对课堂教学内容进行巩固和深化，也为学生发展数学学科核心素养提供平台.

（三）学业要求原则

《课标（2017 版）》要求在教学过程中，应该关注单元知识的系统性，关注学科内容与主线之间的关联，关注学科核心素养之间的协调关系，理解学科结构体系，系统掌握学过的学科内容.

在《课标（2017 版）》对课程内容的要求中，明确了主题、单元、内容要求、教学提示、学业要求等具体内容，也是划分学习单元的重要依据.

1. 以必修课程内容为例

单元以及课时分配如表 1 – 2 – 12.

表 1 – 2 – 12

主题	单元	内容要求	教学提示	学业要求	建议课时
主题一 预备知识	集合				18
	常用逻辑用语				
	相等关系与不等关系				
	从函数观点看一元二次 方程和一元二次不等式				
主题二 函数	函数概念与性质				52
	幂函数、指数函数、对数函数				
	三角函数				
	函数应用				
主题三 几何与代数	平面向量及其应用				42
	复数				
	立体几何初步				
主题四 概率与统计	概率				20
	统计				
主题五 数学建模活动与 数学探究活动	数学建模活动与数学探究活动				6
机动					6

注：内容要求、教学提示、学业要求见《普通高中数学课程标准（2017版）》第 13 – 36 页.

2. 理顺学业质量中的高考数学学科素养与核心素养的逻辑关系

高考评价体系中的学科素养、高考数学考查的学科素养、《课标（2017版）》中的核心素养三者之间的逻辑关系，如图 1 – 2 – 6①. 聚焦高考数学学科素养，洞悉高考数学科命题的立意.

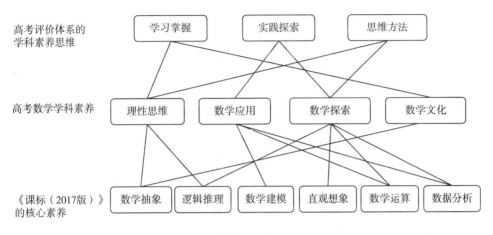

图 1 – 2 – 6

三、学习单元划分框架

依据学习单元划分原则，高中数学的学习单元通常由教师根据学习需要、主题内容和课标要求来决定，可以分为知识内容单元、思想方法单元、学科素养单元，分别对应知识类单元、方法类单元、素养类单元. 知识类学习单元以数学概念或核心内容为主线，方法类学习单元以数学思想方法为主线，素养类学习单元以数学学科核心素养为主线.

依据学习单元的内容不同可以将高中数学单元教学课型分为单元知识探究课、思想方法研究课、单元学法研讨课、数学应用探究课、数学文化渗透课五大类.

---

① 任子朝，赵轩. 基于高考评价体系的数学科考试内容改革实施路径［J］. 中国考试，2019（12）：27 – 32.

（一）学习单元划分、学习单元课型结构

学习单元划分、学习单元课型结构如图 1 – 2 – 7.

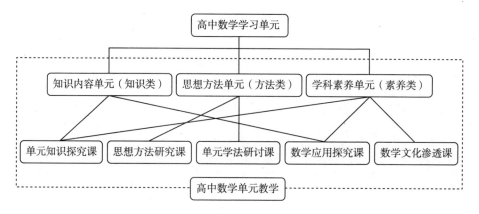

图 1 – 2 – 7

（二）学习单元划分属性单

学习单元划分属性单如表 1 – 2 – 13.

表 1 – 2 – 13

单元类型	□知识类		□方法类		□素养类	
子单元序号	子单元名称	主要内容	课时安排	内容要求	教学提示	学业要求
1						
……						

四、学习单元的分类及其内涵

（一）知识类学习单元

以重要的数学概念、知识发生发展过程、数学思维发展过程、数学核心内容为主线划分的学习单元，称为知识类学习单元．知识类学习单元是最主要的单元形式，对于同一内容，按照不同的角度，规划不同的学习单元知识的链条和结构体系．教师可以直接参考教材进度、课程内容以及课标要求，如教材中的"章"为一个大单元、"章"下面的"节"为子单元；也可以选择跨章节的关联内容，如函数的概念、导数与单调性、三角函数图像与性质等．知识类学习单元的内容是由相关联的数学知识内容整合而成，这样的学习单元主题突出，

逻辑关系清晰.

主题知识类单元教学的课型分为数学知识探究课、数学建模应用课等.

典型案例详见本书第三篇第一章.

（二）方法类学习单元

以数学思想方法为主线划分的学习单元，称为方法类学习单元，如数形结合思想、分类与整合思想、化归与转化思想、函数与方程思想、特殊与一般思想、统计与概率思想六大思想方法. 方法类学习单元有别于知识层面的单元，它主要涉及思想方法的运用. 每个单元下的课时内容不一定有关联性，但同一个学习单元中的各个课时内容揭示了同一类数学思想方法.

思想方法类单元教学的课型分为思想方法研究课、单元学法研讨课等.

典型案例详见本书第三篇第二章.

（三）素养类学习单元

以数学学科核心素养或者数学关键能力为主线划分的学习单元，称为素养类学习单元. 由于数学抽象、逻辑推理、数学建模、直观想象、数学运算、数据分析六个数学核心素养贯穿整个高中课程，以及运算求解、推理论证、交流表达、空间想象、数据处理等数学关键能力体现在方方面面，无论是核心素养还是关键能力都不是孤立存在的. 因此，划分素养类学习单元时，很难以其中某一个核心素养或某一个关键能力为标准设计学习单元内容，只能以侧重某一核心素养或某一关键能力为依据设计. 素养类学习单元内容的知识之间的逻辑关系可以一致，也可以不一致，但都侧重于一类核心素养范畴，重点关注的是学科核心素养和关键能力的形成与发展，这样的大单元综合性要求比较高.

学科素养类单元教学的课型分为数学知识探究课、数学建模应用课、数学文化渗透课等.

典型案例详见本书第三篇第三章.

五、学习单元的划分案例

以人教版普通高中教科书数学必修第一册（2019版）第五章"三角函数"为例，分析学习单元的划分一般思路.

（一）理解教材结构

教材结构如图 1-2-8.

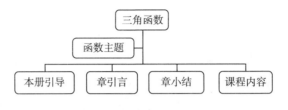

图 1－2－8

（二）解析教材内容

关联的章引言、章小结、课程目录等课程内容如表 1－2－14.

表 1－2－14

		关联内容	数学本质
章引言		三角函数是一类基本且重要的函数，它是刻画现实世界中具有周期性变化现象的数学模型．在"三角函数"的学习中，同学们将借助单位圆建立一般三角函数的概念，学习三角函数的图像和性质，探索和研究三角函数之间的一些恒等关系．通过建立三角函数模型刻画周期变化现象，进一步体会函数的广泛应用	指出了函数主题、地位、核心内容、应用方向
章小结	知识结构	任意角与弧度制单位圆 → 任意角的三角函数 → 三角函数的图像和性质 → 简单的三角恒等变换 → 函数 y=Asin(ωx+φ) → 三角函数模型的简单应用；同角三角函数的基本关系式、诱导公式；周期性单调性奇偶性最大（小）值；差角余弦公式、和差角公式、倍角公式	体现了结构整体性：单元与单元关联性，大单元与子单元关联性
	课程内容解析	现实世界中存在着大量周期现象，任意角的三角函数就是刻画这种现象的基本且有效的数学模型． 为了建立三角函数概念，本章我们先把角的范围推广到任意角，并引进弧度制；然后借助单位圆建立一般三角函数的概念．接着，利用单位圆的性质（主要是对称性），用几何直观和代数运算的方法研究了三角函数的周期性、对称性、单调性和最大（小）值等性质．和（差）角公式、倍角公式等反映了三角函数之间的内在联系，也是圆的几何性质的代数表示，我们借助单位圆，通过代数运算对这些关系进行了研究．最后，利用三角函数的概念和性质，建立了具有广泛应用价值的函数 y = Asin(ωx + φ)，并用它解决了许多实际问题	解析了主题内容：数学概念、原理、公式、数学模型、单位圆工具、图像与性质、数学应用、"元"认知等；以及数学的整体性、逻辑的连贯性、思想的一致性、方法的普适性、思维的系统性等． 主题内容学习单元

续 表

		关联内容	数学本质
章小结	课程内容解析	根据第三章给出的函数概念，函数是两个实数集之间的对应．这样，我们不仅可以对各种函数进行加、减、乘、除等运算，还可以在自变量与函数值之间进行运算，从而使函数具有更广泛的应用．弧度制的本质是用长度单位来度量角的大小，统一了三角函数自变量和函数值的单位，从而使三角函数成为从实数集到实数集之间的对应．如果只用角度制，那么将导致自变量是 60 进位的角度、函数值是 10 进位的实数，例如，$60° + \sin 60°$ 之类的运算将失去意义．所以，弧度制的引入对建立任意角的三角函数概念是至关重要的．在本章中已经看到，三角函数可以刻画振动、波动等大量周期现象，它们的自变量不是角度，而是时间、距离等其他量，这也说明了引入弧度制的必要性．在今后的学习中，我们还会不断体验到引入弧度制对拓展三角函数应用范围的必要性． 将角放在直角坐标系中讨论，不但使角的表示有了统一的方法，而且使我们能够借助直角坐标系中的单位圆，建立角的变化与单位圆上点的变化之间的对应关系，从而建立正弦函数、余弦函数．因此，正弦函数、余弦函数的性质与圆的几何性质（主要是对称性）之间存在着非常紧密的联系．例如，和单位圆相关的"勾股定理"与同角三角函数的基本关系有内在的一致性；单位圆周长为 2π 与正弦函数、余弦函数的周期为 2π 是一致的；圆的各种对称性与三角函数的奇偶性、诱导公式等也是一致的．因此，在研究三角函数时，单位圆的作用非常重要． 周期性是三角函数最重要的性质，利用周期性，我们只要研究清楚三角函数在一个最小正周期内的性质即可；除了奇偶性外，三角函数还有非常丰富的对称性，诱导公式就是三角函数对称性的体现．利用周期性、奇偶性和诱导公式等可以发现，x 轴上的点 $(k\pi, 0)$ $(k \in \mathbf{Z})$ 都是正弦函数 $y = \sin x$ 的对称中心，而直线 $x = k\pi + \pi/2$ $(k \in \mathbf{Z})$ 则都是正弦函数 $y = \sin x$ 的对称轴．对于余弦函数、正切函数可以得到类似的结论	
		本章出现了大量三角公式，这些公式具有紧密的联系．其中，和（差）角公式具有一般意义，诱导公式、倍角公式等都可以看作它的特例．学习时要充分利用这种联系性，避免对公式的死记硬背	指出了公式的内在一致的共同属性．思想方法学习单元

		关联内容	数学本质
课程内容解析		三角函数是一类特殊的周期函数，在研究三角函数时，既可以联系物理、生物、自然界中的周期现象（运动），也可以从已学过的指数函数、对数函数、幂函数等得到启发，还要注意与锐角三角函数建立联系，这种关系可以用以下框图表示：	指出核心内容关联作用，逻辑的系统性． 主题知识学习单元
章小结	回顾思考	带着下面的问题，复习回顾全章内容： 1. 从本章的学习中可以看到，弧度制的引入为三角函数的研究奠定了基础．你能概括一下引入弧度制的必要性吗？ 2. 回顾三角函数的定义方法，说说它与幂函数、指数函数的定义方法的共性和差异性． 3. 两角差的余弦公式不仅是和（差）角公式的基础，也可以看成是诱导公式的一般化．你能画一张本章公式的逻辑图吗？推导这些公式的过程中用到了哪些数学思想方法	指出了思想方法的普适性：转化与划归思想、数形结合思想、"单位圆"模型"等． 思想方法学习单元
		4. 单位圆在三角函数的研究中有非常重要的作用．你能借助单位圆，自己归纳一下研究三角函数的图像与性质的过程与方法吗	指出理性思维，数学探索，数学文化等学科素养：发展数学抽象核心素养
		5. 函数 $y = A\sin(\omega x + \varphi)$ 在刻画周期现象时有着非常重要的作用，其中参数 ω，φ，A 都有相应的实际意义．你能借助匀速圆周运动或其他周期现象（如简谐振动、单摆等），说明这些参数的意义，以及它们的变化对函数图像的影响吗？ 6. 你能针对现实生活中的某种周期现象，用适当的方法搜集数据，并利用这些数据为这种周期现象建立一个函数模型吗	指出数学应用学科素养：发展数学建模、数学运算、数据分析等学科素养． 学科素养学习单元

续 表

关联内容	数学本质
5.1 任意角和弧度制 5.2 三角函数的概念 　　阅读与思考　三角学与天文学 5.3 诱导公式 5.4 三角函数的图像与性质 　　探究与发现　函数 $y=A\sin(\omega x+\varphi)$ 及函数 $y=A\cos(\omega x+\varphi)$ 的周期 　　探究与发现　利用单位圆的性质研究正弦函数、余弦函数的性质 5.5 三角恒等变换 　　信息技术应用　利用信息技术制作三角函数表 5.6 函数 $y=A\sin(\omega x+\varphi)$ 　　阅读与思考　振幅、周期、频率、相位	呈现了课程内容. 每一节就是一个学习单元，也可以进行整合划分新的大单元. 主题知识学习单元

注：表中的"关联内容"见人教版普通高中教科书数学必修第一册（2019版）第五章.

（三）划分知识类学习单元

1. 以知识的发生发展划分

按照知识的发生发展可以划分为七个单元（图1-2-9）.

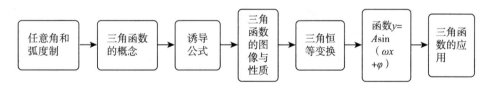

图 1-2-9

2. 以数学思维的发展过程划分

按照数学思维的发展过程可以划分为五个单元（图1-2-10）.

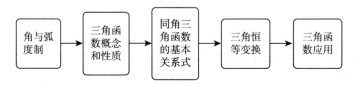

图 1-2-10

3. 以核心内容划分

按照核心内容"三角函数概念和性质"可以划分为四个单元（图1-2-11）.

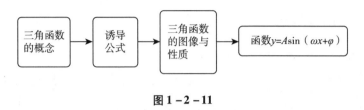

图1-2-11

（四）划分思想方法类学习单元

本章小结中指出了大量三角公式的紧密联系，充分利用这种联系性，避免对公式的死记硬背，可以选择"转化与划归"思想方法学习单元，如在"三角公式内在一致性"学习单元，引导学生学习、归纳公式的内在一致性，抽象公式的共同属性.

（五）划分学科素养类学习单元

由于单位圆在三角函数研究中具有重要作用，因此要选择理性思维、数学探索、数学文化等学科素养类学习单元，如在"单位圆在三角函数中的工具性作用"学习单元，引导学生自己归纳、研究三角函数的图像与性质的过程和方法，发展数学抽象核心素养.

由于函数$y = A\sin(\omega x + \varphi)$在刻画周期现象时有着非常重要的作用，以及它与现实生活中的某种周期现象的应用意义，选择数学应用学科素养类学习单元，如在"三角函数模型在实际问题中的应用（数学建模）"学习单元，应发展学生数学建模、数学运算、数据分析等核心素养.

第六节 教学案例

以人教版普通高中教科书数学必修第一册（2019版）第五章"三角函数"为例的整体设计单元教学.《课标（2017版）》阐明《三角函数》是函数主题大单元，要求整体设计教学，引导学生学习和领会三角函数的背景、概念，理解三角函数的图像与性质，能够学以致用，选择适当的三角函数模型解决简单的实际问题，培养学生的数学抽象、数学建模、数学运算、直观想象等素养.

研读教材内容，教材呈现了七个小节的学习单元，即任意角和弧度制、三角函数的概念、诱导公式、三角函数的图像与性质、三角恒等变换、函数 $y = A\sin(\omega x + \varphi)$、三角函数的应用，体现知识发生发展过程，循序渐进，逻辑清晰，呈现方式符合学生认知基础，可以按照教材中七个小节内容的顺序，整体设计七个学习单元，由七个学习单元教学活动组成一个大单元教学活动. 不过，这个大单元教学活动中还有另一条重要的逻辑线索，即借助单位圆的对称性和周期性研究三角函数，可以适当增设一些学习单元.

研读《课标（2017 版）》，三角函数的内容要求表述为角与弧度、三角函数概念和性质、同角三角函数的基本关系式、三角恒等变换、三角函数的应用五个方面，可以划分为五个子单元进行整体设计. 其中，"三角函数概念和性质"学习单元，可以划分为三角函数的概念、诱导公式、三角函数的图像与性质、函数 $y = A\sin(\omega x + \varphi)$ 四个学习子单元.

下面以"三角函数概念和性质"学习单元为例说明单元教学整体设计的框架.

一、"三角函数概念和性质"单元教学要素设计

教学设计如表 1 – 2 – 15.

表 1 – 2 – 15

		内容	三角函数的概念，诱导公式，三角函数的图像与性质，函数 $y = A\sin(\omega x + \varphi)$
单元内容	内容解析	内容本质	三角函数是一类最典型的周期函数，描述了周期运动现象
		知识结构	函数是描述客观世界中变量关系和规律的数学语言和工具，三角函数描述周期运动现象，是刻画匀速圆周运动的三角函数模型；正弦、余弦函数是最基本的周期函数，直观反映了单位圆的对称性与周期性；单位圆的性质与三角函数的所有内容有关联；三角函数与向量、复数、解析几何、平面几何、解三角形、数学建模都有紧密联系
		思想方法	发挥单位圆的工具性作用，用几何直观和代数运算的方法研究三角函数性质，体现三角函数的整体性、系统性和逻辑性，提高学生的数形结合能力，发展学生的直观想象、数学运算、数学建模等素养

续 表

单元内容	内容解析	学科育人	三角函数应用广泛，发挥了跨学科的桥梁作用，与现实世界的联系密切（比如振动和波动），是高科技的基础之一．学生能体验三角函数在解决实际问题中的学科价值和重要作用
		教学难点	理解和掌握三角函数的性质
单元目标	目标		了解三角函数的背景，体会三角函数与现实世界关联的学科价值． 经历三角函数概念的抽象过程，运用单位圆建立一般三角函数的概念． 运用单位圆的对称性推导出诱导公式． 用几何直观和代数运算的方法研究三角函数的周期性、奇偶性（对称性）、单调性和最大（小）值等性质． 能用三角函数性质解决实际问题
	目标解析		让学生体验用函数描述周期运动现象；借助单位圆上点的旋转过程，分析其中量与量的对应关系以此来抽象三角函数的概念；能根据定义求给定角的三角函数值；引导学生结合实际情境，借助单位圆，探索三角函数的有关性质；重点提升学生的数学抽象、数学建模、数学运算、直观想象和逻辑推理素养
问题诊断	认知基础		学生学习了函数的概念以及函数的图像与性质，初步了解了函数是描述客观世界中变量关系和规律的数学语言和工具，也认识单位圆等平面几何的基础
	障碍原因		学习三角函数的思维过程不同于学习其他基本初等函数．比如：理解三角函数对应关系的特征，归纳三角函数的定义的思维过程，体验给出一个角求对应的函数值的思维过程，研究三角函数的性质的思维方式等
	难点		抽象三角函数的概念和性质
教学策略	课时安排		三角函数的概念
			同角三角函数的基本关系式
			诱导公式（1）
			诱导公式（2）
			正、余弦函数的图像（含周期性）
			三角函数的图像与性质（奇偶性、单调性和最值）
			三角函数的图像与性质（正切函数）
			函数 $y = A\sin(\omega x + \varphi)$
	突破难点		突出单位圆模型的工具性作用，抓住三角函数反映的是匀速圆周运动的数学模型这个核心

课时安排对应表：

	第 1 课时
三角函数的概念	第 1 课时
同角三角函数的基本关系式	第 2 课时
诱导公式（1）	第 3 课时
诱导公式（2）	第 4 课时
正、余弦函数的图像（含周期性）	第 5 课时
三角函数的图像与性质（奇偶性、单调性和最值）	第 6 课时
三角函数的图像与性质（正切函数）	第 7 课时
函数 $y = A\sin(\omega x + \varphi)$	第 8 课时

教学策略	教学方法	基于"单元导引"的"问题链＋任务单"教学法		
	资源支持	"互联网＋"、多媒体技术支持		
学习评价	学习准备	单元预习	复习函数图像与性质、单位圆性质	自评
	学习活动	问题链活动	—	自评、师评
		任务单活动	—	自评、师评
	学习梳理	知识结构	梳理本单元学习内容，三角函数的单调性、周期性、最值、奇偶性、对称性及相互关系	自评
		思想方法	了解三角函数是一个典型的函数模型，体验数形结合，化归与转化、函数与方程以及分类与整合的数学思想	自评
		学科素养	发展数学抽象、直观想象素养	自评
	单元检测	单元练习单	一共16题	自评、师评
		单元检测单	单选4题，多选4题，填空4题，解答题4题	师评

二、"三角函数概念和性质"课时教学要素设计

教学设计如表 1 − 2 − 16.

表 1 − 2 − 16

课时内容		第6课时　三角函数的性质（奇偶性、单调性和最值）
目标设计	学习目标	1. 能画出正弦、余弦函数的图像． 2. 归纳三角函数的奇偶性、单调性、最大（小）值的概念，借助图像了解三角函数的周期性、奇偶性；理解三角函数单调性、最大（小）值． 3. 体验从一般到特殊、从特殊到一般的辩证思想；体验化归、类比等方法在数学中的应用；体会数形结合数学思想，发展直观想象、数学抽象等素养

教学策略		资源	"互联网＋"多媒体技术
		方式	"问题链＋任务单"教学法
		重点	借助图像了解三角函数的周期性、奇偶性；理解三角函数单调性、最大（小）值
		难点	抽象三角函数单调性、最大（小）值的概念
学习评价	课前	课前学习单	通过观察正弦、余弦函数的图像，探究性质，并写出探究结果
	课中	问题链	设计由6个问题和6个追问组成的"问题链"，作为整堂课的逻辑线索，通过问题情境引导学生的思维活动
		任务单	围绕教学环节，设计课中任务单，检测各环节之间的阶段教学目标的达成度，及时反馈
		目标检测单	设计目标检测单，检测本节课教学效果
	课后	课后作业单	题组
教学流程			
教学过程			略

三、"三角函数概念和性质" 单元整体评价与反思

基于发展核心素养的学习需要，整合与优化教学内容，整体设计了"三角函数概念和性质"单元教学，充分照顾了学生的认知过程，使学生能更好地理解数学知识的整体性、思想方法的一致性、逻辑思维的系统性，培养了学生解决数学问题的能力．比如，本单元充分利用单位圆模型这个核心工具，系统地引导学生学习、归纳、抽象三角函数的概念和性质，发展他们的数学抽象、数学建模、数学运算、直观想象和逻辑推理素养．

（一）单元学习评价单（学生自评）

学习评价单如表 1 – 2 – 17.

表 1 – 2 – 17

阶段	序	项目	内容	效果
学习准备	1	学习态度	学习兴趣	
	2	单元预习	预习	
课堂学习	3	课前学习单	课中展示情况	
	4	活动表现	交流与反思、思维与表达、问答、提出问题、分析问题、活动参与程度、互动程度	
	5	任务表现	问题链、任务单、目标检测单	
	6	单元检测	完成情况	
	7	单元练习		
	8	关键能力	学会、会学、学以致用	
课后学习	9	完成作业	巩固概念，提升知识技能、综合能力	
	10	回顾梳理	单元内容、思想方法、学科素养、典型数学模型	
说明			效果（程度）：一般、良好、优	

（二）单元教学评价单（教师自评）

教学评价单如表 1 - 2 - 18.

表 1 - 2 - 18

阶段	序	项目	内容	效果（程度）
学生的学	1	目标达成度	单元目标是否达成	优
	2	必备知识	知识技能、思想方法	良
	3	关键能力	理性思维、逻辑推理、数学建模、创新能力	良好
教师的教	4	优点与价值	借助单位圆的工具性作用探索三角函数性质，突破了本单元的教学难点，体现了知识发生、发展的逻辑性，有利于培养学生整体性学习习惯	优
	5	反思与改进	本单元的课时数稍为多了些，可以重新划分大单元内容，相应减少课时数，分层推进，效果会更好	良好
	6	后续指导意见	将前 4 个课时设计为一个大单元，后 4 个课时设计为一个大单元	良好
说明			效果（程度）：一般、良好、优	

（三）单元整体评价与反思单（互评）

教学评价单如表 1 - 2 - 19.

表 1 - 2 - 19

评价项目	评价内容	评价要点	评价方式
单元整体评价与反思	学生的学	目标达成度	目标达成良好	教师评价同事评价专家评价
		必备知识	能结合图像理解三角函数的基本性质，能初步应用三角函数性质解决问题．体会在研究三角函数图像与性质的过程中所蕴含的数形结合的数学思想方法	
		关键能力	提升了理性思维能力、逻辑推理能力，初步理解数学建模的一般思路，能解决一些简单实际问题	

续 表

评价项目	评价内容		评价要点	评价方式
单元整体评价与反思	教师的教	优点	基于"单元导引"的"问题链+任务单"教学，可以设计深度学习、真实学习，引导学生在问题中思考和领会知识间的关联性、整体性，构建三角函数图像与性质的结构体系；重点渗透数形结合数学思想，以及直观想象和数学建模等素养，培养学生归纳新知识的能力，提高分析问题、解决问题的能力	
		不足	8个课时的大单元内容有点多，基于学生差异，可以根据学习需要适当拆分单元	
	对后续教学的指导意见		1. 新授课的阶段，大单元的课时数不宜过多. 2. 以中等学生层次的学情作为教学的起点比较合适. 3. 深入研究课程标准、教材教法. 需加强研究学习单元中课时内容的逻辑关系，深度理解数学本质，适当增设思想方法类、学科素养类学习单元	

第三章
高中数学"问题链+任务单"单元式教学

在教学实践中，构建了高中数学"问题链＋任务单"单元整体教学模式，提出了"问题链＋任务单"教学法．探索课程与教学研究、作业与评价创新等关键环节的学科教学模式，创设合适的教学情境，提出合适的数学问题，设计合适的学习任务，引发学生思考与交流，形成和发展数学学科素养．

第一节　高中数学"问题链＋任务单"单元式教学模式

一、高中数学"问题链＋任务单"单元式教学理论基础

（一）适应学科育人变革

国务院办公厅《关于新时代推进普通高中育人方式改革的指导意见》（国办发〔2019〕29号）中明确指出，在全面实施新课程、使用新教材的过程中，要积极探索基于情境、问题导向的互动式、启发式、探究式、体验式等课堂教学，加强育人方式关键环节的研究和指导．

（二）落实"四基"，培养"四能"

《课标（2017 版）》的教学建议明确指出，教师应准确把握课程目标、课程内容、学业质量的要求，合理设计教学目标，并通过相应的教学实施，在学生掌握知识技能的同时，促进数学学科核心素养的提升及水平的达成．在教学与评价中，要关注学生对具体内容的掌握情况，更要关注学生数学学科核心素养水平的表现。应结合相应的教学内容，落实"四基"，培养"四能"，促进学生数学学科核心素养的形成和发展．

（三）发展学科核心素养

在教学活动中，应结合教学任务及其蕴含的数学学科核心素养设计合适的情境和问题，引导学生用数学的眼光观察现象、发现问题，使用恰当的数学语言描述问题，用数学的思想、方法解决问题．在问题解决的过程中，理解数学内容的本质，促进学生数学学科核心素养的形成和发展．

（四）体现思维逻辑系统

单元整体设计强调教学过程的内在逻辑线索，这一线索应当从数学概念和思想方法的发生发展过程、学生数学思维过程两方面的融合来构建．其中，体现数学学科核心素养的四个方面包括情境与问题、知识与技能、思维与表达、交流与反思．其中，应突出核心概念的思维建构和技能操作过程，突出数学基本思想的领悟过程，突出数学基本活动经验的积累过程．

二、高中数学"问题链＋任务单"单元式教学框架

高中数学"问题链＋任务单"单元整体设计框架包含单元整体设计中的任务单、课堂教学中的"问题链＋任务单"、整体评价反思中的任务单，结构如图 1−3−1.

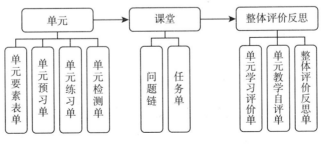

图 1−3−1

（一）单元整体设计中的任务单

单元整体设计中的任务单主要是指单元要素表单（内容、目标、诊断、策略）、单元预习单、单元练习单、单元检测单三部分．其中，单元预习单是在明确学习单元以后，由教师设计的预习任务．比如，可以预习章引言、章小结、学习单元内容等任务，也可以是思考一些指定的问题，还可以是做一些学习准备等．根据实际的单元教学情况，可以不设计单元预习单．单元练习单和单元检测单是在明确学习单元以后，在开展课时教学以前，根据单元教学目标而制定的任务．可以是试题形式，也可以是课题形式，还可以是思考题形式．

（二）课堂教学中的"问题链＋任务单"

课堂教学中的"问题链＋任务单"主要是围绕课时教学目标而设计的问题和任务．

（三）单元整体评价反思任务单

整体评价反思中的任务单主要是指单元学习评价单、单元教学自评单、单元整体评价与反思单三部分．

（1）单元学习评价单是学生自评记录单，在整个单元教学的全过程中发挥着重要作用，评价单如表1－3－1．

表1－3－1

阶段	序	项目	内容	效果
学习准备	1	学习态度	学习兴趣	
	2	单元预习	预习、阅读教材	
课堂学习	3	课前学习单	课中展示情况	
	4	活动表现	交流与反思、思维与表达、问答、提出问题、分析问题、活动参与程度、互动程度	
	5	任务表现	问题链、任务单、目标检测单	
	6	单元检测	完成情况	
	7	单元练习		
	8	关键能力	学会、会学、学以致用	
课后学习	9	完成作业	巩固概念，提升知识技能、综合能力	
	10	回顾梳理	单元内容、思想方法、学科素养、典型数学模型	
	说明		效果（程度）：一般、良好、优	

（2）单元教学自评单是完成学习单元的全部课时教学以后，授课教师的自我评价单，是单元整体评价与反思的重要参考内容，自评单如表 1 - 3 - 2.

表 1 - 3 - 2

阶段	序	项目	内容	效果
学生的学	1	目标达成度	目标是否达成	
	2	必备知识	知识技能、思想方法	
	3	关键能力	理性思维、逻辑推理、空间想象、数学建模、创新能力	
教师的教	4	优点与价值	"单元—课时"教学设计与教学实施的经验	
	5	反思与改进	"单元—课时"教学设计与教学实施的不足	
	6	后续指导意见	教学反思	
说明			效果（程度）：一般、良好、优	

（3）单元整体评价与反思单是完成学习单元的全部课时教学以后，由专家、同事、行政组成评价组，对学习单元的整体教与学进行互评，并提出指导建议，评价单如表 1 - 3 - 3.

表 1 - 3 - 3

评价项目		评价内容	评价要点	评价方式
单元整体评价与反思	学生的学	目标达成度		同事评价行政评价专家评价
		必备知识		
		关键能力		
	教师的教	优点		
		不足		
	对后续教学的指导意见			

第二节 高中数学"问题链＋任务单" 教学设计

　　基于高中数学"问题链＋任务单"单元整体设计的理论基础以及"问题链＋任务单"单元整体设计框架的分析，构建高中数学"问题链＋任务单"教学法，可以积极推进与落实"基于情境、问题导向"的互动式、启发式、探究式、体验式等课堂教学．其中，问题链是整节课的教学主线，任务单是围绕问题链设计的任务载体．设计问题是为了分解教学目标，设计任务是为了检测目标达成度．问题链所提出的问题具有逻辑的连贯性、思想的一致性、方法的普适性、思维的系统性、环节的适切性，对学生理解数学概念、形成基本技能和领悟基本思想有真正的启发作用．以问题或者任务为中心，创设合理的教学情境、提出恰当的数学问题、设计适合的评价任务，启发思考与交流，践行学科育人的理念．

一、高中数学"问题链＋任务单"教学设计框架

　　高中数学"问题链＋任务单"教学方式，可以有效解决"重局部轻整体，教学内容碎片化""重技能轻思维，教学活动解题化""重结果轻过程，教学方式单一化"等教学中的不足．

　　高中数学"问题链＋任务单"教学流程一般包含情境导入、探究交流、成果展示、构建数学、学以致用、评价反思、课堂总结七个环节，每一个环节都有相应的设计意图，体现做什么、怎么做、用什么方法去做三个方面的内容．

　　高中数学"问题链＋任务单"教学方式体现了两个重要的逻辑线条，一是关于数学知识结构的逻辑线条，二是关于数学思想方法的逻辑线条，二者是相辅相成的关系．

（一）结构图

高中数学"问题链＋任务单"数学结构如图 1 – 3 – 2.

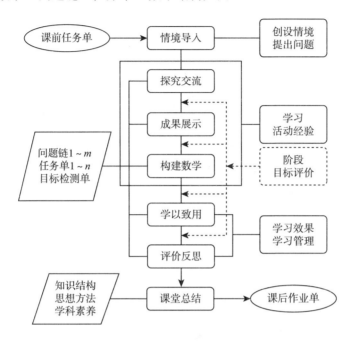

图 1 – 3 – 2

（二）流程图

高中数学"问题链＋任务单"教学流程如图 1 – 3 – 3.

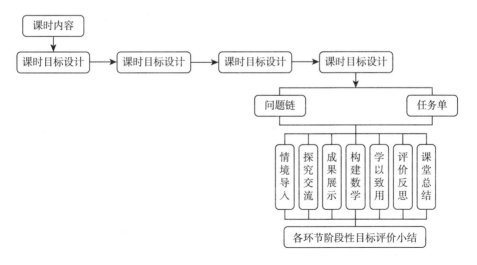

图 1 – 3 – 3

二、高中数学"问题链 + 任务单"教学设计的内涵

教学过程设计应该基于数学概念和思想方法的发生过程、学生数学思维过程两方面的融合，以学生为主体，以教师为主导，以问题为导向，以任务为载体，以情境为导引，以训练为主线，以会学为宗旨，引导学生深度学习．

基于"情境创设、问题导向"设计"问题链 + 任务单"，在每一个问题后写出设计意图，关注重点问题，指出如何渗透、概括和应用数学思想和方法．以"问题导向，任务驱动"的形式推进教学设计的实施，构建课堂学习活动的逻辑关系，并依托问题链、任务单，将教材内容变为教学内容或者学习内容，体现了数学概念和思想方法的发生过程，以及学生数学思维的形成过程．

（一）情境导入

情境导入是课堂教学活动的第一环节，在课堂教学活动中，应基于学习的需要和教学任务，设计合适的情境，提出合适的数学问题，才能引发学生思考．教学情境和数学问题可以是多样的、多层次的，但围绕问题的任务要具体且易操作．一般地，教学情境包括生活情境、数学情境、科学情境，每种情境可以分为熟悉的情境、关联的情境、综合的情境，分别对应简单问题、较复杂问题、复杂问题三个层次．

情境创设和问题设计要有利于发展数学学科核心素养，引导学生用数学的眼光观察现象、发现问题，使用恰当的数学语言描述问题，用数学的思想、方法解决问题．

案例 1：关联的数学问题情境导入

如"一元二次不等式及其解法"导入设计：

【问题 1】

请同学们完成课前学习单（表 1 – 3 – 4），并谈一谈用一次函数的观点看一次方程和一次不等式的思想方法．

表 1 - 3 - 4

	$a > 0$	$a < 0$
一次函数 $y = ax + b$ $(a \neq 0)$ 的图像		
一元一次方程 $ax + b = 0$ 的根		
一元一次不等式 $ax + b > 0$ 的解集		
一元一次不等式 $ax + b < 0$ 的解集		

设计意图：从熟悉的数学情境、已有数学知识出发导入新课，符合学生的认知基础．

【问题 2】

园艺师打算在绿地上用栅栏围一个矩形区域种植花卉．若栅栏的长度是 24 米，围成的矩形区域的面积要大于 20 平方米，则这个矩形的边长为多少米？

设计意图：从实际生活实践情境出发，让学生深刻地感受到数学来源于生活，服务于生活；引出一元二次不等式概念．

【追问】

类似地，请谈一谈"一元二次函数""一元二次方程""一元二次不等式"三者关联的思想方法．

案例 2：熟悉的生活问题情境导入

如"空间几何体的结构"导入设计：

【问题 1】

请同学们观察教室里面的物品，说出熟悉的几何体．

【追问】

请同学们观察窗外，欣赏校园里面的建筑，说出熟悉的几何体．

设计意图：引导学生观察熟悉情境，发现长方体是最基本的几何图形，也是最主要的立体几何基本模型；理解很多物体几乎都是和几何体相关，如正方体、长方体、圆柱体、球体等，还有由几种几何体组合在一起而形成的空间几何体．

【问题 2】

请同学们观看老师展示的实际物体、建筑物、空间几何体图片，说出对应的熟悉的几何体．

设计意图：章引言、起始课有其主要功能，引导学生重视章引言的指引作用．结合这些图片归纳空间几何体的概念，介绍立体几何在数学研究和数学应用中的地位和作用．

案例 3：关联的科学问题情境导入

如"对数函数的概念"导入设计：

【问题】

在人教版高中数学必修第一册（2019 版）4.2.1"指数函数的概念"的问题 2 中，我们已经研究了死亡生物体内碳 14 的含量 y 随死亡时间 x 的变化而衰减的规律．反之，已知死亡生物体内碳 14 的含量，如何得知它死亡了多长时间呢？

【任务】

由 $y = \left(\dfrac{1}{2}\right)^{\frac{x}{5730}}$ $(x \geqslant 0)$ 得到 $x = \log_{\sqrt[5730]{\frac{1}{2}}} y$ $(0 < y \leqslant 1)$．

【追问】

死亡时间 y 是碳 14 的含量 x 的函数吗？

如图 1－3－4，过 y 轴正半轴上任意一点 $(0, y_0)$ $(0 < y_0 \leqslant 1)$ 作 x 轴的平行线，与 $y = \left(\dfrac{1}{2}\right)^{\frac{x}{5730}}$ $(x \geqslant 0)$ 的图像有且只有一个交点 (x_0, y_0)．这就说明，对于任意一个 $y \in (0, 1]$，通过对应关系 $x = \log_{\sqrt[5730]{\frac{1}{2}}} y$，在 $[0, +\infty)$ 上都有唯一确定的数 x 和它对应，所以 x 也是 y 的函数．也就是说，函数 $x = \log_{\sqrt[5730]{\frac{1}{2}}} y$，$y \in (0, 1]$ 刻画了时间 x 随碳 14 含量 y 的衰减而变化的规律．

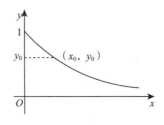

图 1－3－4

设计意图：我们已经学习了指数函数的概念，初步理解了用指数函数模型研究指数增长或衰减变化规律的问题．对这样的问题，在引入对数后，我们还可以从另外的角度，对其蕴含的规律做进一步的研究．

体会运用函数模型研究实际问题的价值，引导学生回顾"情境—概念"函数研究方法，理解熟悉的指数与对数的运算关系，利用熟悉的函数的图像与性质，构建新的数学知识，抽象对数函数的概念．

（二）探究交流

探究交流主要针对情境导入环节中的情境和数学问题，设计问题链和任务单，组织学生开展探究交流活动，通过问题探究活动，引发思考．学生在真实情境、问题解决的过程中，理解数学内容的本质，抽象数学概念、原理和方法．

（三）成果展示

成果展示主要是针对探究交流环节中的研究成果，组织学生进行小组展示、课堂分享．这样的展示交流活动非常重要，可以提高学生"思维与表达"的水平和培养"交流与反思"的习惯，即培养思维品质和必备品格，使学生学会用数学语言直观地解释和交流数学的概念、结论、应用和思想方法．

（四）构建数学

构建数学是在充分进行探究交流、成果展示的学习活动以后，通过回顾、探究、分析，从中归纳和抽象数学规律、概念、原理、公式，构建数学知识的过程，这个过程体现了数学知识发生发展、学习活动的思维发展、深度理解数学的过程，也就是构建数学的过程．

探究交流、成果展示、构建数学是课堂教学活动的核心环节，三个环节是相辅相成的，也是学生"四基""四能"的积累过程，问题链（提问、追问）和任务单贯穿其中．其中，探究交流和成果展示主要体现在基本活动经验的体验，构建数学的过程也是突出重点、突破难点、获取新知的过程．这个过程不仅清晰呈现了数学概念和思想方法的发生发展过程，展现了自主学习和获得数学思维的过程，而且突出了数学概念和知识的抽象过程．下面以"指数函数的概念"和"正弦、余弦函数的性质（二）"两个案例为例进行阐述．

案例4：指数函数的概念

【问题1】

随着中国经济高速增长，人民生活水平不断提高，旅游成了越来越多家庭的重要生活方式．由于旅游人数不断增加，A、B两地的景区自2001年起采取了不同的应对措施，A地提高了景区门票价格，而B地则取消了景区门票．表1－3－5

中给出了 A，B 两地景区 2001 年至 2015 年的游客人次以及逐年增加量.

请你根据表 1 - 3 - 5 比较两地景区游客人次的变化情况，你发现了怎样的变化规律？

表 1 - 3 - 5

时间/年	A 地景区		B 地景区	
	人数/万人次	年增加量/万人次	人数/万人次	年增加量/万人次
2001	600	—	278	—
2002	609	9	309	31
2003	620	11	344	35
2004	631	11	383	39
2005	641	10	427	44
2006	650	9	475	48
2007	661	11	528	53
2008	671	10	588	60
2009	681	10	655	67
2010	691	10	729	74
2011	702	11	811	82
2012	711	9	903	92
2013	721	10	1005	102
2014	732	11	1118	113
2015	743	11	1244	126

【任务】探究交流、成果展示

为了便于观察，同学们根据表中数据，分别画出 A，B 两地景区采取不同措施后的 2001 年至 2015 年间游客人次变化的图像，如图 1 - 3 - 5. 请交流分享游客人数年增加量的变化规律.

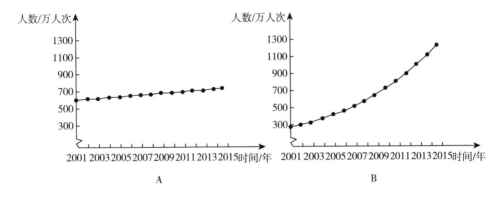

图 1 - 3 - 5

【追问】

A 地景区的游客人次近似于直线上升（线性增长），年增加量大致相等（约为 10 万人次）；B 地景区的游客人次则是非线性增长，年增加量越来越大，但从图 B 的图像和年增加量都难以看出 B 地景区游客人次的变化规律．

由于年增加量是对相邻两年的游客人次作减法得到的，能否通过对 B 地景区每年的游客人次做其他运算，探究 B 地景区游客人次的变化规律呢？

【追问】

从 2002 年起，将 B 地景区每年的游客人数除以上一年的游客人次，可以发现怎样的规律呢？

【任务】

结果表明，B 地景区游客人次的年增长率约为 $1.11 - 1 = 0.11$，是一个常数．

【任务】探究交流、成果展示

设 B 地景区经过 x 年后的游客人次为 2001 年的 y 倍，那么 $y = 1.11^x$（$x \in [0, +\infty)$）．这是一个函数，其中指数 x 是自变量．①

设计意图：作除法可以得到游客人次的年增长率，启发学生理解增加量、增长率是刻画事物变化规律的两个很重要的量．增长率为常数的变化方式，称之为指数增长，B 地景区的游客人次近似于指数增长．

【问题 2】

当生物死亡后，它机体内原有的碳 14 含量会按确定的比率衰减（称为衰减率），大约每经过 5730 年衰减为原来的一半，这个时间称为"半衰期"．按照上述变化规律，生物体内碳 14 含量与死亡年数之间有怎样的关系呢？

【任务】探究交流、成果展示、构建数学

设生物死亡年数为 x，死亡生物体内碳 14 含量为 y，那么

$$y = \left(\left(\frac{1}{2} \right)^{\frac{1}{5730}} \right)^x \quad (x \in [0, +\infty)).②$$

这也是一个函数，指数 x 是自变量，死亡生物体内碳 14 含量每年都以 $1 - \left(\frac{1}{2} \right)^{\frac{1}{5730}}$ 的衰减率衰减．衰减率为常数的变化方式，我们称为指数衰减．因此，死亡生物体内碳 14 含量呈指数衰减．

如果用字母 a 代替上述①②两式中的底数 1.11 和 $\left(\frac{1}{2} \right)^{\frac{1}{5730}}$，那么函数 $y = 1.11^x$ 和 $y = \left(\left(\frac{1}{2} \right)^{\frac{1}{5730}} \right)^x$ 就可以表示为 $y = a^x$ 的形式，其中指数 x 是自变量，底数 a 是一个大于 0 且不等于 1 的常量．

一般地，函数 $y = a^x$（$a > 0$，且 $a \neq 1$）叫作指数函数，其中 x 是自变量，定义域是 **R**．

设计意图：通过两个科学问题情境，引出指数函数 $y = a^x$（$a > 0$，且 $a \neq 1$）的概念．让学生在科学情境中了解指数函数的概念来源于生活与科学，引导学生通过运算分析实际问题数据中蕴含的变化规律，从中抽象形成相应的函数概念．理解研究函数的基本思路是"情境—概念—图像—应用"的一般思路．

案例 5：正弦、余弦函数的性质（二）

【问题 1】

如图 1-3-6，观察 $y = \sin x$，$y = \cos x$（$x \in \mathbf{R}$）的图像，它们的图像有怎样的对称性？你能总结出什么性质？你能作出证明吗？

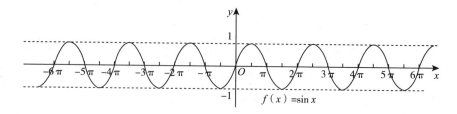

图 1-3-6

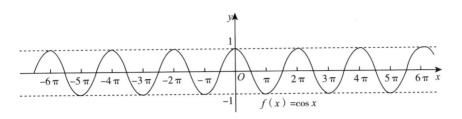

图1-3-6（续）

【任务】探究交流、成果展示、构建数学

$y = \sin x \ (x \in \mathbf{R})$ 的图像关于_____对称，是_____函数（填"奇"或"偶"）；

$y = \cos x \ (x \in \mathbf{R})$ 的图像关于_____对称，是_____函数（填"奇"或"偶"）.

设计意图：通过观察函数的图像，在熟悉的情境中探究、归纳函数的图形特征，引导学生在原有的认知基础上，发现、探索和归纳图形变化中的不变性和规律性——函数的奇偶性（对称性）. 同时，培养学生运用数形结合思想分析函数性质的意识，发展直观想象的素养.

【问题2】

观察正弦函数 $y = \sin x$ 在整个定义域上的图像，讨论它的最大值、最小值.

【任务】探究交流、成果展示、构建数学

正弦函数 $y = \sin x$，当且仅当 $x =$ _____时，取得最大值_____；当且仅当 $x =$ _____时，取得最小值_____.

【追问】

观察余弦函数 $y = \cos x$ 在整个定义域上的图像，讨论它的最大值、最小值.

【任务】探究交流、成果展示、构建数学

余弦函数 $y = \cos x$，当且仅当 $x =$ _____时，取得最大值_____；当且仅当 $x =$ _____时，取得最小值_____.

设计意图：引导学生类比正弦函数，学习余弦函数的最值问题、有界问题，以及借助周期性，分析函数取得最值时自变量 x 的值.

【问题3】

观察正弦函数 $y = \sin x$ 的图像，讨论在区间 $\left[-\dfrac{\pi}{2}, \dfrac{3\pi}{2} \right]$ 上的单调性.

【任务】探究交流、成果展示、构建数学

正弦函数 $y = \sin x$ 在区间 $\left[-\dfrac{\pi}{2}, \dfrac{3\pi}{2} \right]$ 上的单调性：在区间＿＿＿＿上单调递增，在区间＿＿＿＿上单调递减.

【追问】

观察正弦函数 $y = \sin x$ 在整个定义域上的图像，写出单调区间.

【任务】成果展示、构建数学

正弦函数 $y = \sin x$ 的单调性：在区间＿＿＿＿上单调递增，在区间＿＿＿＿上单调递减.

设计意图：创设问题链和任务单，启发学生利用图像研究函数的单调性、周期性等性质，理解数形结合思想以及直观想象素养的重要作用.

【问题4】

观察函数 $y = \cos x$ 的图像，讨论在区间 $[-\pi, \pi]$ 上的单调性.

【任务】探究交流、成果展示、构建数学

余弦函数 $y = \cos x$ 在区间 $[-\pi, \pi]$ 上的单调性：在区间＿＿＿＿上单调递增，在区间＿＿＿＿上单调递减.

【追问】

观察余弦函数 $y = \cos x$ 在整个定义域上的图像，写出单调区间.

【任务】成果展示、构建数学

余弦函数 $y = \cos x$ 的单调性：在区间＿＿＿＿上单调递增，在区间＿＿＿＿上单调递减.

设计意图：引导学生类比正弦函数单调性的研究方法，研究余弦函数的性质.

【问题5】

如图 $1-3-7$，函数 $y = \sin x$ 是奇函数，$(0, 0)$ 是它的一个对称中心，它还有其他的对称中心吗？它有对称轴吗？

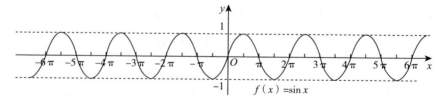

图 $1-3-7$

【任务】探究交流、成果展示

函数 $y = \sin x$ 是奇函数，对称中心的_____，对称轴为_____.

【追问】

函数 $y = \cos x$ 是偶函数，$x = 0$ 是它的一条对称轴，它还有其他的对称轴吗？它有对称中心吗？

【任务】探究交流、成果展示

函数 $y = \cos x$ 是偶函数，对称轴为_____，对称中心为_____.

设计意图：引导学生进一步领会数形结合思想，分析、探究和归纳函数的性质.

（五）学以致用

学以致用属于评价设计的内容，是课堂教学内容的巩固和深化，通过应用拓展的过程，可以检验学生的学习目标是否达成，也可以观察学生的学习态度：是否学会、是否会学、学到了什么程度等.

学以致用包括问题、任务单、目标检测单、问答交流等，问题也可以不是问，是练习题. 题组练习一般每组 2~3 道就可以了. 一堂课只设计一组目标检测题，一般为 1~3 道（可以是课本上的例题或练习）. 应用思考题不作硬性规定，可以根据学习需要设置，一般最多设置一道题. 注意有效性和科学性，准确把握习题的容量和难度，防止"偏、难、怪". 题组设计应符合整体性、层次性，由浅入深. 帮助学生在掌握知识技能的同时，进一步感悟数学的基本思想方法，积累数学思维的经验. 思考题要关注情境和问题的创设，有利于学生理解数学知识的本质，提升数学学科核心素养.

案例 6："正弦、余弦函数的性质（二）"应用拓展

【任务】

下列函数中，哪些函数是奇函数，哪些是偶函数？

① $y = \cos 2x + 1$；

② $y = \sin 2x$.

【任务】

求下列函数的最大值及取得最大值时自变量 x 的集合：

① $y = -3\sin 2x + 1$，$x \in \mathbf{R}$；

② $y = \cos x + 1$，$x \in \mathbf{R}$.

【任务】

利用单调性,比较大小:

① $\sin\left[-\dfrac{\pi}{18}\right]$ 和 $\sin\left[-\dfrac{\pi}{10}\right]$;

② $\cos\left[\dfrac{-23\pi}{5}\right]$ 和 $\sin\left[\dfrac{-17\pi}{4}\right]$.

(六)评价反思

课堂学习评价与反思,是对教学过程中每一个环节进行的评价,比如:课前学习的态度和效果、活动表现(课堂观察、活动经验、参与程度、互动程度)、口头问答、思维与表达、对话与交流、任务单、目标检测单等.课堂学习评价与反思,要根据相应单元的"学业要求",关注数学内容主线之间的关联以及六个数学学科核心素养之间的融合,有利于学生整体理解、系统掌握学过的数学内容,实现学业质量的相应要求.

案例7:"正弦、余弦函数的性质(二)"评价与反思

【任务】目标检测单

1. 函数 $y = 1 - 2\cos\dfrac{\pi}{2}x$ 的最小值和最大值分别是(　　)

A. -1,3　　　　　　B. -1,1　　　　　　C.0,3　　　　　　D.0,1

2. 不等式 $\sin x \geqslant 0$ 的解集是(　　)

A. $[2k\pi, 2k\pi+\pi]$,$k \in \mathbf{Z}$　　　　　B. $[2k\pi-\pi, 2k\pi]$,$k \in \mathbf{Z}$

C. $\left[2k\pi-\dfrac{\pi}{2}, 2k\pi+\dfrac{\pi}{2}\right]$,$k \in \mathbf{Z}$　　　D. $\left[2k\pi+\dfrac{\pi}{2}, 2k\pi+\dfrac{3\pi}{2}\right]$,$k \in \mathbf{Z}$

3. 函数 $y = |\sin x|$ 的一个单调递增区间是(　　)

A. $\left[\dfrac{\pi}{2}, \pi\right]$　　　　B. $(\pi, 2\pi)$　　　　C. $\left[\pi, \dfrac{3\pi}{2}\right]$　　　　D. $(0, \pi)$

(七)课堂总结

各环节之间设计有阶段性小结评价内容,通过这些评价内容检测学生是否达成各个环节的目标以及其达成度.课堂总结部分不同于课中阶段性小结,不仅要总结本节课所学知识,更重要的是梳理知识结构,回顾教学内容中蕴含的思想方法和核心素养,引导学生建构知识的横向和纵向结构体系.

第四章
高中数学单元教学整体设计的路径

单元教学、主题教学是新一轮课改的重要研究课题，虽然已被中小学数学教师广为接受，但还处于研究探索阶段，也没有更多的成熟案例可供借鉴．由于单元教学整体设计的研究与实践是一个系统工程，涉及课程、课标、教材、教法、学情、设计以及教学实施等，都需要团队合作、集体研究、共同推进，才能有效实施．实践经验证明，创建区域"三步式整体教研"、推进校际"共同体联合教研"、构建"大单元备课机制"，是实施高中数学单元教学整体设计的主要路径．在这个过程中，可以加强教师单元教学整体设计的意识，提升单元教学整体设计的能力，还可以促进学生学科素养的发展．

第一节　三步式整体教研

"三步式整体教研"是在实践中总结出的区域教研机制．它是一种基于真实学习、基于问题解决、基于深度教研的研究活动，是单元教学整体设计的最佳实践路径．组织形式分为"区本"教研活动和"校本"教研活动．"区本"三步式整体教研是由区域教研部门领衔，组织全区教师合作完成的教研形式；"校本"三步式整体教研是由学校学科教研组领衔，组织学科组、备课组教师完成的教研形式．

"三步式整体教研"是在明确了学习单元以后，组建团队，合理分配研究任务，规划实施的整体研究活动．由分析设计阶段、课堂观察阶段、评价反思阶段组成．"三步式整体教研"架构的四个核心理念为观口前移、先研后教、授后反思、共同提升．

第一步是"分析设计阶段"，包括解析单元内容、研读课标教材、分解单元目标和设计课堂教学．由学校教研组团队或者年级备课组团队，指定一人或多人负责完成单元教学设计文本，然后召开单元备课研究会议讨论设计稿，逐项分析、研究和完善，再由各分项负责人根据备课团队的集体意见修改设计稿，这样一来，修改后的单元教学设计中蕴含了集体的智慧．第一步的分析设计阶段通常持续 1~2 周时间．

第二步是"课堂观察阶段"，包括落实设计意图、实施教学活动及流程、课时目标达成度、思想素养的渗透．由各分项负责人（可以多人合作）完成多个课时的教学工作，全体团队成员参与观课并做好记录．第二步的课堂观察阶段主要是进课堂观课，以课时为单位预计时间．

第三步是"评价反思阶段"，包括单元学习评价（自评、师评）、单元教学评价（教师自评）、单元整体评价与反思．其中，单元学习评价有相应的属性单，用于学生自评和教师评价；单元教学评价有相应的属性单，用于教师自评；单元整体评价与反思包括单元目标达成度、掌握必备知识、提高关键能力、单元教学设计优点、单元教学设计不足．根据第一步和第二步的研究过程和实录，由学校行政、专家、同事组成评估组，全体团队全部参与教学反思研讨会，根据观课记录回顾、反思本单元的整体设计和教学实施的经验与不足，形成改进意见，为后续教学提供指导意见．第三步的评价反思阶段通常以定时间、定地点、定人员、定主题的会议形式进行，关联结构如图 1-4-1.

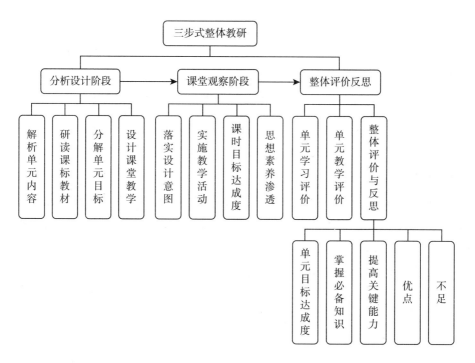

图 1-4-1

"三步式整体教研"重在顶层设计,建立有效的数学教研体系,由专职教研员、兼职教研员和骨干教师组成合作共同体,示范引领,整体推进大单元教学的有效实施."三步式整体教研"改变了过去单一、单向、单人的教研活动形式,转型为互动多、参与多、受益多的教研模式,重视过程,主题明确,全员参与,团队协同,整体提升,机制创新,体现了大单元教学整体设计的阶段性、连续性、整合性等特点.

第二节 共同体联合教研

在"区本三步式整体教研""校本三步式整体教研"机制引领下,建立教研共同体,最大限度地发挥了整体教研的引领作用,凝聚了集体力量和智慧,精准把握课标要求,协同合作、整体统筹、共同进步.

由于区域内各学校层次分明，教师专业化水平不均衡，单元教学整体设计的意识和能力差异较大，所以，在实践中发现，校际"共同体联合教研"是改变这种现象的有效路径，"共同体联合教研"跨越学校合作，校校互动、联合互动，学生和教师都可以在参与校际交流、联合研讨活动，分享各自的教学经验．在共同体作用下，各校还可以充分利用学校教研和区域教研的关系、学科特色与资源共享的关系，发挥数学教研组名师、骨干教师、校际合作参与成员的团队作用．

校际"共同体联合教研"也是高中数学单元教学整体设计研究的有力支撑和实践基础．增强区域团队凝聚力，提升集体科研能力，发挥集体智慧，整体提升区域团队学科素养和业务水平．

校际"共同体联合教研"关联结构如图 1 – 4 – 2.

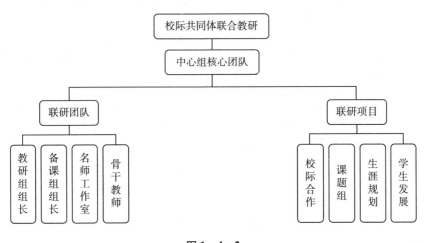

图 1 – 4 – 2

第三节　大单元备课机制

高中数学单元教学整体设计是以解决数学问题、发展素养为目标的一项主题教学活动．设计研究课标与教材，整合学习单元内容，科学安排教学实施，组织整体反思与评价，是一项系统工程，需要发挥团队的力量，才能有效落实.

大单元备课机制的核心是项目式教研团队,以教师为主体,以单元教学为抓手,加强大单元备课,提升大单元教学设计的质量.全体成员成为研究的主体,协同合作,分组落实.特别是在大单元划分、单元内容解析、单元目标分解、课时目标设定、课时安排、教学策略和教学评价等方面的研究,都需要通过大单元备课达成共识.大单元备课最主要的任务是整合教研力量、聚焦单元内容、分析教学现状、研究单元教学本质、解决实践中的问题,以此提高认识和达成共识,制订单元教学的整体方案,并在实践中反思和完善.

一、大单元备课机制结构图(图1-4-3)

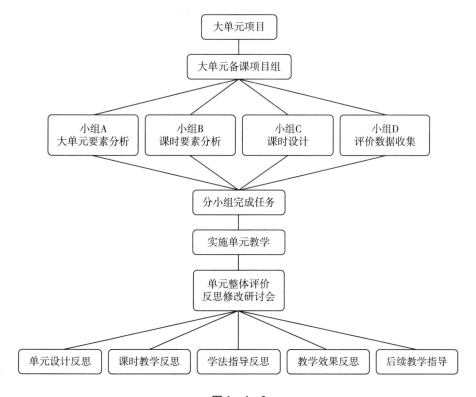

图1-4-3

二、实施步骤

(一) 研读课标与教材

认真研读《课标（2017 版）》中有关单元内容的课程内容、学业要求、核心素养的水平划分、教学建议等内容，提高整体把握相关教学内容、优化相关课程结构、构建相关知识体系的意识和能力；主要从单元内容、目标分析、核心素养分析、内容结构分析、教材编写、教学建议、学业质量与评价等方面进行对照研究，指导大单元教学的整体设计．

(二) 单元划分

依托主题内容单元、思想方法单元、核心素养单元三大单元类别，划分单元主题和数量，结合学习需要以及教学要求，对相关内容进行单元划分，包括单元内容、单元类别、单元名称、课时安排等．

(三) 设计方案

在充分完成前期准备工作后，开始整体设计大单元教学方案，这是一个动态的设计过程，包括内容与内容解析、目标与目标解析、问题诊断分析、教学策略设计、学习评价设计、教学过程设计、单元整体评价与反思设计等方面内容．

大单元教学整体设计方案要素结构如图 1 - 4 - 4．

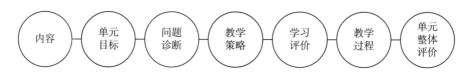

图 1 - 4 - 4

(四) 实施教学

在团队共同完成大单元设计方案以后，指定授课人承担教学工作，可以一人承担多个课时，也可以一人承担一个课时，共同完成课时教学任务，同时要求团队集体参与观课．

(五) 反思修改

在完成整个大单元教学的基础上进行回顾式反思，通过反思大单元教学实施过程，分析"单元＋课时"教学设计和教学实施中的优点与不足，并进行修改和完善，为后续教学提供参考意见等．

三、大单元备课流程图（图1-4-5）

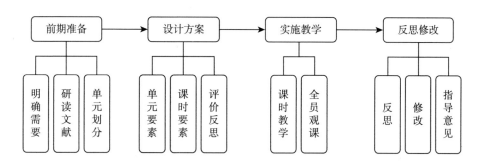

图1-4-5

② 第二篇

高中数学单元教学整体设计策略

《课标（2017 版）》明确提出了教学建议："整体把握教学内容，促进数学学科核心素养的连续性和阶段性发展。""教师要以数学学科核心素养为导向，抓住函数、几何与代数、概率与统计、数学建模活动与数学探究活动等内容主线，明晰数学学科核心素养在内容体系形成中表现出的连续性和阶段性，引导学生从整体上把握课程，实现学生数学学科核心素养的形成和发展。"

《课标（2017 版）》对数学教师实施课程标准提出了要求，既要努力提升教学实践能力，也要提升教学设计和实施能力。对地方实施课程标准提出了要求："重视顶层设计，建立有效的数学教研体系；示范引领，整体推进数学课程的实施；集中力量研究解决课程标准实施中的关键问题；重视过程性评价。"

教育部《关于加强和改进新时代基础教育教研工作的意见》提出，要加强对课程教学关键环节的研究与指导。因此，以"知识"和"逻辑"两条线索为抓手，探索高中数学单元教学整体设计策略，有利于落实《课标（2017 版）》的教学要求。其中，"知识"线索主要是指知识发生发展过程，侧重基础性，引导学生"学会"。"逻辑线索"包括"必备知识结构体系"和"思想方法发展过程"，知识结构侧重系统性，引导学生"会学"，数学思想侧重普适性，引导学生"学以致用"。

本篇阐述了高中数学"问题链＋任务单"单元式教学策略，"纵向＋横向"系统性评价体系，单元导引"问题链＋任务单"课堂教学活动原则和案例等。

第一章
高中数学单元教学内容与内容解析

　　高中数学单元教学是围绕数学核心内容、数学思想、核心素养进行整体设计的学习活动，一个大单元教学就是一个完整的学习过程，体现了"整体—局部—整体"的系统性关系．从学生认知基础的学习起点出发，以单元教学整体设计为抓手，梳理分析知识结构，整合关联内容，兼顾前后联系，合理安排课时教学．因此，分析课标与教材、解析单元内容、重构教学内容、将教材内容转变为教学内容是单元教学整体设计的主要环节．

　　基于当前高中阶段的教学实际，本书以必修课程、选择性必修课程为例进行案例分析，对选修课程不做分析．

第一节　高中数学单元教学内容
与内容解析概述

一、高中数学单元教学内容与内容解析的意义

内容解析是建立在学生认知的基础上，分析知识之间的上下位关系，将新

授内容融合到关联的内容中，在熟悉、关联的情境中引导学生学习新知．"优化课程结构，为学生发展提供共同基础和多样化选择；突出数学主线，凸显数学的内在逻辑和思想方法；精选课程内容，处理好数学学科核心素养与知识技能之间的关系，强调数学与生活以及其他学科的联系，提升学生应用数学解决实际问题的能力，同时注重数学文化的渗透．"①

二、高中数学单元教学内容与内容解析的原则

（一）落实学科育人

对学习单元的内容进行解析，可以厘清数学本质，理顺数学结构体系，挖掘教学内容中蕴含的数学思想方法以及数学学科价值和文化，发展数学素养，促进数学学科育人课程目标的落实．

（二）重构教学内容

高中数学课程划分为必修课程、选择性必修课程、选修课程，必修课程、选择性必修课程的课程内容有四条主线，函数、几何与代数、概率与统计、数学建模活动与数学探究活动课程结构突出"主线—主题—核心内容"的课程内容体系．其中，有较强的、相对独立又有紧密的逻辑关系，如同一主线内容、不同主线内容以及不同数学知识往往蕴含通性通法和相同的数学思想．在理解教材的基础上，应该特别重视整合这些关联内容，将教材内容变为教学内容．

（三）促进学会学习

教学活动的重心是促进学生学会学习，能学以致用。可以选择基于"单元导引"的"问题链 + 任务单"教学方法。以学习单元为载体，整合课程内容结构，使课程内容结构化、情境化．所以，整合数学课程知识结构体系，梳理数学课程内容的主线以及知识间的前后脉络成为教学的关键，使得学会、会学、学以致用成为可能．

---

① 中华人民共和国教育部．普通高中数学课程标准（2017 年版）［M］．北京：人民教育出版社，2018.

第二节 高中数学单元教学课程内容
主线分析

　　高中数学必修课程、选择性必修课程的课程内容都分为四条主线，即函数主线、几何与代数主线、概率与统计主线、数学建模活动与数学探究活动主线．这四条主线充分体现了数学本身的系统性和整体性的特点，使得小学、初中、高中的数学学习过程一体化．

　　函数主线、几何与代数主线、概率与统计主线之间是既相对独立又相互关联融合的关系，三条主线中都有关于数学建模和数学探究活动的课程内容。这四条主线课程又都属于数学文化范畴．这些课程内容是解决实际问题最主要的知识、方法、技能以及数学思想，也是发展数学核心素养的重要载体．

　　预备知识是高中数学课程内容的入门知识和学习基础，也是初、高中数学衔接的知识补充．"以义务教育阶段数学课程内容为载体，结合集合、常用逻辑用语、相等关系与不等关系、从函数观点看一元二次方程和一元二次不等式等内容的学习，为高中数学课程做好学习心理、学习方式和知识技能等方面的准备，帮助学生完成初高中数学学习的过渡．"①

---

① 中华人民共和国教育部．普通高中数学课程标准（2017 年版）［M］．北京：人民教育出版社，2018.

课程主线内容结构如图 2 – 1 – 1.

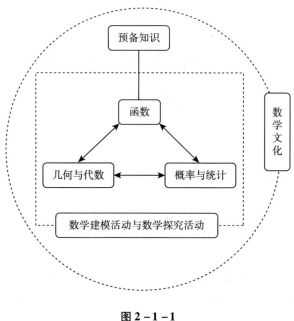

图 2 – 1 – 1

一、函数主线

(一) 函数主线内容结构

函数是贯穿高中数学课程的主线。函数主线课程内容包含函数概念、函数性质、函数类型、函数应用、思想方法五个主题.

《课标 (2017 版)》指出:"函数是现代数学最基本的概念,是描述客观世界中变量关系和规律的最为基本的数学语言和工具,在解决实际问题中发挥重要作用."[①] 明确了数列是一类特殊的函数,是数学重要的研究对象,是研究其他类型函数的基本工具,在日常生活中也有着广泛的应用. 导数是微积分的核心内容之一,是现代数学的基本概念,蕴含微积分的基本思想,导数定量地刻画了函数的局部变化,是研究函数性质的基本工具.

人教 A 版教材关于函数主线课程有,必修第一册第一章集合与常用逻辑用语,第二章一元二次函数、方程和不等式,第三章函数的概念与性质,第四章

[①] 中华人民共和国教育部. 普通高中数学课程标准 (2017 年版) [M]. 北京:人民教育出版社,2018.

指数函数与对数函数，第五章三角函数，以及选择性必修第二册第四章数列，第五章一元函数的导数及其应用，都属于函数主线的课程内容．

函数主线内容结构如图 2 – 1 – 2.①

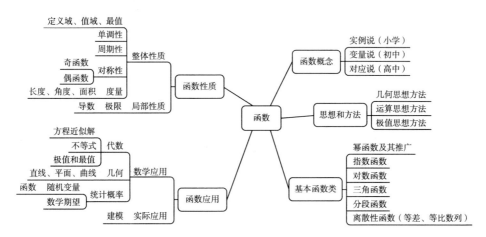

图 2 – 1 – 2

（二）函数概念

函数贯穿在整个中小学数学中，在小学阶段，是通过具体的实例和规律探索函数的思想，简言之"实例说"；在初中阶段，通过引入常量和变量概念，建立变量观点下的函数概念，简言之"变量说"；在高中阶段，在引入集合概念的基础上，提出从"对应说"的角度来认识函数的观点，借助集合语言和对应关系，建立了严谨完整的函数概念．实例说、变量说、对应说是逐步完善描述函数的三个视角，实际上，还可以从图像视角描述函数，称为"图像（关系）说"．

（三）函数分类

高中学习的函数都是由几类基本初等函数复合而来的，理解和掌握这些基本初等函数是解决函数问题的基础。这些基本初等函数的模型有：简单幂函数及其推广函数类；指数函数 $y = a^x$（$a > 0$，且 $a \neq 1$）及其推广函数类；对数函数 $y = \log_a x$（$a > 0$，且 $a \neq 1$）及其推广函数类；三角函数以及正弦类函数 $y = A\sin(\omega x + \varphi)$；离散型函数（数列、等比数列、等差数列）；简单的分段函数等类型．

---

① 史宁中，王尚志．普通高中数学课程标准（2017 年版）解读［M］．北京：人民教育出版社，2018.

其中，幂函数及其推广函数类包括：常数函数、正比例函数、反比例函数、一元一次函数、一元二次函数、幂函数，以及一些复合函数（如 $y = x + 1/x$）等．指数函数 $y = a^x$（$a > 0$，且 $a \neq 1$）和对数函数 $y = \log_a x$（$a > 0$，且 $a \neq 1$）及其推广函数类包括：指数函数及其推广函数类，对数函数及其推广函数类．三角函数类包括：正、余弦函数，正切函数，以及一些复合函数．数列、等比数列和等差数列都归属为离散型函数类．简单的分段函数一般都是由一些简单的初等函数组合而成的．

（四）函数性质

函数的性质分为整体性质和局部性质．整体性质主要包括定义域、值域、最值、单调性、周期性、对称性、奇偶性、有界性、度量（长度、面积、角度）等，这些性质都是解决函数问题的基本工具．所以，理解和掌握基本初等函数的图像和性质是学习函数的核心要义之一，我们遇到一般函数问题时，就可以将其转化为基本初等函数来解决。

局部性质包括极值、拐点、凹凸性、极限等，涉及的函数是超越函数，不容易转化为基本初等函数，需要运用导数思想解决相关问题．

（五）函数思想

函数思想包括几何思想、运算思想和极限思想．

几何思想就是根据函数图像研究函数性质的思想，其核心是图形特征，掌握了函数图像特征，就容易理解函数的基本性质，也容易获得解决问题的思路．

运算思想是指运用代数运算研究函数的图像，其核心是数量关系，函数本质上就是对应关系，蕴含着方程观点，运算思想是研究数学问题的基本手段之一．

极限思想拓展了研究函数的新思维，是人类深刻认识和表达现实世界必备的思维品质，而导数定量地反映函数的局部变化性质，是一种借助极限的运算，这个过程体现了极限的思想，导数思想在研究函数的性质和函数的应用中发挥了重要的作用．

（六）函数应用

函数应用包括数学应用和实际应用．数学应用主要是指代数方面的应用、几何方面的应用和概率统计方面的应用，代数方面如求方程近似解、方程与不等式、极值与最值等．几何方面如平面几何、立体几何、解析几何等．概率统计方面如随机变量相关数字特征的运算、数学期望等. 实际应用主要是通过数学建模，构造函数模型解决实际问题。函数方法是解决数学问题、实际应用问题的重要工具，包括解方程、解不等式、求切线、求极值和最值、研究函数的图像与性质、统计分析决策、数学建模等.

二、几何与代数主线

（一）几何与代数主线内容结构

几何与代数是高中教学课程的主线之一. 几何与代数主线课程内容包括图形分类、图形性质、研究图形的思想方法、数学运算四个主题. 数学是数量关系与空间形式的学科，图形和运算是数学研究对象中最基本的对象，几何与代数联系密切，突出几何直观与代数运算之间的关联，体现了数形结合等数学思想方法. 这种数学知识之间的关联和融合正是《课标（2017 版)》将几何与代数作为主线内容的重要原因.

人教 A 版教材关于几何与代数主线课程：必修第二册第六章平面向量及其应用，第七章复数，第八章立体几何初步，选择性必修第一册第一章空间向量与立体几何，第二章直线和圆的方程，第三章圆锥曲线的方程.

几何与代数主线内容结构①如图 2 - 1 - 3.

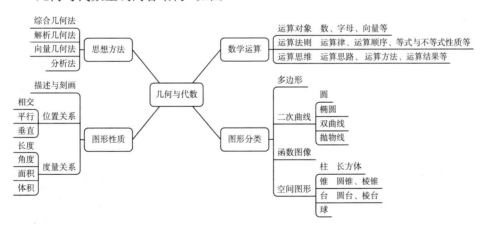

图 2 - 1 - 3

---

① 史宁中，王尚志. 普通高中数学课程标准（2017 年版）解读［M］. 北京：人民教育出版社，2018.

（二）图形分类

图形的维度分为二维和三维，其中，二维几何图形包括多边形、直线、平面向量，二次曲线（圆、椭圆、双曲线、抛物线）；三维几何图形包括空间多面体和旋转体，空间向量等.

（三）图形性质

1. 图形特征

可以从三个不同的视角描述、刻画和认识图形特征；可以从平面几何视角描述、刻画和认识图形特征，如解三角形、立体几何等；也可以从解析几何视角描述、刻画和认识图形特征，通过建立坐标系，研究直线、圆与圆锥曲线的几何特征，如直线与圆锥曲线等；还可以从向量几何视角描述、刻画和认识图形特征，如平面向量、空间向量等.

2. 位置关系

位置关系是几何与代数主线的各要素之间主要关系之一，可以定性描述这些位置关系，如点、直线、平面之间的位置关系，直线与圆锥曲线的位置关系等.

3. 度量关系

度量关系是几何与代数主线各要素之间的另一个重要关系，可以定量描述这些度量关系，如长度（距离）、角度、面积和体积等.

（四）思想方法

几何与代数主线中的思想方法有：综合几何法、解析几何法、向量几何法、分析法等. 综合几何法主要研究平面几何、立体几何等问题；解析几何法主要研究平面上点与直线、直线与直线、直线与圆锥曲线位置关系问题，以及函数图像问题；向量几何法主要研究多边形、立体几何中的位置关系和度量关系.

（五）数学运算

"几何与代数"主线内容，强调整体提升运算素养，"数学运算是指在明晰运算对象的基础上，依据运算法则解决数学问题的素养. 主要包括：理解运算对象，掌握运算法则，探究运算思路，选择运算方法，设计运算程序，求得运算结果等"①.

---

① 中华人民共和国教育部. 普通高中数学课程标准（2017 年版）［M］. 北京：人民教育出版社，2018.

1. 运算法则

高中数学中的运算不仅仅有加、减、乘、除四则运算，还有其他的运算形式，如复合运算、向量运算、三角运算、以运算法则作为基本工具解决实际问题和归纳新知识的运算，以及分析和解决数学问题和实际问题等．

这些运算中的运算法则有运算律、运算顺序、等式和不等式性质、运算求解等，其中，运算律是核心，数学运算是解决数学问题的最基本手段．

2. 运算思维

运算思维包括理解运算对象、优化选择算法、关注通性通法、设计运算程序等．其中，理解运算对象的过程就是体验概念形成过程和发现蕴含的数学本质的过程．讲清楚算理，深入浅出，化难为易，这也是数学教师的基本功．把解决问题步骤化、程序化，解决各类共性问题，是数学运算思维的本质．

三、概率与统计主线

（一）概率与统计主线内容结构

概率与统计主线课程内容包括准备知识、概率、统计三个主题．准备知识包括计数原理、二项式定理等内容．概率主题包括有限样本空间、随机事件、独立性、条件概率、随机变量等核心内容．统计主题包括总体与样本概念、数据分析、统计决策等核心内容，其中，数据分析包括收集数据、数据统计、分析数据等内容．统计决策包括利用信息说明问题，以及常用的一些思想与方法．

《课标（2017 版）》指出："概率的研究对象是随机现象，为人们从不确定性的角度认识客观世界提供重要的思维模式和解决问题的方法．统计的研究对象是数据，核心是数据分析．概率为统计的发展提供理论基础．"[1] 认识、理解和掌握数据中的随机性是联系概率与统计的桥梁，统计与概率思想是重要的数学思想方法之一，从不确定性的角度认识客观世界并提供重要的思维模式和解决问题的方法．

① 中华人民共和国教育部．普通高中数学课程标准（2017 年版）［M］．北京：人民教育出版社，2018．

概率与统计主线内容结构①如图 2－1－4.

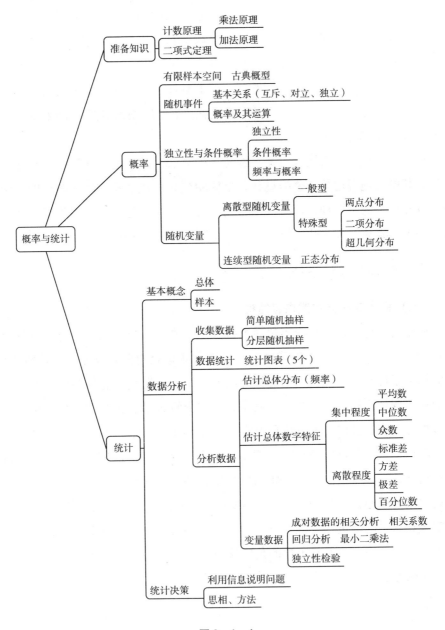

图 2－1－4

---

① 史宁中，王尚志. 普通高中数学课程标准（2017 年版）解读［M］. 北京：人民教育出版社，
2018.

（二）概率内容分析

概率内容涉及三个方面的问题：认识和理解随机现象；利用有限样本空间初步理解概率模型；利用二项分布、超几何分布、正态分布解决实际问题．

（三）统计内容分析

统计内容涉及三个方面的问题：认识研究对象、数据分析、统计决策．其中，研究对象是指总体和样本两个基本概念．数据分析的过程包括收集数据、数据统计、分析数据和解决问题等．

在概率与统计主线中，总体与样本贯穿数据分析的全过程．明确统计研究的对象是总体，通过样本揭示总体，深入分析总体的规律．

四、数学建模活动与数学探究活动主线

（一）数学建模活动与数学探究活动主线的内容

数学建模活动是对现实问题进行转化、转化为抽象的数学问题，用数学语言表达问题，用数学方法创建解决问题过程的模型，是基于数学思维运用模型解决实际问题的一类综合实践活动．数学探究活动是围绕某个具体的数学问题，开展自主探索、合作研究并解决问题的过程，是运用数学知识解决数学问题的一类综合实践活动．

数学建模活动与数学探究活动以课题研究的形式开展．在选择性必修课程中，要求学生完成其中的一个课题研究，可以是数学建模的课题研究，也可以是数学探究的课题研究，课题可以是学生在学习必修课程时已完成课题的延续，或者是新的课题．①

---

① 中华人民共和国教育部．普通高中数学课程标准（2017 年版）［M］．北京：人民教育出版社，2018．

数学建模活动与数学探究活动主线内容结构①如图 2－1－5.

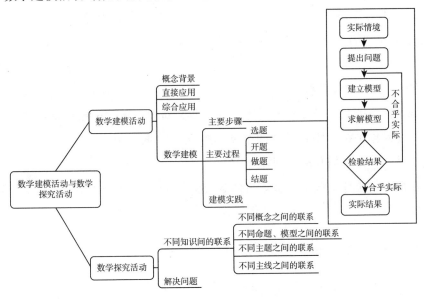

图 2－1－5

（二）数学应用的重要地位

数学建模和数学探究活动都是高中数学课程的重要内容，主要侧重于发展数学应用等高考学科素养，既有外部的数学应用，也有内部的数学应用，它们贯穿高中数学全部课程，与其他五个数学核心素养联系紧密，关联交融．数学建模和数学探究活动承担着提升学生学科能力和素养的重要使命，在高中数学课程中具有重要地位．其具体表现为，发现和提出有意义的数学问题，猜测合理的数学结论，提出解决问题的思路和方案，通过自主探索、合作研究论证数学结论．

（三）分散渗透，分层落实

与传统的高中数学学习的内容相比，数学建模和数学探究分散在高中各个学段，其容量小，内容灵活，学习资源也不多，必修有 6 课时，选择性必修有 4 课时。因此，教师要树立整体观念，在各章内容的教学过程中，整合资源、分散渗透、分层渐进、逐步落实．

---

① 史宁中，王尚志．普通高中数学课程标准（2017 年版）解读［M］．北京：人民教育出版社，2018.

在数学建模和数学探究活动课例教学中，强调问题情境、问题引领、问题意识和问题解决，引导学生发现问题和提出问题，师生一起完成，或者学生自主完成建立数学模型和求解模型结果的活动．

《课标（2017 版）解读》指出，数学建模和数学探究活动常以课题研究的形式开展，引导学生自主开展选题、做题、结题等数学化的建模活动，自主求解模型、解释模型结果、分析和解决实际问题．其中一个显著的特点是"四有"，有需要解决的问题，有需要学生全程参与的过程，有分享交流和评价的结果．

《课标（2017 版）》明确了数学建模的一般步骤，见以上结构图，即实际情境—提出问题—建立模型—求解模型—检验结果—实际结果等，特别注意要理解数学建模的内涵，引导学生面对现实情境，体验完整过程，构建数学模型，检验改进模型，指出实验结果。在这一过程中，发展发现问题、提出问题、分析问题、解决问题的能力，学会用数学的眼光观察世界、用数学的思维思考世界，用数学的语言表达世界．

第三节　高中数学单元教学内容与内容解析

一、高中数学单元教学内容与内容解析的目的及意义

内容与内容解析的目的是建构数学知识体系，全面把握教学内容，将教材内容进行教学化处理，将"教材内容"转化为"教学内容"．其中，理解教材是实现课程目标、实施教学的首要任务，它为教与学提供基本路径和线索．

内容与内容解析是单元教学整体设计的第一步，是基于学习的起点，是整体分析学习单元的知识结构，是对教学内容进行梳理整合的过程．直接列明学习单元内容之后，需要解析单元内容，一般从内容本质、思想方法、知识结构、学科育人、教学重点等方面加以阐述，围绕本单元要"教什么""完成什么任务"分析本单元内容的来龙去脉，让学生知道所学的知识从何而来，又会用到

哪里，还要让学生体会"如何去实现""可以到哪里"等．帮助学生横向与纵向理解和分析数学本质，建构数学知识结构体系，最后在此基础上指出教学的重点．

二、单元内容与内容解析属性单

单元内容与内容解析属性单如表 2 – 1 – 1.

表 2 – 1 – 1

单元名称		学习阶段	教材版本	建议课时	课型	单元类别
单元内容	内容					
	内容解析	内容本质				
		知识结构				
		学科育人				
		思想方法				
		教学重点				

三、实施流程

课程内容与单元内容解析流程如图 2 – 1 – 6.

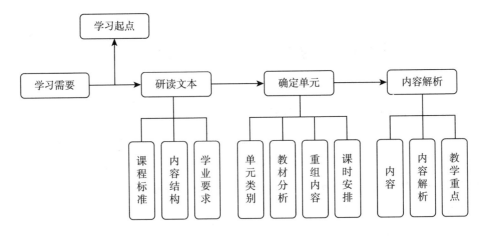

图 2 – 1 – 6

四、单元内容与内容解析案例

以普通高中教科书数学（人教 A 版）必修第一册为例，以章为基础的学习单元、以知识发生发展过程划分学习单元、以单节内容划分学习单元、以核心内容划分学习单元、以跨章节模块划分学习单元五类学习单元为例，明确学习单元、划分学习单元并解析学习单元的内容.

（一）以章为基础的学习单元的内容要求属性单（必修第一册）

以章为基础的学习单元的内容要求属性单（必修第一册）如表 2 - 1 - 2.

表 2 - 1 - 2

单元序号	单元名称	课时	内容要求①	单元类型
1	集合与常用逻辑用语	10	在集合与常用逻辑用语的教学中，教师应创设合适的教学情境，以义务教育阶段学过的数学内容为载体，引导学生用集合语言和常用逻辑用语梳理、表达学过的相应数学内容. 在梳理过程中，可以针对学生的实际布置不同的任务，采用自主学习与合作学习相结合的方式组织教学活动	知识
2	一元二次函数、方程和不等式	8	在相等关系与不等关系的教学中，应引导学生通过类比已经学过的等式与不等式的性质，进一步探索等式与不等式的共性与差异. 从函数观点看一元二次方程和一元二次不等式，以一元二次函数变化情况为情境，引导学生发现一元二次函数与一元二次方程的关系，引出一元二次不等式概念；然后引导学生探索和归纳一元二次函数与一元二次方程、一元二次不等式的关系，总结用一元二次函数解一元二次不等式的一般思路	知识

① 中华人民共和国教育部. 普通高中数学课程标准（2017 年版）［M］. 北京：人民教育出版社，2018.

单元序号	单元名称	课时	内容要求	单元类型
3	函数的概念与性质	10	教师应把本单元的内容视为一个整体，引导学生从变量间的依赖关系、实数集合间的对应关系、函数图像的几何直观等角度整体认识函数概念；通过梳理函数的单调性、周期性、奇偶性（对称性）、最大（小）值等方面认识函数的整体性质；经历运用函数解决实际问题的全过程. 函数概念的引入可以用学生熟悉的例子为背景进行转化，转化为抽象的数学问题. 例如，可以从学生已知的、基于变量关系的函数定义入手，引导学生通过生活或数学中的问题构建函数的一般概念，体会用对应关系定义函数的必要性，感悟数学抽象的层次性. 函数单调性的教学要引导学生正确地使用符号语言刻画函数最本质的单调性. 在函数定义域、值域以及函数性质的教学过程中，应避免编制偏题、怪题，避免烦琐的技巧训练	知识
4	指数函数与对数函数	6	指数函数的教学应关注指数函数的运算法则和变化规律，引导学生经历从整数指数到有理指数幂、再到实数指数幂的拓展过程，掌握指数函数的运算法则和变化规律. 函数的教学应通过比较同底数的指数函数和对数函数让学生认识它们互为反函数	知识
5	用数学建模建立函数模型，解决实际问题	3	引导学生能够选择适当的函数构建数学模型解决简单的实际问题；能够从函数的观点认识方程，并运用函数的性质求方程的近似解；能够用函数观点认识不等式，并运用函数的性质解不等式	素养

续 表

单元序号	单元名称	课时	内容要求	单元类型
6	三角函数	24	三角函数的教学应发挥单位圆模型的工具性作用，引导学生结合实际情境，借助单位圆的几何特征，探索三角函数的有关性质．在三角恒等变换的教学中，可以采用不同的方式得到三角恒等变换基本公式；也可以结合向量知识，引导学生利用向量的数量积推导出两角差的余弦公式	知识
7	用数形结合的思想研究函数的性质	2	能够从函数图像的几何直观，理解函数的意义与数学表达；理解函数的性质及图像，借助函数图像、运用数形结合思想解决有关问题	方法

（二）以知识发生发展过程划分学习单元的内容要求属性单（必修第一册）

以知识发生发展过程划分学习单元的内容要求属性单（必修第一册）如表 2 – 1 – 3.

表 2 – 1 – 3

单元序号	单元名称	课时	内容	内容要求	单元类型
1	集合	4	集合的概念与表示、集合的基本关系、集合的基本运算	本单元的学习可以帮助学生使用集合的语言简洁、准确地表述数学的研究对象，学会用数学的语言表达和交流，积累数学抽象的经验	知识
2	常用逻辑用语	4	必要条件、充分条件、充要条件，全称量词、存在量词、全称量词命题与存在量词命题的否定	本单元的学习可以帮助学生使用常用逻辑用语表达数学对象进行数学推理，体会常用逻辑用语在表述数学内容和论证数学结论中的作用，提升交流的严谨性与准确性	知识

续　表

单元序号	单元名称	课时	内容	内容要求	单元类型
3	复习	2	—	—	方法
4	相等关系与不等关系	4	等式与不等式的性质、基本不等式	本单元的学习可以帮助学生通过类比理解等式和不等式的共性与差异，掌握基本不等式；认识到相等关系、不等关系是数学中最基本的数量关系，是构建方程、不等式的基础	知识
5	一元二次方程和一元二次不等式	2	从函数观点看一元二次方程、从函数观点看一元二次不等式	本单元的学习可以帮助学生以一元二次函数视角认识一元二次方程和一元二次不等式．引导学生通过梳理初中数学的相关内容，理解函数、方程和不等式之间的联系，体会数学的整体性．从函数观点理解方程和不等式是数学的基本思想方法	知识
6	复习	2	—	—	方法
7	函数的概念与性质	7	函数概念、函数性质、函数的形成与发展	本单元的学习可以帮助学生建立完整的函数概念，不仅把函数理解为刻画变量间依赖关系的数学语言和工具，也把函数理解为实数集合间的对应关系；能用代数运算和函数图像揭示函数的主要性质；在现实问题中，能利用函数构建模型解决实际问题	知识
8	幂函数、指数函数与对数函数	8	幂函数、指数函数、对数函数	本单元的学习可以帮助学生学会用函数图像和代数运算的方法研究这些函数的性质；理解这些函数所蕴含的运算规律；运用这些函数建立模型，解决简单的实际问题，体会这些函数在解决实际问题中的作用．幂函数、指数函数与对数函数是最基本的、应用最广泛的函数，是进一步研究数学的基础	知识

续 表

单元序号	单元名称	课时	内容	内容要求	单元类型
9	三角函数	24	角与弧度、三角函数概念和性质、同角三角函数的基本关系式、三角恒等变换、三角函数的应用	本单元的学习可以帮助学生在用锐角三角函数刻画直角三角形中边角关系的基础上，借助单位圆抽象一般三角函数的概念，体会引入弧度制的必要性；用几何直观和代数运算的方法研究三角函数的周期性、奇偶性（对称性）、单调性和最大（小）值等性质；探索和研究三角函数之间的一些恒等关系；利用三角函数构建数学模型，解决实际问题	知识
10	函数应用	5	二分法与求方程近似解、函数与数学模型——建立函数模型解决实际问题	本单元的学习可以帮助学生掌握运用函数性质求方程近似解的基本方法（二分法）；理解用函数构建数学模型的基本过程；运用模型思想发现、提出、分析和解决问题．函数应用不仅体现在用函数解决数学问题，更重要的是用函数解决实际问题	素养
11	运用数形结合思想研究函数的性质	2	函数应用	本单元的学习可以引导学生从函数图像的几何直观角度理解函数的抽象概念和性质的意义	方法

（三）以单节内容划分学习单元的内容要求属性单（第五章《三角函数》）

以单节内容划分学习单元的内容要求属性单（第五章《三角函数》）如表 2 - 1 - 4.

表 2 - 1 - 4

单元	单元名称	课时	内容	内容要求	单元类型
三角函数概念和性质	三角函数的概念	6	任意角和弧度制三角函数定义	了解任意角的概念和弧度制，能进行弧度与角度的互化，理解同角三角函数的基本关系式．利用单位圆理解任意角三角函数（正弦函数、余弦函数、正切函数）定义	知识
	诱导公式	3	诱导公式	利用单位圆的对称性，以及三角函数的定义推导出诱导公式	知识
	图像与性质	6	正弦函数、余弦函数、正切函数	能画出这些三角函数的图像，了解三角函数的周期性、奇偶性、最大（小）值，借助图像理解正弦函数、余弦函数、正切函数的性质	知识
	三角恒等变换	5	三角恒等变换	经历推导两角差余弦公式的过程，知道两角差余弦公式的意义；能从两角差余弦公式推导出两角和与差的正弦、余弦、正切公式，二倍角的正弦、余弦、正切公式，了解它们的内在联系；能运用上述公式进行简单的恒等变换	知识
	$y = A\sin(\omega x + \varphi)$ 的意义	2	函数的实际意义	结合具体实例，了解 $y = A\sin(\omega x + \varphi)$ 的实际意义；理解参数 ω，φ，A 的变化对函数图像的影响	知识
	三角函数的应用	2	用函数解决实际问题	构建三角函数模型；运用模型思想发现、提出、分析和解决问题	素养

（四）以核心内容划分学习单元的内容解析属性单（三角函数概念和性质）

以核心内容划分学习单元的内容解析属性单（三角函数概念和性质）如表 2 - 1 - 5.

表 2－1－5

单元名称	课时	内容	内容解析		单元类型
三角函数概念和性质	8	人教版普通高中数学必修第一册第五章《三角函数》：5.2 三角函数的概念、5.3 诱导公式、5.4 三角函数的图像与性质、5.6 函数 $y = A\sin(\omega x + \varphi)$	内容本质	三角函数是一类最典型的周期函数，三角函数描述了周期运动现象	知识
			知识结构	函数是描述客观世界中变量关系和规律的数学语言和工具，引导学生体验用函数描述周期运动现象——三角函数是刻画匀速圆周运动的函数模型；理解三角函数对应关系的特征；认识正弦函数、余弦函数是最基本和重要的周期函数；掌握三角函数与向量、复数、解析几何、平面几何、解三角形、数学建模都有紧密联系	
			思想方法	发挥单位圆的工具性作用，引导学生借助单位圆的对称性和周期性研究三角函数的所有内容，学习三角函数的整体性，用几何直观和代数运算的方法研究三角函数的性质．培养学生的数形结合思想和发展直观想象、数学运算、数学建模素养	
			育人价值	三角函数是广泛应用于高科技跨学科的桥梁基础之一，与现实世界的联系密切．体会三角函数在解决实际问题中发挥的学科价值和重要作用	
			教学重点	突出单位圆的工具性作用，研究三角函数的性质	

（五）以跨章节模块划分学习单元的内容解析案例

1."长方体模型中的转化与划归思想"学习单元的内容解析

长方体是立体几何中的一个最基本的几何模型，在长方体模型中，能直观地体现空间几何体的点、线、面之间的位置关系．在几何与代数主线中，长方体模型应用广泛，不仅贯穿立体几何学习始终，还与空间向量关联紧密．因此，有必要将长方体模型的核心内容作为学习单元的内容进行研究，可以从以下四个方面阐述．

（1）长方体模型是最基本的几何图形，也是生活中最熟悉的立体几何模型．比如，学生所处的教室就是很好的长方体实物，可以引导学生从教室的内部视角来观察长方体，也可以站在校园里观察学校的教学楼，引导学生从外面视角观察长方体．实践证明，依托长方体使学生熟悉几何模型，容易让学生产生学习立体几何的兴趣，可以培养学生空间想象的能力．

（2）长方体模型直观地体现了多面体中点、线、面之间的位置关系和度量关系．

（3）长方体模型是解决立体几何问题的思路来源．借助熟悉的长方体模型，从"几何特征"视角观察位置关系和度量关系，容易探寻解决立体几何问题的思路来源．比如，可以通过补形将多面体还原成长方体模型，将问题中的图形嵌入长方体。也可以将长方体模型置入圆柱模型、球模型中进行观察与分析．在这些紧密关联的图形中，长方体模型具有工具性的核心作用．

（4）长方体模型是空间坐标系的图形基础．通过建立空间坐标系，引入空间向量的概念，可以利用代数方法研究立体几何问题，这种数形结合的数学思维方法也贯穿于立体几何学习的始终．

详见第二篇第二章第二节．

2. "单调性与导数"学习单元的内容解析

函数概念和单调性与导数是函数主线中两个重要的核心内容，在高二学完导数以后，有必要整体分析函数的单调性与导数这一核心内容，确立以跨章节的关联模块为学习单元，进行整体设计并实施教学．其内容解析可以从三个方面阐述．

（1）单调性与函数图像关联密切

高一学习了一些基本函数的性质，其中单调性可以从整体定性地描述函数的变化情况，反过来，也可以通过函数图像直观地反映函数的单调性，即借助图像可以大致判断函数的单调性，根据单调性可以大致画出函数图像，所以说函数的单调性是函数最本质的性质，其中蕴含的数形结合数学思想有利于解决数学问题．

（2）单调性与不等式关联紧密

高一学习单调性概念的时候，借助不等式可以给出准确的单调性定义，利用作差比较法也可以证明函数的单调性，这反映了函数的单调性与不等式的联系紧密，也说明函数的单调性在解决不等式综合问题中有着重要的工具性作用．

（3）单调性与导数的关联融合

单调性与导数的联系主要体现在描述函数变化率方面，导数概念可以帮助学生理解函数局部性质、导数几何意义和极限思想．引入导数概念就可以定量研究函数变化，从定性到定量是函数研究问题的基本思想之一．导数法是解决相关函数问题、建模问题的重要思想方法．

详见第三篇第一章第三节．

（六）单元内容与内容解析案例（"二次函数与一元二次方程、不等式"学习单元）

单元内容与内容解析案例（"二次函数与一元二次方程、不等式"学习单元）如表 2 - 1 - 6．

表 2 - 1 - 6

单元名称	学习阶段	教材版本	建议课时	课型	单元类别
二次函数与一元二次方程、不等式	高一上	人教版	2	单元知识探究课	知识类

单元内容	内容		二次函数与一元二次方程、不等式
	内容解析	内容本质	函数是描述客观世界中变量关系和规律的数学语言和工具，引导学生体验从二次函数角度来看待一元二次方程和不等式，并理解三者的内在联系
		知识结构	本单元在教材中属于预备知识，在初中学过一元一次函数和一元二次函数的基础上，以义务教育阶段数学课程内容为载体，使学生能够从函数观点认识方程和不等式，感悟数学知识之间的关联．本单元内容对集合内容的巩固和运用具有重要作用，并与后面的函数、数列、直线与圆锥曲线以及导数等内容密切相关，是整个高中数学的重要基础

续 表

单元内容	内容解析	知识结构	本单元研究思路为"定义—解法—应用",但教材呈现的重点在"解法"方面,类比"用一次函数的观点认知一元一次方程、一元一次不等式"的思路,学习"从二次函数观点认知一元二次方程、一元二次不等式",渗透了函数与方程的思想
		育人价值	让学生认识函数的重要性,体会数学的整体性,逐渐学会利用函数解决相关的数学问题,是初高中衔接课程的重要内容;要引导学生做好学习方式、思维方式、知识结构等方面的准备和过渡
		思想方法	让学生经历从实际情境中抽象出数学模型;并通过观察、讨论、画图的方式让学生多角度去体会数学建模的思想,学会用数形结合、转化化归、分类整合、函数与方程、特殊到一般思想建立起代数问题和几何问题间的密切联系,体会直观想象的数学核心素养与数学运算素养
		教学重点	一元二次不等式的解法及应用,理解"三个二次"之间的关系

第二章
高中数学单元教学目标与目标解析

在前期准备、确定学习单元、解析内容之后，开始单元教学目标设计和目标解析. 一般需要结合学习起点、学习需要和学习单元的内容等实际情况明确单元目标，并对单元目标进行解释和分析，制定相应的课时安排和教学目标.

第一节　高中数学单元教学目标与目标解析概述

一、高中数学单元教学目标与目标解析的意义

《课标（2017 版）》指出："教师应理解不同数学学科核心素养水平的具体要求，不仅关注每一节课的教学目标，更要关注主题、单元的教学目标，明晰这些目标对实现数学学科核心素养发展的贡献. 在确定教学目标时，要把握好学生数学学科核心素养发展的各阶段目标之间的关系，合理设计各类课程的教学目标."开展高中数学单元教学是实现这一要求的重要途径，其中，单元教

学目标设计和目标解析是关键环节之一.

二、高中数学单元教学目标与目标解析的原则

（一）整体性原则

由于核心素养是在数学学习的过程中逐步形成的，具有阶段性、连续性、整体性等特点，教师不仅要理解不同数学学科核心素养水平的具体要求，更要关注主题、单元的教学目标. 大家知道，传统的"一课一讲"可以达成"立知立能"的教学目标，也是实际教学中的普遍做法，但有明显的局限性，比如"重局部轻整体，教学内容碎片化"，加强单元整体教学可以改变这一不足，能达成"立知、立能、立人"的学科育人目标. 进行单元教学目标设计时应当关注单元内容与课时内容的前后关联的逻辑关系，坚持整体为先，才能抓住学习单元的课程主线和脉络，才能逐步发展数学核心素养.

（二）合理性原则

上一轮课改提出了三维目标导向的课程目标体系，包括知识技能、过程方法、情感态度价值观，它是一个广泛意义的课程目标，各学科一概而论，学科特点不是很明显. 而这一轮课改提出了核心素养导向的课程目标，它是对三维目标的传承和发展，素养导向的课程目标阐明了课程目标、单元目标、课时目标之间的三维立体关系，指出了三者之间教学评一致性具体要求，有利于指导教学. 因此，在此基础上开展单元教学目标设计与目标解析将会更科学、更具体.

（三）过程性原则

单元教学目标与目标解析的过程性体现在两个方面：一是从单元内容分解到课时内容，应依据知识的发生发展过程、学生的认知过程、从概念原理的学习到任务展示过程等；二是将相应单元目标分解为课时目标时，要明确单元主题下的每个具体课时目标.

（四）动态性原则

在实施教学活动之前设计单元教学目标，需要预判的因素有很多，比如，学习起点不同、学习需要存在差异、学习单元内容也可能不同，因此，单元教学目标的设计是一个动态的过程，是一个不断"实践、反思、修改、再实践、再完善"的循环过程.

在单元教学完成之后，通过整体评价与反思工作对本单元的单元教学目标进行评估，随后对于需要改进的地方进行修改完善，为后续教学提供参考指导意见．

（五）层次性原则

制定教学目标要与学生学习起点、认知水平相适应，要与数学知识的形成发展相适应，要与不同的学习阶段相适应；设计教学目标的时候，需要科学考虑了解、理解、掌握、运用等层次性的要求。

第二节　高中数学单元教学目标与目标解析

一、课程目标、单元目标与课时目标的内在一致性关系

（一）课程目标分析

核心素养导向的课程目标是三维目标的传承和发展，它更贴近学科特征，贴近学科教学．以"四基""四能"为着力点，指出了素养内涵、水平及"四个表现"与"四基""四能"的关系，有利于指导教学．其中，"四基"是指"基础知识、基本技能、基本数学思想方法、基本活动经验"，"四能"是指"发现问题、提出问题、分析问题、解决问题"，高中数学学科核心素养水平的"四个表现"是指"情境与问题、知识与技能、思维与表达、交流与反思"．

这种"核心素养·课程标准—单元设计—课时计划"就像一棵大树，大树的主干是"核心素养·课程标准"，大树主干上的树枝是"单元设计"，树枝上的树叶就是"课时计划"，树枝上的果子就是"素养水平目标"。

为了准确地确立学习单元目标并对目标进行解析，需要梳理"核心素养·课程标准—单元设计—课时计划"，以及《课标（2017 版）》中各数学核心素养水平 1、水平 2 和水平 3 的具体要求。高中数学"主线课程内容、情境和情境活动场景、素养和学业水平要求目标"之间的立体关联结构如图 2－2－1.

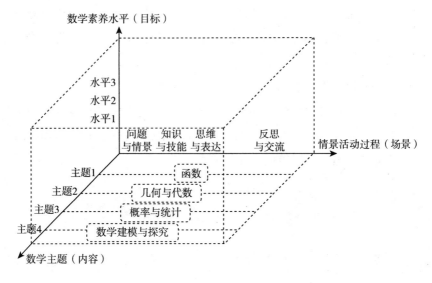

图 2－2－1

（二）内在一致性分解

《课标（2017 版）》中的课程目标体系是由课程目标（总目标）、阶段目标（核心素养水平要求）、具体内容目标（单元目标）三个系统构成的．三个系统之间具有紧密的逻辑关系，集中反映发展数学素养的目标要求，其中，高中数学课程的总目标，包括获得"四基"、提高"四能"、发展"六个核心素养（即人文底蕴、科学精神、学会学习、健康生活、责任担当、实践创新）"、形成"情感、态度与价值观"、达到"三会（即会看、会想、会表达）"等几个方面，它们之间是系统性与整体性的关系．即指出主题单元下的具体内容目标，分单元用不同的行为动词描述了对主题单元下每个具体内容的结果性目标和过程性目标要求，这些目标也可以看成相应主题单元结束时达成的目标，在课程实施中，再将这些目标分解到具体课时中．① 教师应理解课程总目标和阶段目标的要求，理解各目标水平的要求以及不同目标水平之间的递进关系．

目标是教学设计的灵魂，是教学过程和学习活动的导向．单元教学目标设计的主要内容是把课程目标分解为课堂教学目标，指引落实到具体课时中，实现课程目标与课时目标的内在一致性，这是单元教学整体设计的主要任务之一．

---

① 史宁中，王尚志．普通高中数学课程标准（2017 年版）解读［M］．北京：人民教育出版社，2018．

课时目标又是对单元目标的分解细化，只有逐一达成课时目标以后才能完成单元目标．因此，单元教学目标是阶段性目标，要通过完成一个单元的教学才能达成，而课时教学目标要通过一个课时的教学才能达成，课时目标的积累就有可能达成单元目标．在教学过程中，每个学习活动环节之间要设置阶段性小目标并及时评价．这样一来，就可以形成"单元—课时—环节—整体"的目标体系．其中，单元目标的设计往上对应课程目标分解，往下则是课时目标分解的落实．

关联结构如图 2 - 2 - 2.

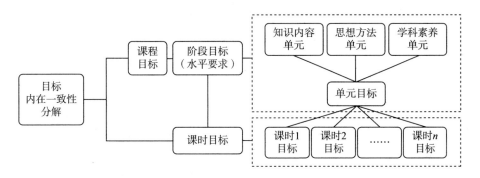

图 2 - 2 - 2

二、高中数学单元教学目标与目标解析

（一）叙写单元目标

1. 高中数学三维目标导向的目标要素关系（2011 年至 2017 年）

高中数学三维目标导向的目标要素关系（2011 年至 2017 年）如表 2 - 2 - 1.

表 2 - 2 - 1

类别	三维目标导向课程目标	主题		
		主题划分	目标	
			目标阐述	行为动词
高中数学	知识技能、过程方法、情感态度与价值观	章、单元	知识技能、过程方法	了解、理解、掌握（运用）
			情感态度与价值观	形成
义务教育数学	知识技能、数学思考、问题解决、情感态度	章、单元	知识技能、数学思考、问题解决	经历……过程，了解、掌握、运用……
			情感态度	参与……活动，积累……经验

2. 高中数学核心素养导向的目标要素关系（2017年起）

高中数学核心素养导向的目标要素关系（2017年起）如表2-2-2.

表2-2-2

数学素养导向课程目标	单元			
	单元划分以及目标	结果目标行为动词	含义	过程目标行为动词
获得"四基"、提高"四能"、发展"六个核心素养"、形成"数学学科价值"	节、章、模块、关联内容、核心内容、思想方法、核心素养. 单元目标详见数学素养导向课程内容中的"内容要求"	了解	初步感性认识知识并能表达和识别	知道、认识、识别（感悟、表达、解释、表述、举例）
		理解	理性认识数学知识、知其然和所以然、能解释知识的关联和作用	经历（通过、经过、发现、概述、辨析、参与）、体验（体会、计算、积累）、探究（探索、归纳）
		掌握（运用、灵活运用）	获得"四基"、提高"四能"、能解决问题、发展素养	能（能用、能求）、会（会用、会求）、发展（把握、形成、提升、提高）
数学学科核心素养是数学课程目标的集中体现，是具有数学基本特征的思维品质、关键能力、情感态度与价值观的综合体现[①]				

---

① 中华人民共和国教育部. 普通高中数学课程标准（2017年版）［M］. 北京：人民教育出版社，2018：17-18.

3. 案例

以必修第一册第二章 2.3 二次函数与一元二次方程、不等式为例. 如表2－2－3.

表 2－2－3

单元名称	学习阶段	教材版本	建议课时	课型	单元类别
二次函数与一元二次方程、不等式	高一上	人教版	2	单元知识探究课	知识类
单元目标	目标	结合一元二次函数的图像，会判断一元二次方程实根的存在性及根的个数. 了解函数的零点与方程根的关系. 经历从实际情境中抽象出一元二次不等式的过程，了解一元二次不等式的现实意义. 能用一元二次函数求解一元二次不等式，并能用集合表示一元二次不等式的解集. 能用一元二次函数的图像了解一元二次不等式与相应函数、方程的联系. 能从函数的观点认识方程和不等式，感悟数学知识之间的关联. 能用函数思想解决方程和不等式问题			

（二）单元目标解析

1. 目标解析

《课标（2017 版）》并没有说明具体课时分配，也没有具体的课时目标，这就需要对单元目标进行解析. 在课标中，"内容要求"明确了知识单元的内容主题以及目标要求，"教学提示"分析了本单元内容关联的知识和方法，"学业要求"指出了本单元的能力目标和素养目标. 解析单元目标的过程也是理解教材和理解教学的过程，要结合学习需要、学习起点、教材内容和教学要求明确课时安排，并按照知识的发生发展过程、学生的认知过程进行课时分解. 还要说明通过学习本单元之后，学生获得哪些基础知识技能和思想方法（四基），提高哪些能力（四能），发展哪些数学核心素养（六个核心素养）.

2. 案例

以必修第一册第二章 2.3 二次函数与一元二次方程、不等式为例，如表2－2－4.

表 2－2－4

单元名称	学习阶段	教材版本	建议课时	课型	单元类别
二次函数与一元二次方程、不等式	高一上	人教版	2	单元知识探究课	知识类
单元目标	目标解析	通过梳理初中数学的相关内容，理解函数、方程和不等式之间的整体性联系，引导学生用一元二次函数认识一元二次方程和一元二次不等式. 引导学生从函数的观点认识方程和不等式，感悟知识之间的关联，认识函数的重要性，逐渐学会利用函数解决方程和不等式相关问题. 本单元的学习过程可以让学生深刻感受到数形结合、转化与化归、特殊与一般等数学思想，以及数学直观想象、逻辑推理、数学运算等核心素养，培养学生独立思考和严谨的科学态度. 在自主探究与讨论交流过程中培养学生运用等价转化和数形结合等数学思想解决数学问题的能力			

三、课时目标设计

（一）叙写课时目标

在明确、解析单元目标之后，课时数和课时内容也就得以明确，接下来就是叙写课时教学目标.

"课时教学目标的呈现方式要注意过程与结果的融合、隐性目标与显性目标的融合."① 根据各个课时的核心概念或者关键词、学习活动、行为达成度、目标达成度，用不同的行为动词描述每一节课的具体教学目标，如表 2－2－5.

---

① 章建跃.《普通高中教科书·数学（人教A版）》"单元—课时教学设计"体例与要求［J］. 中学数学教学参考，2019（8）：14－16.

表 2 - 2 - 5

核心概念	学习活动	行为动词	
		结果性目标的行为动词	过程性目标的行为动词
关键词 **知识结构**	学习条件和 学习程度	了解、理解、掌握（运用）	经历、体验、探究
相关 **行为动词**	知道、认识、识别（感悟、表达、解释、表述、举例） 经历（通过、经过、发现、概述、辨析、参与） 体验（体会、计算、积累） 探究（探索、归纳） 能（能用、能求） 会（会用、会求） 发展（把握、形成、培养、提升、提高）		
叙写格式	"通过"什么学习活动（参与活动体验，感悟活动经验），"能"解决什么数学问题（具体目标），"发展"（培养）数学思想方法、（提高）关键能力和（发展）数学素养． 比如：通过（经历、参与、感悟）……能（会、表述、体验、归纳、能用、能求、会用、会求）……发展（积累、形成、培养、提升、提高、培养）		

（二）叙写教学重点与难点

教学重点是指教学内容中的核心概念、重要内容及其蕴含的数学思想．教学难点是指学习过程中遇到的困难．预设教学重点和难点主要依据教师的教学经验．重点和难点要落实在"点"上，特别是难点要符合学生学习的需要和学生认知的基础，不能仅凭过去的经验．重点和难点一般对应的是"知识点"．有时候，根据学习的需要，重点和难点也可以对应思想方法、关键能力、数学素养等方面来阐述．一般情况下，课时教学的重点与难点既可以与教学目标结合在一起阐述，也可以与课时教学策略联系在一起阐述．

设计课时教学目标不能忽视每一课时中的阶段性目标设计，即各个环节的教学目标以及预设阶段性目标的达成度，一般都是写在设计意图中。它们既是对等关系，又是循序渐进、逐次递进的关系．课时教学尽可能做到可分解、可达成、可检测，即叙写的目标要具体、可操作、能评价．

（三）案例

以必修第一册第二章 2.3 二次函数与一元二次方程、不等式的第 1 课时"从函数观点认识一元二次方程和一元二次不等式"的课时目标为例，叙写课时教学目标如下：

（1）经历从实际情境中抽象出一元二次不等式的过程，了解一元二次不等式的意义；

（2）能用一元二次函数求解一元二次不等式，并能用集合表示一元二次不等式的解集；

（3）能从函数的观点认识方程和不等式，感悟数学知识之间的关联，能用一元二次函数的图像理解一元二次不等式与相应函数、方程的联系；

（4）能用函数思想解决方程和不等式问题，理解函数思想是重要的数学思想方法之一，有利于提升直观想象与数学运算素养.

四、实施流程

高中数学单元教学目标与目标解析的实施流程结构如图 2－2－3.

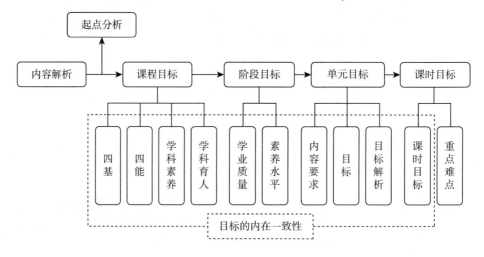

图 2－2－3

第三章

高中数学单元教学问题诊断和
教学策略分析

单元教学问题诊断分析的主要内容是教师根据专业知识、教学经验、学生学情、数学的内在逻辑关系以及思维发生发展规律，预测学生在本单元的教学活动中可能遇到的学习困惑或者障碍问题，分析诊断这些可能遇见的困难的原因，为单元教学整体设计提出解决方法，并指出单元的教学难点．

单元教学整体设计的教学策略分析是教师根据学习的需要采用合理的方法和步骤，整合各种教学要素和资源，分析可行的教学策略，包括课时安排、突破难点策略、选择教学方法和可以运用的教学资源等．

第一节　高中数学单元教学问题诊断分析

一、问题诊断分析的意义

在确定学习单元的主题、明确单元目标以及完成目标解析之后，接下来就是问题诊断分析环节，它是单元教学整体设计中的第三步．

单元教学问题诊断分析实际上是针对教学中可能出现的问题进行预判、分析原因、提出解决方案，为后面整体设计评价内容、教学活动提供参考依据．一般来说，单元教学问题诊断分析既要关注学生的学，还要关注是否学会、能否学以致用，存在什么困难及其背后的原因．问题诊断分析体现了以学为中心的原则和以人为本的人文精神．

二、问题诊断分析的原则

（一）学习起点

在前面的章节中已经阐述学习起点、学为中心的原则，要让学生知道所学的知识"从何而来"，又会"到哪里去"，所以，基于学习起点的问题诊断分析的重点是关注学生认知基础水平，预估教学活动中的困难．

（二）学习需要

单元教学整体设计起始于学习需要，重点关注学生的知识结构、知识的上下位逻辑关系、关注关联内容的内在逻辑，诊断分析可能遇见的困难．

（三）教学反思

教学反思是教学工作的重要组成部分，也是积累教学经验的重要途径，问题诊断是否科学、精准，很大程度上取决于教师的教学反思经验和教学经验．

（四）关注差异

不同学生的学习能力、学习习惯差异明显，应该从学习内容、学生学情、最近发展目标等方面进行问题诊断分析．

三、问题诊断分析的内容

在单元教学的问题诊断环节，分析学生的认知水平，诊断在学习过程中的困惑。单元教学整体设计的重要创新之处在于提前关注学生的学习起点和学习需要，安排在教学策略设计、评价设计和课堂教学过程设计的前面．

（一）分析认知基础

由于学生的认知基础是学习的起点，包括基础知识、基本技能、基本思想方法、学习习惯和态度等．所以，分析认知基础的过程就是依据单元教学目标找出已有认知基础和单元目标之间的差异，预测学生在学习过程中可能出现困难的过程。在这个过程中，教研团队的经验是分析认知基础的重要影响因素．

指出教学难点是分析认知基础的表现方式之一.

（二）分析障碍原因

由于教师的经验水平是分析障碍原因的重要影响因素，因此，教师对数学本质的理解、对学情深入的分析都会影响能否准确地诊断教学问题和分析障碍原因. 加上教学活动的复杂性、差异性、层次性，不同的学生可能有不同的学习困惑，因此，应该从多方位、多角度分析学习过程中的困惑及产生的原因. 还应该尽可能细化分析内容，最好以具体内容为载体进行具体说明.

四、问题诊断分析的案例

（一）"二次函数与一元二次方程、不等式"单元教学的问题诊断分析案例

"二次函数与一元二次方程、不等式"单元教学的问题诊断分析案例如表2-3-1.

表2-3-1

问题诊断分析	认知基础	学生在初中阶段经历了从函数观点看一元一次不等式、一元一次方程与一次函数的关系，学习了一元二次函数的有关概念. 学生在初中对等式的认识经历了"数学背景—等式—等式性质—方程及其解法—应用"的过程，进入高中后，可以类比学习不等式的概念和性质，对不等式有了相对全面的了解
	障碍原因	从函数角度理解方程和不等式是数学的基本思想方法，这恰恰也是难点，学生还不习惯通过函数图像探索一元二次不等式与函数、方程之间的内在联系；另外，学生从实际问题中抽象数学模型的能力还比较薄弱
	难点	理解一元二次函数与一元二次方程、一元二次不等式之间的内在联系

（二）"直线与抛物线的位置关系"单元教学的问题诊断分析案例

"直线与抛物线的位置关系"单元教学的问题诊断分析案例如表2-3-2.

表2-3-2

问题诊断分析	认知基础	学生熟悉了直线与圆、椭圆、双曲线的位置关系的判断方法，学会了运用方程的观点（代数方法）分析数学问题，能运用数形结合（几何方法）分析圆锥曲线问题

续 表

问题诊断分析	障碍原因	直线与圆锥曲线联系紧密，是几何与代数相结合的重要内容，既强调代数运算，又强调几何特征，因此，对于刚上高中的学生来说，是一个重难点学习内容，本单元内容对数学运算和直观想象的要求也比较高
	难点	难点是借助抛物线的图形特征，运用解析法研究直线与抛物线的位置关系．突破难点的方式是作图标图、平几应用、定义解题，引导学生从抛物线的几何特征（如对称性、焦点半径性质、焦点弦性质、准线性质等）入手，运用数形结合思想、平面几何知识、抛物线的定义解决问题

第二节　高中数学单元教学策略分析

一、教学策略分析的意义

在确定学习单元的主题内容、明确了单元目标、解析了单元目标、开展了问题诊断分析以后，进行教学策略分析，教学策略分析是单元教学整体设计中的第四步．单元教学策略分析的主要意义在于能为教学提供可行性和实践性的教学技术支持，是选择教学方式的重要依据，也是将单元目标落实细化到数学课堂教学之中的重要依据，使数学教学更符合学生的认知水平和学习需要．教学策略还包括运用教学资源辅助教学、科学安排课时、创新难点突破的途径等．

二、教学策略分析的原则

（一）学为中心

《课标（2017 版）》明确要求，教学过程中不仅要重视如何教，更要重视如何学，促进学生学会学习．所以，教学策略应该围绕促进学生学会学习、选择合理的教学方式、激发学习兴趣展开设计．

（二）问题导向

由于单元教学设计强调整体性，基于数学学科的逻辑性和层次性，需要引导学生有逻辑地、有脉络地进行探究式、体验式学习．因此，坚持基于情境、问题导向设计"问题链＋任务单"引导学生探索性地学习．

（三）情境创设

创设合适的教学情境，设计"问题链＋任务单"，引发学生思考与交流，引导学生在教学活动中理解数学的本质．情境包含数学学习情境、现实实践情境、科学探究情境．从情境的复杂程度方面看情境是有层次的，分为熟悉的情境、关联的情境、综合的情境三个层次，分别对应数学学科核心素养水平1、水平2、水平3要求．在教学活动中，应结合教学任务及学业要求设计合适的情境和问题，在情境和情境活动中提升解决问题的能力，理解数学内容的本质，促进学生数学学科素养的形成和发展．

三、教学策略分析的内容

教学策略分析包含单元教学策略分析和课时教学策略分析两个部分，它们之间既是整体与局部的关系，也是相互融合的关系．课时教学中的教学策略分析是明确学习任务、创设情境活动、设计问题链教学环节的基本依据，还包括课时教学的重难点把握、选择教学方法、教学资源运用等．

（一）明确教学课时

根据单元内容、单元目标、问题诊断、学习需要、教学顺序等要素科学安排课时，需要特别注意单元与课节之间、课节与课节之间既相互联系又相对独立的逻辑关系．

（二）选择教学方法

根据不同的学习内容和教学任务灵活选择教学方法．一般选用"问题链＋任务单"教学法，也会选用一些其他常见的教学方法，如归纳式、启发式、问题驱动式、探究式、自主学习式等．应创新转变教与学方式，引导学生深度参与课堂教学，养成良好的学习习惯．

（三）突破难点

单元教学问题诊断分析指出了单元教学难点，一般是以结合问题诊断、精准分析障碍原因、选择合适的策略为突破难点．

（四）资源支持

根据问题诊断分析的结果采取教学支持条件，支持学生进行数学思维活动. 在教学实践中，信息技术与学科教学的融合是当前使用最为广泛的技术资源条件，也得到教师们的广泛认同. 当然，还应该主动开发学科模具等校本资源，如空间几何体模型等，再如，数学建模和数学探究的活动场地需要学校给予场地资源的配合.

四、教学策略分析的案例

（一）"二次函数与一元二次方程、不等式"单元整体设计的教学策略分析

"二次函数与一元二次方程、不等式"单元整体设计的教学策略见表2-3-3.

表2-3-3

<table>
<tr><td rowspan="6">教学策略</td><td rowspan="2">课时安排</td><td>从函数观点认识一元二次方程和一元二次不等式</td><td>第1课时</td></tr>
<tr><td>一元二次不等式的应用</td><td>第2课时</td></tr>
<tr><td>突破难点</td><td colspan="2">增强学生数形结合思想的应用意识，充分利用二次函数的图像探索一元二次方程、一元一次不等式之间的内在联系是本单元内容的关键，这也是教学的重点. 教师在教学时应该注意引导学生类比初中一次函数、一元一次方程、一元一次不等式三者之间的联系，让学生自主探索、归纳总结、获取知识</td></tr>
<tr><td>教学方法</td><td colspan="2">"问题链＋任务单"教学法</td></tr>
<tr><td>资源支持</td><td colspan="2">"互联网＋"等多媒体手段</td></tr>
</table>

（二）第1课时"从函数观点认识一元二次方程和一元二次不等式"教学策略分析

第1课时"从函数观点认识一元二次方程和一元二次不等式"教学策略见表2-3-4.

表2-3-4

<table>
<tr><td rowspan="2">教学策略</td><td>资源</td><td>信息技术融合、几何画板等教学工具，多媒体辅助教学</td></tr>
<tr><td>教学方法</td><td>"问题链＋任务单"教学法</td></tr>
</table>

续 表

	重点	一元二次不等式的解法
	难点	理解二次函数与一元二次方程、一元二次不等式之间的相互联系
教学策略	教学流程	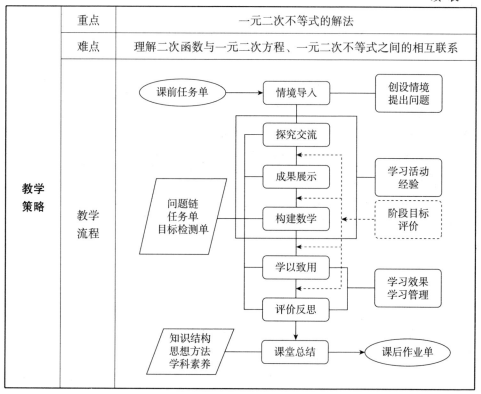

第四章

高中数学单元教学"纵向+横向"系统性评价设计

单元教学评价设计是根据单元教学目标而制定的评价体系，是一个通过收集、分析、解释等评价方式做出判断的过程，是落实课程目标的重要手段，是单元教学整体设计中的重要组成部分，是为了减少实际结果与课程目标的差异努力实现教学评目标的一致性．它以课程目标、教学内容和学业质量标准为基本依据，运用纵向评价（单元—课时—整体）和横向评价（教学环节）的方式，系统性测评学生在一个学习单元内的必备知识、关键能力和素养发展水平．

第一节 高中数学单元教学评价设计概述

一、高中数学单元教学评价设计的意义

《课标（2017 版）》制定了数学学业质量标准，让学习与评价、教学与评价有了明确的依据，这些标准的阐述具有重要的指导意义．由于缺少具体操作的

指引，因此，需要我们在实践中探索和构建具有较高可信度与可操作性的评价方法．高中数学单元教学评价能促进真实学习、深度学习，可以诊断学习过程中的优点与不足，可以及时改进学习行为和教学行为，促进有效教学和反思．

二、高中数学单元教学评价设计的原则

（一）整体性与阶段性融合

《课标（2017 版）》明确指出，关于学业质量水平的表述，每一个数学学科核心素养划分为三个水平，而每一个水平具体的表现是通过情境与问题、知识与技能、思维与表达、交流与反思四个方面来体现的．所以，应该整体把握学业质量标准的评价目标与学习单元目标的融合．

由于数学学科素养的达成是循序渐进的，并不是某一节课就能达成的，应该关注其渐进性和阶段性。首先要将整体性课程评价目标分解，融入学习单元评价目标中；其次，通过单元教学整体设计将单元学习评价与课时学习评价相结合；最后，还要进行整个单元教学的整体评价与反思，我们把这个过程称为"纵向＋横向"系统性评价设计，分为单元学习评价活动、课时学习评价活动、单元整体评价与反思活动三个方面．这个过程需要区域、校际、学校协同研究与实践，形成适合本区域、本校的整体性与阶段性评价的融合体系．

（二）问题链与任务单导引

"问题链＋任务单"教学法以问题为导向，采取问题引导学习的方式，让学生带着问题开展活动，将转变学生的学习方式落在实处．

由于情境与问题是体现数学学科核心素养的重要内容，所以，基于"情境活动"的"问题链＋任务单"的教学方式是以问题或者任务为中心，创设合理的教学情境、提出恰当的数学问题、设计适合的评价任务，启发思考与交流，落实学科育人．其中，问题链是整节课的教学主线，任务单是问题驱动的载体，"问题链＋任务单"构成情境活动．问题链和任务单的设计应该体现学科素养要求，提出问题应该自然，逻辑关系应该科学，解决问题采用通性通法．

（三）过程性和差异性兼顾

单元教学的评价设计既要关注学生现实认知水平，也要关注学生在学习过

程中的发展．在这个过程中，应该关注学生个体的学习和发展差异，建立学生档案，记录学生学习的成长过程，观察学生的思维形成和解决问题的过程，就可以及时发现教学中的问题，为调整教与学的行为提供依据．

第二节　高中数学单元教学评价内容与方式

一、评价内容

（一）构建"纵向＋横向"评价系统

基于单元导引的"课程目标—单元目标—课时目标"教学评目标的一致性，构建"纵向＋横向"评价系统，分为单元学习评价活动、课时学习评价活动、单元整体评价与反思活动三个方面．"横向＋纵向"评价系统是一种基于单元导引的创新评价系统，体现了量化工具创新、反思评价创新、"整体—局部—整体"闭环逻辑创新．其结构如图 2－4－1.

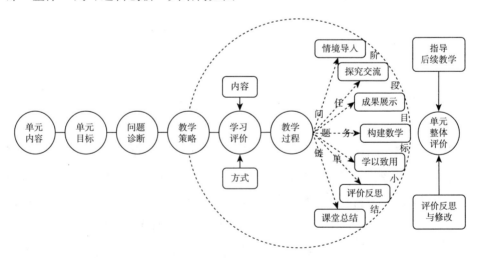

图 2－4－1

（二）"纵向＋横向"评价内容分析

从"横向＋纵向"评价系统结构图可以看出，单元学习评价设计包括单元预习单、单元练习单（预设）、单元检测单（预设）；课时学习评价包括"问题链＋任务单"（课前学习单、含各环节间的阶段小结、课堂总结）；单元整体评价与反思包括"单元学习评价设计""课时学习评价设计"，以及"单元学习评价单（学生自评）""单元教学评价单（教师自评）""单元整体评价与反思评价单（互评）"等．

其一，在课时教学之前设计单元学习评价是预判学生学习的有效性，或者预判学习目标达成度的设计，是立足"纵向"针对单元教学效果的逆向性评价．

其二，课时教学中的学习评价是立足"横向"的课中形成性评价，是对教学过程提供及时修正与改善的依据．主要形式为"问题链＋任务单"，通过完成"问题链＋任务单"进行学习活动中的评价，既关注学生的学习结果，又关注学生在学习过程中的发展，不仅可以关注学生学习态度，还可以关注思维与交流、反思与表达等方面的素养发展，更重要的是可以发现教与学中的问题，及时调整学与教的行为．各个环节间设计有阶段性评价活动，是课中的过程性评价，课堂总结活动是一节课的整体评价，主要是引导学生梳理知识结构体系，渗透数学思想．

其三，在单元教学完成之后开展单元整体评价与反思，是立足"纵向"的回顾式反思评价，属于总结性评价范畴．前两者侧重学生学习的评价，关注学生的学，包括是否掌握了学习目标、是否养成良好的学习习惯和态度等．第三部分内容侧重针对教与学的评价，重点关注教师的教，包括数学教学过程是否合理、数学学习活动的过程是否深入、是否能把握数学的本质等．并且由师生、同伴、专家共同组成单元教学整体评价与反思的教研主体，研究反思本单元的教与学的优势与不足，为后续教学提供参考意见．单元教学评价既要考查学习成效，也要考查教学成效．

（三）"纵向＋横向"评价要素分析

单元教学整体设计评价的观察要素比较多，大致可以从三个维度、八个观察点来分析这些观察要素．

三个维度包括单元学习评价、课时学习评价和单元整体评价与反思：一个是局部横向的，两个是整体纵向的．其中，单元学习评价包括单元学习准备、单元学习活动、单元学习梳理、单元练习或检测．课时学习评价包括课前学习单；课中问题链、任务单、课堂总结；课后学习单．单元整体评价与反思包括反思学生的学、反思教师的教、对后续教学的指导等．

八个观察点包括学习准备、课堂学习、课后学习、单元检测、必备知识、关键能力、数学素养、交流总结等．其中，学习准备包括困难预估、课前学习单、预习等；课堂学习包括问题链、任务单、目标检测单、反思与表达、各个教学环节之间的阶段性小结、课堂总结、提问、任务展示、互动交流等活动表现；课后学习包括课后作业单、梳理总结（或报告）等；单元检测包括单元检测单、阶段性考试等；知识技能、关键能力、数学素养、交流总结等方面的观察主要是通过在教学过程中的及时观察与交流评价学生的学习表现、学习态度、知识和关键能力的获得、数学素养的发展情况等．

二、评价方式

（一）增强评价意识

增强单元教学评价意识，设计合理的评价方案可以改进教与学的方式，有助于关键能力的培养和核心素养的养成．教师既是教学活动的设计者、组织者，也是参与者、评价者，擅长评价与反思的教师不仅能设计出优秀的课例，展现精彩的教学过程，还能形成自己的教育教学主张．

（二）选择评价工具

"纵向＋横向"系统性评价是单元教学整体设计的亮点，从数学本质和教学实际出发，分为课前、课中、单元整体反思与评价三个方面设计量化测试的评价工具．教学实践中，可以整合区域、校际和学校教研部门集体力量，研究评价设计的具体细则，在经验积累的基础上不断改进，建立适合本区域、本学校的科学评价体系，制定各类评价的具体属性单．

（三）评价方式多样

评价方式具有多样性，包括单元检测、课时目标检测、课堂观察、口头测验、活动表现、课内外练习、反思与交流等评价形式，在许多方面都有可能体现学生的数学关键能力和思维品质．因此，设计形式多样的评价才能全面反映学生数学学科核心素养的达成状况．

（四）评价主体多元

在评价设计的属性单细则中，涉及自评、互评、他评等方式，其中，除了教师是主要的评价者，学生同伴、教师同事、家长以及研究团队专家，甚至学生本人都可以作为评价者．评价关系包括生生、师生、师师、教师与家长，这样一来，就可以从不同的角度收集、分析学生发展过程中的关键能力、思维品质和学习态度等方面的信息，给出公正和客观的评价，并指导学生进一步发展．

三、"纵向＋横向"系统性评价流程（图 2 - 4 - 2）

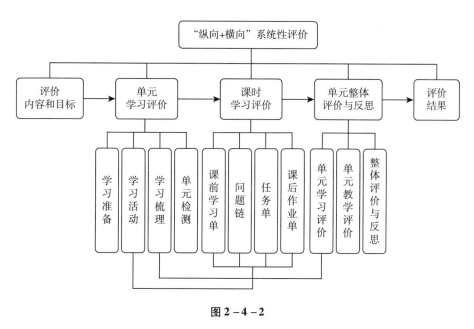

图 2 - 4 - 2

第三节 高中数学单元教学"纵向＋横向"系统性评价

一、高中数学单元学习评价设计

（一）单元学习活动设计

在设计教学活动之前先进行"单元学习评价"设计，是指根据学习的预期结果来设计评价内容和方式，检测学习的效果是否达到本单元预期目标或者达成目标的程度．

（二）单元检测（练习）设计

单元检测设计包含单元检测单和单元练习单两部分，大单元学习检测的目的是考查学生学习的成效，重点梳理与反思数学"四基"方面的获得结果，梳理"四能"方面的达成度，以及数学素养方面的发展效果．

（三）单元学习评价设计结构流程图（图 2 - 4 - 3）

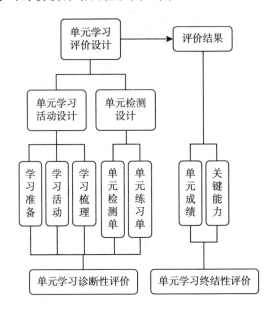

图 2 - 4 - 3

二、课时学习评价设计

课时学习评价是诊断和检测学生是否学会、是否达到预期目标，并对教与学的效果进行反馈和改进的过程．内容包含课前学习单、问题链（回答问题、思维与表达、对话与交流）、任务单（情境活动、探究活动、口头问答、反思与思考）、活动表现（活动经验、参与程度、互动程度等）、目标检测单、课后学习单等．

以教学目标的达成度为依据，设计课前学习单（1～5 题或者问题）、问题链（含追问）、任务单（分阶段，每阶段 1～2 题）、目标检测单（1～3 题）、课后作业单（3～8 题）五个部分课内外的评价内容，要求评价内容具有层次性和针对性．同时，由于每个教学环节聚焦一个阶段性小目标，且设计了与其对应的设计意图和互动反思，所以，重视和落实环节间的目标评价才能实现教学评的一致性．

结构流程如图 2 - 4 - 4：

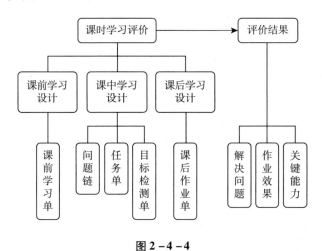

图 2 - 4 - 4

三、单元整体评价与反思设计

单元整体评价与反思是在完成整个单元教学的基础上，围绕数学学科核心素养的这个隐性评价目标进行的回顾．反思重点是教学评目标是否一致，教学实践是否偏离教学目标，达成目标程度的高低等．

单元整体评价与反思主要是团队、同伴、专家集体评议，对设计和教学的全面反思，站在数学整体结构体系的角度，重点评价和反思本单元教学中有哪些值得肯定的优点与价值、有哪些需要反思的问题、还可以进行怎样的改进、能为后续教学提供哪些参考等．反思教与学的优势与不足，为改进教学的行为和方式提供参考，改进教学活动，提升整体设计的能力．

结构流程如图 2 - 4 - 5：

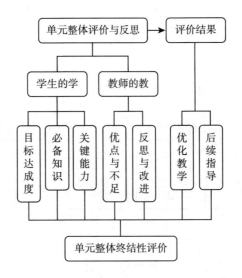

图 2 - 4 - 5

四、高中数学单元教学评价量化设计属性单

（一）单元学习评价设计单（单元教学中）

单元学习评价设计单如表 2 - 4 - 1：

表 2 - 4 - 1

评价项目	评价内容	评价要点	评价方式
学习评价	学习准备	单元预习	自评
	学习活动	问题链	自评、师评
		任务单	自评、师评
	学习梳理	知识结构	自评
		思想方法	自评
		学科素养	自评
	单元检测	单元练习单	自评、师评
		单元检测单	师评

（二）课时学习评价设计单

课时学习评价设计单如表 2 – 4 – 2：

表 2 – 4 – 2

评价项目	评价内容	评价要点	
学习评价	课前	课前学习单	
	课中	问题链	
		任务单	
		目标检测单	
	课后	课后作业单	

（三）单元学习评价单（学生自评）（单元教学后）

单元学习评价单（学生自评）如表 2 – 4 – 3：

表 2 – 4 – 3

阶段	序号	项目	内容	效果
学习准备	1	学习态度	学习兴趣	
	2	单元预习	预习	
课堂学习	3	课前学习单	课中展示情况	
	4	活动表现	交流与反思、思维与表达、问答、提出问题、分析问题、活动参与程度、互动程度	
	5	任务表现	问题链、任务单、目标检测单	
	6	单元练习	完成情况	
	7	单元检测		
	8	关键能力	学会、会学、学以致用	
课后学习	9	完成作业	巩固概念，提升知识技能、综合能力	
	10	学习梳理	学习单元结构体系、思想方法、学科素养、典型数学模型	
说明			效果（程度）：一般、良好、优	

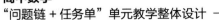
（四）单元教学评价单（教师自评）（单元教学后）

单元教学评价单（教师自评）如表 2 – 4 – 4：

表 2 – 4 – 4

阶段	序号	项目	内容	效果（程度）
学生的学	1	目标达成度	目标是否达成	
	2	必备知识	知识技能、思想方法	
	3	关键能力	逻辑思维、运算求解、空间想象、数学建模、创新能力	
教师的教	4	优点与价值	"单元 + 课时"教学设计与教学实施的经验	
	5	反思与改进	"单元 + 课时"教学设计与教学实施的不足	
	6	改进意见	形成指导意见	
说明			效果（程度）：一般、良好、优	

（五）单元整体评价与反思单（互评）（单元教学后）

单元整体评价与反思单（互评）如表 2 – 4 – 5：

表 2 – 4 – 5

评价项目	评价内容		评价要点	评价方式
整体评价与反思	学生的学	目标达成度		教师评价 同事评价 专家评价
		必备知识		
		关键能力		
	教师的教	优点		
		不足		
	对后续教学的指导意见			

第五章
高中数学单元教学课堂学习活动设计

课堂学习活动是单元教学的重要组成部分，是单元教学整体设计的第六步．它在"三段（即要学什么、怎么去学、学到什么）、七步（即导学设疑、自主释疑、合作探究、成果展示、精讲点拨、分层巩固、课堂小结）、十九要素"单元教学整体设计框架下整合关联内容，进行课时分解，分课时整体设计相关课时教学中的学习活动．

第一节　单元导引"问题链 + 任务单"
课堂学习活动设计原则

一、原则

（一）以单元为导引

在教学活动中，教师应准确把课程目标、课程内容、学业质量的要求合理设计教学目标，并通过相应的教学实施．在学生掌握知识技能的同时促进数学学科核心素养的提升及水平的达成．

通过基于单元导引的课堂学习活动经历知识发生发展过程，引导学生关注学习过程，体验学习过程和评价过程，落实课程目标—单元目标—课时目标的内在一致性分解与实施，促进数学学科核心素养连续性和阶段性发展．

（二）以学生为主体

设计课堂学习活动要从学生实际出发，以学生为主体、教师为主导、训练为主线、会学为主旨，充分发挥学生主体作用．在教师的指导下，引导学生开展自主学习、探究实践、合作交流、反思与表达活动，最大限度地激发学生学习兴趣．

教师要把教学活动的重心放在促进学生学会学习上，积极探索有利于促进学生学习的多样化教学方式，根据不同的内容和学习任务采用不同的教学方式优化教学，加强学习方法指导，帮助学生养成良好的数学学习习惯①．

（三）以思维为线索

数学课堂的灵魂是思维，只有把握了数学思维，才能把握数学课堂的灵魂，而课堂的灵魂渗透在教学活动中．因此，课堂学习活动的设计应该关注两个融合：过程与结果的融合、隐性目标与显性目标的融合．在数学概念和思想方法的发生发展过程中、学生数学思维的发生发展过程中发展数学思维能力．

（四）以问题为导向

课堂学习活动设计以学生为主体，以"问题链＋任务单"为导向，启发学生理解数学概念、形成基本技能和领悟基本思想．问题链就是整节课的教学主线，突出情境创设，问题设计应当适合学生学习的最近发展区．在每个问题后要写出设计意图（基于教学问题诊断分析、学生学习行为分析），还要给出师生活动预设，这一环节需要重点关注的问题（概念、思想方法、技能训练、培养能力），要特别注意对如何渗透数学思想方法的数学素养做出明确的表述等．

每个活动环节都由问题链、任务单、追问、构建数学、学以致用、反思评价、课堂总结组成．问题链和任务单的设计一定要具体化，不能宽泛，也不能脱离学生认知基础，太泛和太难都会让学生无所适从．总之，要符合教学实际和学情．问题链和任务单要有合适的情境，通过问题引导学生深度参与学习数学的思维过程．

---

① 章建跃.《普通高中教科书·数学（人教 A 版）》"单元—课时教学设计"体例与要求 [J]．中学数学教学参考，2019（8）：14－16．

当然，问题不一定都是提问，也可以是一些具体的学习任务．比如，任务单、情境活动、提问、追问、讨论、交流、评价等．

（五）以情境为载体

新教材新在情境化，情境是实现价值引领、素养导向、能力为重、知识为基的综合载体，情境活动是在情境中解决问题的活动，要求学生在充分理解情境型材料的基础上寻求解决问题的途径．

《课标（2017版）》教学建议指出，情境创设和问题设计要有利于发展数学学科核心素养，基于数学学科核心素养的教学活动应该把握数学的本质，创设合适的教学情境、提出合适的数学问题．教学情境和数学问题是多样的、多层次的．教学情境包括现实情境、数学情境、科学情境，每种情境可以分为熟悉的、关联的、综合的．数学问题是指在情境中提出的问题，分为简单问题、较复杂问题、复杂问题．数学学科核心素养在学生与情怀、问题在有效互动中得到提升．在教学活动中，应结合教学任务及其蕴含的数学学科核心素养设计合适的情境和问题，引导学生用数学的眼光观察现象、发现问题，使用恰当的数学语言描述问题，用数学的思想方法解决问题．

（六）以学会促会学

教学活动的重心是促进学生学会学习，能学以致用．应选择多样化教学方式，不仅限于讲授与练习，也包括引导学生阅读自学、独立思考、动手实践、自主探索、合作交流等．教师要善于根据不同的内容和学习任务采用不同的教学方式，抓住关键的教学与学习环节，优化教学、增强实效①．

（七）以学情为起点

学情主要是指认知基础，即学生在哪、去哪、应该做什么、能够做什么、怎样做才能实现目标等．基于学生的学情、认知基础设计学习过程和思维过程，充分利用问题诊断分析得出结论，结合以往教学中观察到学生的学习状况、学习本课时内容的思维障碍，设计具体的学习活动．

设计课堂学习活动时，教师要关注每一个学生的水平差异，关注课堂容量、难度和标准，包括问题设计、任务设计、练习和目标检测的难度等．可以根据教师自身教学经验和学生学习的个性特点开展个性化学法指导，帮助学生养成

---

① 中华人民共和国教育部．普通高中数学课程标准（2017年版）［M］．北京：人民教育出版社，2018．

良好的数学学习习惯．

（八）在过程中评价

课堂评价活动分为课前评价活动、课中阶段性评价活动、课堂总结活动三个方面．课前评价就是基于课堂教学活动的需要而设计的课前学习单．课中阶段性评价活动和课堂总结活动是基于过程中的评价原则，既关注学生的学习结果，又关注学生在学习过程中的发展和变化，不仅可以关注学生学习态度，还可以关注思维与交流、反思与表达等方面的素养发展．只有通过过程性评价活动才能观察学生的学习行为和思维过程，才能发现学生思维活动的特征及教学中的问题，及时调整学与教的行为，改进学生的学习方法和思维习惯．

二、设计流程

（一）流程结构

如图 2 - 5 - 1，高中数学课堂学习活动的教学流程一般包含情境导入、探究交流、成果展示、构建数学、学以致用、评价反思、课堂总结七个环节，每一个环节都有相应的设计意图，体现做什么、怎么做、用什么方法去做三个方面的内容．

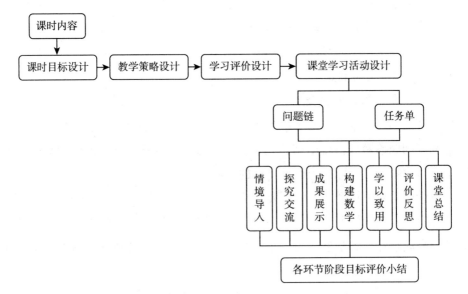

图 2 - 5 - 1

（二）流程图（图 2 - 5 - 2）

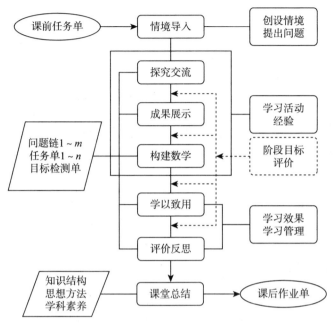

图 2 - 5 - 2

第二节　单元导引"问题链 + 任务单"课堂学习活动设计案例

　　高中数学单元教学整体设计中的课堂学习活动，是基于单元导引、学习的需要，科学整合教材内容，将教材内容变为教学内容或者学习内容，采用"问题链 + 任务单"教学法实施教与学的活动过程.

　　以 2019 年人教 A 版必修第二册第八章 8.3 简单几何体的表面积与体积中的"探究与发现　祖暅原理与柱体、锥体的体积"为例，设计课堂学习活动.

一、情境导入

【任务】

（课前任务单）：阅读教材第121到123页的"探究与发现祖暅原理与柱体、锥体的体积"中的祖暅原理，通过网络搜索了解一下中国古代数学家祖暅、刘徽.

设计意图：基于学生学习的需要，通过完成课前任务单，养成预习、自主学习的习惯，实现由被动学习向学生主动学习的转变.

【问题1】

请谈一谈祖暅、刘徽在数学方面的伟大成就.

设计意图：通过介绍中国古代的两位数学家增强文化自信，既激发了学生的民族自豪感，也使得祖暅原理和割圆术的引出变得水到渠成. 祖暅，中国南北朝时期数学家、天文学家祖冲之之子. 他同父亲祖冲之一起圆满解决了球面积的计算问题，得到正确的体积公式，并据此提出了著名的"祖暅原理". 刘徽，魏晋时期伟大的数学家，中国古典数学理论的奠基人之一. 在中国数学史上做出了极大的贡献，他的杰作《九章算术注》和《海岛算经》是中国最宝贵的数学遗产.

【追问】

请你用自己的话说一说祖暅原理的本质是什么.

夹在两个平行平面之间的两个几何体，被这两个平面的任意平面所截，如果截得的两个截面的面积相等，那么这两个几何体的体积相等. 如图2-5-3中的图1，夹在平行平面间的两个几何体的形状可以不同，被平行于这两个平面的任何一个平面所截，如果截面（阴影部分）的面积都相等，那么这两个几何体的体积一定相等.

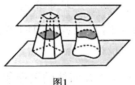
图1

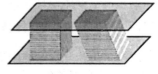
图2

图2-5-3

【追问】

利用祖暅原理证明两个几何体体积相等的关键是什么?

设计意图:这个原理是非常浅显易懂的.利用祖暅原理证明两个几何体体积相等的关键是平行截面等面积、等底等高.例如,取一摞纸堆放在桌面上,组成一个几何体,如图 2 - 5 - 3 中的图 2,使它倾斜一定角度,这时几何体的形状发生了改变,得到了另一个几何体,但两个几何体的高度没有改变,每页纸的面积也没有改变,因而两个几何体的体积相等.利用这个原理和长方体体积公式,我们能够求出柱体、锥体和球体的体积.

二、探究交流、成果展示、建构数学

【问题2】

请根据长方体的体积公式,利用祖暅原理推导柱体的体积公式.

设有底面积都等于 S,高都等于 h 的任意一个圆柱、一个棱柱和一个长方体,使它们的底面在同一平面内(图 2 - 5 - 4).根据祖暅原理,可知它们的体积相等.由于长方体的体积等于它的底面积乘高,于是我们得到柱体的体积公式:

$$V_{柱体} = Sh$$

其中: S 是柱体的底面积, h 是柱体的高.

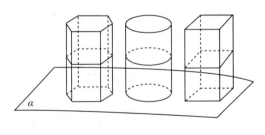

图 2 - 5 - 4

【追问】

请利用祖暅原理,证明等底面积、等高的两个锥体的体积相等.

【任务】

设有底面积都等于 S,高都等于 h 的两个锥体(如一个棱锥和一个圆锥),使它们的底面在同一平面内(图 2 - 5 - 5),根据祖暅原理,可推导出它们的体积相等.这就是说,等底面积、等高的两个锥体的体积相等.

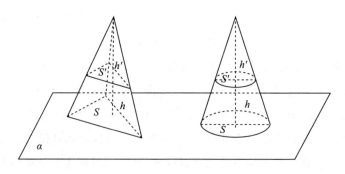

图 2 - 5 - 5

设计意图：突出祖暅原理的作用，体验转化与化归的数学思想，探索归纳除了数学模型，即等底面积等高的两个锥体的体积相等．培养了模型应用意识，发展数学探究素养，理解数学文化中的科学精神和理性思维．

【问题3】

利用这个"等底面积等高的两个锥体的体积相等"数学模型，你能将三棱柱 $ABC-A'B'C'$ 分割为三个体积相等的三棱锥吗?

【任务】

如图 2 - 5 - 6，设三棱柱 $ABC-A'B'C'$ 的底面积（即 $\triangle ABC$ 的面积）为 S，高（即点 A' 到平面 ABC 的距离）为 h，则它的体积为 Sh．沿平面 $A'BC$ 和平面 $A'B'C'$，将这个三棱柱分割为 3 个三棱锥．其中三棱锥 1，2 的底面积相等（$S_{\triangle A'AB}=S_{\triangle A'B'B}$），高也相等（点 C 到平面 $ABB'A'$ 的距离），三棱锥 2，3 也有相等的底面积（$S_{\triangle B'BC}=S_{\triangle A'B'C}$）和相等的高（点 A' 到平面 $BCC'B'$ 的距离）．因此，这 3 个三棱锥的体积相等，每个三棱锥的体积是 $\frac{1}{3}Sh$．

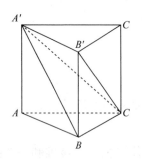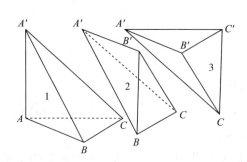

图 2 - 5 - 6

【追问】

请根据柱体的体积公式，推导棱锥的体积公式．

【任务】

如果三棱锥 $A' - ABC$（即三棱锥 1）以 $\triangle ABC$ 为底，那么它的底面积是 S，高是 h，而它的体积是 $\frac{1}{3}Sh.$ 这说明三棱锥的体积等于它的底面积乘高的积的三分之一．

事实上，对于一个任意的锥体，设它的底面积为 S，高为 h，那么它的体积应等于一个底面积为 S，高为 h 的三棱锥的体积，即这个锥体的体积为 $V_{锥体} = \frac{1}{3}Sh.$ 这就是锥体的体积公式．

柱体和锥体是两种基本几何体，它们的体积公式有着广泛的应用．

设计意图：创设熟悉的情境，设计关联的问题链和任务单，通过问题探究活动，引发思考，激活学生已有的相关经验，推导出锥体的体积公式．通过类比，利用已有的知识和活动经验解决新的问题，进而提高学生的自主探究能力．

【问题4】

根据祖暅原理证明两个几何体体积相等的关键是等底等高．类比用长方体推导柱体体积的方法，能否找到一个几何体模型来推导球的体积公式？

【追问】

从球的结构特征分析，球的大小由哪个量所确定？（半径）

【追问】

从球的对称性分析，半球有怎样的结构特征？（大圆截面三角形为等腰直角三角形）

【追问】

请构造与半球等底等高的旋转体．

【追问】

如图 2-5-7，构造高等于底面半径的三种旋转体，是否满足祖暅原理？（很明显，从左到右三种旋转体满足等底等高，但并不满足祖暅原理）

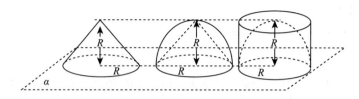

图 2 – 5 – 7

【任务】将左图和右图组合，即将右边的圆柱挖去一个圆锥体积，如图 2 – 5 – 8，观察左图半球和右图，等底、等高，且 $l^2 = R^2 - r^2 = O_1O'^2 = O_1B^2$，所以，左图阴影部分面积为 $S = \pi r^2 = \pi\,(R^2 - l^2)$，右图阴影部分面积为 $S = \pi R^2 - \pi\,|\,O_1B\,|^2 = \pi R^2 - \pi\,|\,O_1O'\,|^2 = \pi\,(R^2 - l^2)$。借助几何画板，让学生直观感知两个模型的截面积相等（即圆面和圆环面积相等）。

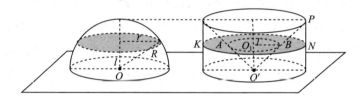

图 2 – 5 – 8

所以，这两种旋转体满足祖暅原理，可以利用祖暅原理推导球的体积公式．

$$V_{球} = 2V_{半球} = 2\,(V_{圆柱} - V_{圆锥}) = 2\left(\pi R^3 - \frac{1}{3}\pi R^3\right) = \frac{4}{3}\pi R^3.$$

设计意图：依据前面的模型应用，学生自然能发现，要求球的体积就要构造一个熟悉的能求体积的模型；根据祖暅原理平行截面等面积、等底等高等关键要素，探索和构造满足祖暅原理的关联几何体．通过"问题链 + 任务单"，引导并启发学生猜想半球的体积与圆锥和圆柱体积之间的关系，接着，让学生尝试利用祖暅原理推导球的体积公式，之后教师再用几何画板帮助学生直观感知推导过程．在整个过程中鼓励学生大胆猜测、小心求证，进一步培养学生逻辑推理的素养．

【问题 5】

在小学，我们学习了圆的面积公式，你还记得是如何求得的吗？

【追问】

请你用自己的话说一说"割圆术"的本质是什么．

【任务】

早在公元 3 世纪（公元 201—300 年），我国数学家刘徽为推导圆的面积公式而发明了"倍边法割圆术"。他从圆内接正六边形开始割圆，"割之弥细，所失弥少，割之又割，以至不可割，则与圆周合体而无所失矣"．也就是说将圆内接正多边形的边数不断加倍，则它们与圆面积的差就越来越小，而当边数不能再加的时候，圆内接正多边形面积的极限就是圆面积．这是世界上最早的"极限"思想．

【追问】

回顾圆的面积公式的推导过程，请尝试用极限思想推导球的体积和面积．类比这种方法，你能由球的表面积公式推导出球的体积公式吗？

【任务】

类比利用圆周长求圆面积的方法，我们可以利用球的表面积求球的体积．如图 2 – 5 – 9，把球 O 的表面分成 n 个小网格，连接球心 O 和每个小网格的顶点，整个球体就被分割成 n 个"小锥体"．

图 2 – 5 – 9

当 n 越大，每个小网格越小时，每个"小锥体"的底面就越平，"小锥体"就越近似于棱锥，其高越近似于球半径 R．设 $O – ABCD$ 是其中一个"小锥体"，它的体积是：

$$V_{O-ABCD} \approx \frac{1}{3} S_{ABCD} R$$

由于球的体积就是这 n 个"小锥体"的体积之和，而这 n 个"小锥体"的底面积之和就是球的表面积．因此，球的体积为：

$$V_{球} = \frac{1}{3} S_{球} R = \frac{1}{3} \times 4\pi R^2 \cdot R = \frac{4}{3}\pi R^3$$

由此，我们得到球的体积公式为：

$$V_{球} = \frac{4}{3}\pi R^3$$

设计意图：设计问题 5，引导学生回忆前面总结的割圆术三部曲分割、求近似和、化为准确和，回顾微积分极限思想的应用，通过类比分析，探究另一种重要的思想方法，也可以求出球的体积公式，更加深入地体会其中蕴含的化曲为直和极限思想.

三、学以致用

【问题 6】

能否根据球的体积公式，运用割圆术的思想推导球的表面积公式？

【任务】

学生分组探究并进行汇报，教师进行点评和总结.

设计意图：球的表面是曲面，不能展开成平面图形，所以球的表面积无法用展开图求出，根据球的体积公式、通过类比、运用割圆术的思想可以推导球的表面积公式.

四、课堂总结

【问题 7】

本节课学习利用祖暅原理求柱体、锥体、球的体积，请谈一下其中关联内容之间的逻辑思维关系.

【追问】

本节课涉及了哪些数学思想方法和数学素养？

设计意图：引导学生回顾数学探究活动经验，从知识和思想方法两方面进行小结，提高学生数学交流和表达的能力.

五、课后作业单

（1）根据球的体积公式，运用割圆术的思想推导球的表面积公式.

（2）人教 A 版必修第二册第 120 页第 3，4，5 题.

高中数学单元教学整体设计案例

在第一篇中，详细阐述了高中数学单元教学整体设计的基本含义、范式和实施路径．在第二篇中，详细阐述了高中数学单元教学整体设计策略，构建了"问题链+任务单"单元式教学的理论体系，阐明了增强教师的高中数学单元教学设计意识，提升教师的高中数学单元教学设计能力，提高教师的专业水平和教学能力的目标．

在第一篇的第二章关于高中数学单元教学整体设计的范式中，已阐明高中数学学习单元分为知识类学习单元、方法类学习单元、素养类学习单元，明确了学习单元划分的依据和策略．在第三篇中，就这三类学习单元形式，结合不同课型，精选12个典型案例，对高中数学单元教学整体设计进行案例分析．

第一章精选了4个知识类学习单元整体设计典型案例．以重要的数学概念、知识发生发展过程、数学思维发展过程、数学核心内容为主线划分学习单元，称为知识类学习单元．知识类学习单元是最主要的单元形式．如函数的概念、导数与单调性、三角函数图像与性质等．知识类单元内容是由相关联的数学知识内容整合而成，这样的单元主题突出，逻辑关系清晰，有利于核心素养的培养．

第二章精选了2个方法类学习单元整体设计典型案例．以数学思想方法为主线划分学习单元，称为方法类学习单元，如数形结合思想、分类与整合思想、转化与化归思想、函数与方程思想、特殊与一般思想、统计与概率思想六大思想方法．方法类学习单元有别于知识层面的学习单元，它主要涉及思想方法的运用．每个学习单元下的课时内容不一定有关联性，但同一个学习单元中的各个课时内容揭示的是同一类数学思想方法．

第三章精选了6个素养类学习单元整体设计典型案例．以数学学科核心素养或者数学关键能力为主线划分学习单元，称为素养类学习单元．由于数学抽象、逻辑推理、数学建模、直观想象、数学运算、数据分析6个数学核心素养贯穿整个高中课程，以及逻辑思维、运算求解、空间想象、数学建模和创新等关键能力体现在解决问题的过程中，无论是核心素养还是关键能力都不能孤立存在．因此，划分素养类学习单元时，很难以其中某一个核心素养或某一个关键能力为依据设计单元内容，只能以侧重某一核心素养或某一关键能力为依据设计单元内容．素养类学习单元内容的知识之间的逻辑关系可以一致，也可以不一致，但都侧重于同一类核心素养范畴，重点关注的是学科核心素养和关键能力的形成与发展，这样的学习单元综合性较强．

第一章

高中数学"知识类单元教学"整体设计案例

第一节　"函数的性质"单元教学整体设计

一、单元教学要素设计（表3-1-1）

表3-1-1

单元名称		学习阶段	教材版本	建议课时	课型	单元类别
函数的性质		高一上	人教版	3	单元知识探究课	知识类
单元内容	内容		函数的性质			
	内容解析	内容本质	函数是研究现实世界中变量间依赖关系的一种数学模型，函数的单调性、最值、奇偶性和周期性等是函数的重要性质．学习函数的性质可以帮助我们解决数学问题和实际应用问题			
		知识结构	函数的性质反映了函数图像的变化情况，即图像变化中的不变性和规律性．从初中到高中，学生对函数图像变化的认识，经历了从直观判断、定量分析到符号语言的过程，体现了数学概念和性质的抽象过程．是对之前学习函数概念的深化，又是对后续学习其他性质的铺垫			

续 表

单元内容	内容解析	学科育人	函数的性质在解决科技、经济等实际问题中有着广泛的应用，如求成本最低、利润最大、设计最优等．可以使学生在学习过程中体验函数在解决实际问题时发挥的学科价值和作用
		思想方法	单调性刻画了函数在单调区间上的性质，函数最值是函数在整个定义域上的最大或最小值，刻画了函数的整体性质，常常运用函数单调性求函数的最值．奇偶性也是函数的整体性质．在单调性、最值、奇偶性和周期性的概念形成和应用过程中，突出数形结合、特殊与一般、函数与方程等数学思想
		教学重点	研究函数单调性、最值、奇偶性等性质
单元目标		目标	能够在熟悉的情境中抽象出函数的性质，归纳函数的单调性、最值、奇偶性和周期性． 能借助函数图像，会用数学符号语言表达函数的单调性、最值、奇偶性和周期性等性质，理解它们的作用和实际意义，能够利用定义或图像解决简单问题． 体会数形结合和特殊与一般思想，发展数学抽象、直观想象等素养
		目标解析	在单调性、最值、奇偶性概念的形成过程中，体会从具体到抽象、从感性到理性、从特殊到一般的认知过程和研究方法，领会其中蕴含的数学思想与方法，提高学生观察、比较、归纳、类比、抽象、概括的能力．本单元学习可以引导学生利用图像进行分析推理函数性质，体验数形结合的思想方法和培养理性精神
问题诊断		认知基础	学生在初中阶段已经学习了函数的概念，进入高中以后，又进一步认识到函数是两个数集之间的一种对应关系．了解函数的三种表示方法，具备了能利用函数图像抽象函数性质的能力．同时，已经熟悉的几个基本初等函数，如一次函数（含正比例函数）、二次函数、反比例函数等，这些都成为本单元学习的基础
		障碍原因	学生对用数学语言描述函数的性质还不习惯，还没有完全具备用准确的数学符号语言刻画函数性质的能力．利用定义证明函数的单调性、奇偶性和周期性也存在困难，其中判断规则的抽象性和量化方法的构造性都是学生第一次学习的方法，认知准备不充分
		难点	抽象函数的概念、理解函数的性质及其应用

续 表

	课时安排	函数的单调性	第 1 课时	
		函数的最值	第 2 课时	
		函数的奇偶性	第 3 课时	
教学策略	突破难点	充分利用情境实例,结合特殊函数的图形特征,通过问题链、任务单引导学生经历观察、思考、探究、讨论、反思等过程,逐步加深对几个函数性质的理解;通过任务展示对证明的方法和步骤进行总结与归纳,运用数形结合思想抽象出函数的基本性质.树立图形意识是掌握函数性质的关键		
	教学方法	单元导引"问题链＋任务单"教学法		
	资源支持	"互联网＋"多媒体手段		
单元学习评价	学习准备	单元预习	复习初中学习的函数图像以及图像的增减性和对称性	自评
	学习活动	问题活动	—	自评
		任务活动	—	自评
	学习梳理	知识结构	梳理本单元学习内容:函数的单调性、最值、奇偶性和周期性等函数性质.回顾研究函数性质的基本数学思想和方法.掌握函数性质的图形语言、文字语言、符号语言等表达方式	自评
		思想方法	体会数形结合思想在研究数学问题中的广泛应用	自评
		学科素养	数学抽象、直观想象、逻辑推理	自评
	单元检测	单元练习单	共 16 题(单选题 6 个,多选题 2 个,填空题 4 个,解答题 4 个)	自评
		单元检测单	共 16 题(单选题 6 个,多选题 2 个,填空题 4 个,解答题 4 个).单元结束时进行单元测试	师评

二、课时教学设计

第 1 课时 "函数的单调性"教学设计

（一）课时教学要素设计（表 3 - 1 - 2）

表 3 - 1 - 2

课时内容		函数的单调性
学习目标		1. 结合具体函数，理解函数单调性的概念和几何意义． 2. 能利用定义证明函数的单调性． 3. 经历从直观到抽象、从特殊到一般、从感性认识到理性认识的过程．能结合具体函数的图像，运用数学语言刻画函数的单调性，理解数形结合的数学思想，发展学生的直观想象、数学抽象素养
教学策略	资源	信息技术与数学融合、几何画板等教学工具．利用几何画板演示函数图像上某一动点的变化过程，帮助学生从直观中抽象数学概念，感悟函数单调性概念和几何意义
	教学方法	"问题链 + 任务单"教学法
	重点	用数学符号语言刻画函数在区间上的单调性，能用函数单调性的定义证明一些简单函数的单调性
	难点	用数学符号语言刻画函数在区间上的单调性
	教学流程	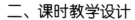

学习评价	课前	课前学习单	5题	自评
	课中	问题链	—	互评、师评
		任务单	—	互评
		目标检测单	4题	自评
	课后	课后作业单	3题	自评

（二）教学过程设计

1. 情境导入

我们生活的世界在不停地运动与变化当中，而函数是描述事物运动变化规律的数学模型，了解函数在变化过程中的规律不仅可以更好地帮助我们认识函数本身，也能更好地帮助我们了解所生活的世界．

【问题1】

科考队对某地沙漠气候进行科学考察，图3-1-1是某天气温随时间的变化曲线．请根据曲线图说说气温的变化情况．

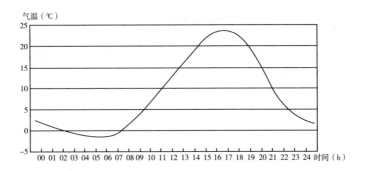

图3-1-1

在观察图像的过程中，有不同的关注点，如最高气温、最低气温、某时刻的气温、某时间段气温的升降变化等．了解和认识数据的变化规律可以帮助我们从整体上了解事物的变化和运动情况，帮助我们更好地认识所生活的世界．

设计意图： 从生活情境导入新课，引导学生了解"早穿棉袄午穿纱，围着火炉吃西瓜"这一独特的沙漠气候，直观感知气温变化．

2. 探究交流、成果展示

【问题 2】

如图 3 - 1 - 2，在坐标系中作出 $f(x) = x + 1$，$f(x) = x^2$，$y = \dfrac{1}{x}$ 的图像，请根据这些函数图像，分别说一说随着自变量 x 的增大，函数值 y 是增大还是减小.

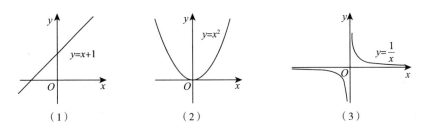

（1）　　　　　　（2）　　　　　　（3）

图 3 - 1 - 2

【追问】

观察函数 $f(x) = x + 1$，$f(x) = x^2$，$y = \dfrac{1}{x}$ 的图像，请说一说它们分别反映了相应函数的哪些性质.

【追问】

分析以上三个函数的图像的变化趋势，请说一说对应的自变量的范围.

设计意图：回顾初中所学函数，在熟悉的情境中，从函数图像入手，从直观认识出发，形成对增减性的直观感知，引导学生经历函数单调性概念的抽象过程，用文字语言描述函数的增减性，为接下来表述抽象单调性的概念及利用数学符号语言描述函数的单调性、单调区间的含义奠定基础. 在初中，我们利用函数图像研究过函数值随自变量的增大而增大（或减小）的性质，这一性质叫作函数的单调性.

【追问】

如图 3 - 1 - 3，已知定义在区间 $[-5，5]$ 上的函数 $y = f(x)$，从左到右观察函数图像的变化特征，根据图像说出函数的增减性质.

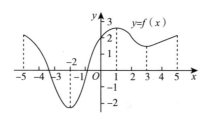

图 3 - 1 - 3

设计意图：进一步强化从"形"的角度理解单调性，引导学生体会函数的单调性是对定义域内某个区域而言的局部性质．让学生通过观察图像，形成函数在某些区间上单调递增、在某些区间上单调递减的初步印象．

【问题 3】

观察二次函数 $f(x) = x^2$ 的图像，说一说增减性．

【追问】

尝试用符号语言（数的变化）描述"y 随 x 的增大而增大（或减小）"．

设计意图：通过问题引领，引导学生利用数学符号语言（不等式语言）描述函数图像的变化情况，经历从图形语言到符号语言的演变过程，为严谨表达数学概念积累经验．

3. 构建数学

一般地，设函数 $f(x)$ 的定义域为 I，区间 $D \subseteq I$.

如果 $\forall x_1, x_2 \in D$，当 $x_1 < x_2$ 时，都有 $f(x_1) < f(x_2)$，那么就称函数 $f(x)$ 在区间 D 上单调递增（图 3 - 1 - 4）．特别地，当函数 $f(x)$ 在它的定义域上单调递增时，我们就称它是增函数．

如果 $\forall x_1, x_2 \in D$，当 $x_1 < x_2$ 时，都有 $f(x_1) > f(x_2)$，那么就称函数 $f(x)$ 在区间 D 上单调递减（图 3 - 1 - 5）．特别地，当函数 $f(x)$ 在它的定义域上单调递减时，我们就称它是减函数．

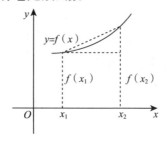

图 3 - 1 - 4

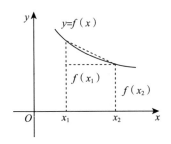

图 3 – 1 – 5

如果函数 $y = f(x)$ 在区间 D 上单调递增或单调递减，那么就说函数 $y = f(x)$ 在这一区间具有严格的单调性，区间 D 叫作函数 $y = f(x)$ 的单调区间.

【追问】

设 A 是区间 D 上某些自变量的值组成的集合，而且 $\forall x_1, x_2 \in A$，当 $x_1 < x_2$ 时，都有 $f(x_1) < f(x_2)$，我们能说函数 $y = f(x)$ 在区间 D 上单调递增吗？你能举例说明吗？

【追问】

函数的单调性是针对定义域内某个区间而言的，你能举出在整个定义域内是单调递增的函数例子吗？你能举出在定义域内的某些区间上单调递增，但在另一些区间上单调递减的函数例子吗？

设计意图：通过几何画板演示、举反例、说理等多种形式，引导学生进行辨析，明确单调性定义中关键词"任意"和"都有"的必要性，熟悉符号语言的表述形式，给出单调性的符号语言定义.

4. 学以致用

【问题4】

根据定义，研究函数 $f(x) = kx + b$ （$k \neq 0$）的单调性.

【问题5】

根据定义证明函数 $f(x) = \dfrac{1}{x} + x$ 在区间 $(1, +\infty)$ 上单调递增.

【追问】

讨论函数 $f(x) = \dfrac{1}{x} + x$ 的单调性.

【问题6】

物理学中的玻意耳定律 $p = \dfrac{k}{V}$（k 为正常数）告诉我们，对于一定量的气体，当其体积 V 减小时，压强 p 将增大．试对此用函数的单调性证明．

设计意图：以学生最熟悉的函数为例，引导学生理解单调性的概念，体会用数学语言、数学符号语言准确定义函数单调性的必要性，掌握并利用单调性定义解决实际问题．

【目标检测单】

（1）画出下列函数图像，并指出单调区间：

① $y = \dfrac{1}{x}$；　② $y = \dfrac{1}{x+1}$．

（2）根据定义证明 $f(x) = x^2 + x$ 在（0，$+\infty$）上单调递增．

（3）讨论函数 $f(x) = x^2 + 2ax + 2$（$a \in \mathbf{R}$）的单调性．

（4）若 $f(x) = x^2 + 2ax + 2$ 在（$-\infty$，4]上单调递减，求实数 a 的取值范围．

设计意图：引导学生用单调性解决数学问题，在解题中巩固新知．

5. 课堂总结

【问题7】

请回顾初中阶段学习函数的过程，梳理涉及的必备知识．

【追问】

请谈谈其中蕴含的数学思想方法、关键能力和核心素养．

设计意图：回顾初中阶段单调性概念的形成过程，梳理本节课的知识发生发展的过程，初步构建单调性的知识结构体系．理解图形变化中的不变性和规律性，通过追问，引导学生理解数学的本质，体会解决一类问题的数学思想方法，发展数学抽象、直观想象等数学素养．

6. 课后作业单

（1）证明函数 $f(x) = -3x + 1$ 在 $\mathbf{R}$ 上单调递减．

（2）根据定义证明函数 $f(x) = x^3$ 是增函数．

（3）已知函数 $y = f(x)$ 在 $\mathbf{R}$ 上单调递增，比较 $f(\sqrt{2})$，$f\left(\dfrac{\pi}{2}\right)$，$f\left(\dfrac{3}{2}\right)$ 的大小．

第2课时 "函数的最大（小）值"教学设计

（一）课时教学要素设计（表3-1-3）

表3-1-3

课时内容		函数的最大（小）值
学习目标		1. 理解函数的最大值、最小值的概念； 2. 能用数学符号语言，严谨地表达函数的最大值（小值）；会用函数图像直观分析函数的最大（小）值； 3. 体会从具体到抽象、从感性到理性的认识过程以及从特殊到一般的研究方法. 体验数形结合数学思想，提升直观想象素养
教学策略	资源	利用几何画板演示函数图像上某一动点的变化过程，帮助学生从视觉直观中抽象数学概念，理解函数最大（小）值的本质
	教学方法	"问题链 + 任务单"教学法
	重点	利用函数的单调性求函数的最值
	难点	利用函数的单调性求函数的最值
	教学流程	

147

续 表

	课前	课前学习单	回顾复习上一节学习的用定义法证明函数单调性，并求出在所给定义域区间端点处的值	自评
学习评价	课中	问题链	—	自评、师评
		任务单	—	自评、师评
		目标检测单	4 题	师评
	课后	课后作业单	3 题	自评

（二）教学过程设计

1. 情境导入

上节课我们学会了借助函数图像，应用符号语言表达函数的单调性，也能精确描述函数图像在定义域的某个区间上"上升"（或"下降"）的性质，下面我们继续研究函数的其他性质．请同学们观察上节课情境引入的案例曲线图（图 3-1-6），找一找图像中的最高点和最低点，说 说体现了函数的什么性质.

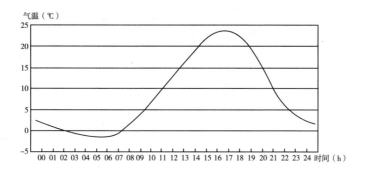

图 3-1-6

设计意图：通过上节课引入实例的再次探究，体现数学研究的完整性和连贯性．引导学生感受函数最值在实际生活中的重要性，通过对图像的观察形成关于最值的直观感知.

2. 探究交流、成果展示

【问题1】

画出下列函数的图像，并根据图像解答下列问题：

说出 $y = f(x)$ 的单调区间，以及在各单调区间上的单调性，观察图像，判断有无最高点或最低点.

(1) $f(x) = -2x + 3$;

(2) $f(x) = -2x + 3$, $x \in [-1, 2]$;

(3) $f(x) = -x^2$;

(4) $f(x) = -x^2$, $x \in [-3, 2]$.

【追问】

通过以上的分析，设函数 $y = f(x)$ 的定义域为 I，如何用数学语言定义函数 $y = f(x)$ 的最大值或最小值？

设计意图：从熟悉的函数入手，对比分析函数的最值的特征，引导学生体会函数的最值是相对于整个定义域而言的，是函数的整体性质；尝试用数学符号语言刻画函数的最大（小）值．在完成任务的过程中，理解单调性在求函数最值中的作用．通过对两个问题的辨析，让学生理解定义中关键词"任意的"和"存在"的重要性．

3. 构建数学

一般地，设函数 $y = f(x)$ 的定义域为 I，如果存在实数 M 满足：

(1) $\forall x \in I$，都有 $f(x) \leqslant M$；

(2) $\exists x_0 \in I$，使得 $f(x_0) = M$.

那么，我们称 M 是函数 $y = f(x)$ 的最大值．

【问题 2】

类比函数最大值的定义，给出函数 $y = f(x)$ 的最小值的定义．

设计意图：引导学生类比给出最小值的定义，并在给出定义的过程中使学生加深对函数的最值定义的理解．

4. 学以致用

【问题 3】

"菊花"烟花是最壮观的烟花之一，制造时一般是期望在它达到最高点时爆裂．如果烟花距地面的高度 h（单位：m）与时间 t（单位：s）之间的关系为 $h(t) = -4.9t^2 + 14.7t + 18$，那么烟花冲出后什么时候是它爆裂的最佳时刻？这时距地面的高度是多少（精确到 1 m）？

设计意图：以学生熟悉的二次函数模型为例，引导学生深化理解最值的几何意义．体会最值问题在实际生活中的广泛应用，强调在实际问题中隐含的定义域也是不容忽视的问题．

【问题4】

已知函数 $y = \dfrac{2}{x-1}$，$x \in [2, 6]$，求函数的最大值和最小值.

设计意图： 利用函数的图像，或者运用函数的单调性求最值是两个常用方法.

【目标检测单】

（1）求函数 $y = x - 1$ 在区间 $[1, 6]$ 上的最大值和最小值.

（2）已知函数 $y = x^2 - 2x + 3$，求自变量 x 在下列范围取值时函数的最值.

① $-1 \leqslant x \leqslant 0$；　　　② $0 \leqslant x \leqslant 3$.

（3）已知函数 $y = \dfrac{2}{x-1}$（$x \in [-2, 0]$），求函数的最值.

（4）已知函数 $f(x) = -x^2 + 4x + a$，$x \in [0, 1]$，若 $f(x)$ 的最小值为 -2，求 $f(x)$ 的最大值.

5. 课堂总结

【问题5】

如何理解函数最大（小）值的含义？函数最值的几何意义是什么？

【追问】

在本节课的学习过程中涉及了哪些数学思想与方法？蕴含了哪些核心素养？

设计意图： 回顾本节课所研究的内容，让学生体会本节课所用到的数形结合、分类与整合的数学思想方法，提升学生的数学抽象、直观想象等素养.

6. 课后作业单

人教 A 版必修第一册 81 页第 1，2，3 题.

第3课时　"函数的奇偶性"教学设计

（一）课时教学要素设计（表3－1－4）

表3－1－4

课时内容	函数的奇偶性
学习目标	1. 结合具体函数，了解奇偶性的概念和几何意义，能用数学符号语言来描述单调性； 2. 能利用函数的单调性定义判断函数的奇偶性； 3. 体验数形结合、特殊与一般的数学思想方法，培养学生的直观想象、数学抽象素养

续 表

教学策略	资源	几何画板等
	教学方法	"问题链＋任务单"教学法
	重点	理解奇偶性的概念
	难点	从具体的实例中抽象概括出函数奇偶性的定义
	教学流程	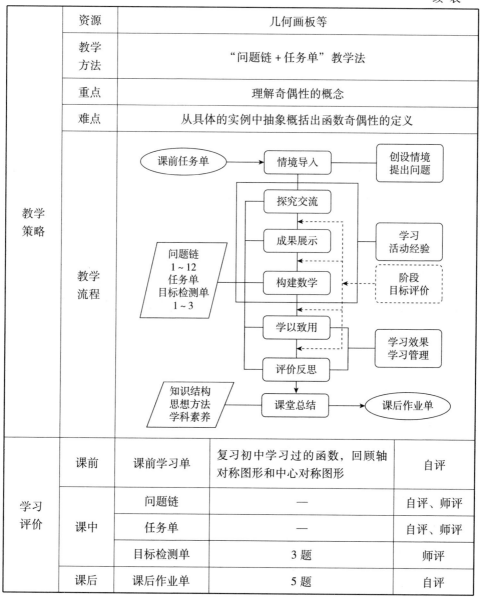

学习评价	课前	课前学习单	复习初中学习过的函数，回顾轴对称图形和中心对称图形	自评
	课中	问题链	—	自评、师评
		任务单	—	自评、师评
		目标检测单	3 题	师评
	课后	课后作业单	5 题	自评

（二）教学过程设计

1. 情境导入

【任务】

给出图片，引导学生发现对称，感受对称．

毕达哥拉斯曾说："一切平面图形中，最美的是圆形．"那是因为圆在各个方向上都是对称的，有一种极致的美．可以这样说，大自然是用对称组织生成的．函数是用来揭示自然界奥秘的，因此有些函数天然具有这种对称性．

【问题1】

观察图3-1-7所示的两个函数图像，说说它们各有什么共同特征．

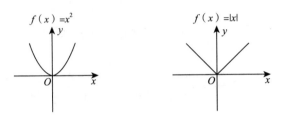

图3-1-7

如果一个函数的图像关于y轴对称，就称这个函数为偶函数．

设计意图：通过具体的熟悉的函数图像，结合初中学习过的有关对称的知识，直观感受函数的图像是关于y轴对称的，这个规律性就是函数的性质——偶函数．

【问题2】

函数$f(x) = \dfrac{2}{x_2 + 11}$是否偶函数？（学生讨论，给出猜想）

设计意图：在无法作出函数图像的情况下，难以判断图形的对称性．在探索的过程中，学生意识到用数学符号语言定义奇偶性的必要性．

2. 探究交流、成果展示

【问题3】

结合$f(x) = x^2$，$f(x) = |x|$的图案，如何用数学符号语言描述函数图像关于y轴对称这一规律？

【追问】

上述两个函数中，$f(1)$与$f(-1)$，$f(2)$与$f(-2)$，$f(a)$与$f(-a)$有什么关系？

设计意图：以上述两个偶函数为例，当自变量互为相反数时，函数值是相等的，这是偶函数的典型规律性特征．

【问题4】

对于上述两个函数，始终有$f(a) = f(-a)$成立，说明什么不变性和规律性？

设计意图：函数图像上的任意一点 P，都存在 P' 与之关于 y 轴对称．即对函数图像上任意一点，都存在一点与之关于 y 轴对称．理解定义中"任意"的作用，以及偶函数的图像关于 y 轴对称这一几何特征（规律性）．

【问题 5】

函数 $f(x) = x^2$，$x \in [-3, 2]$ 是偶函数吗？

【追问】

偶函数的定义域有什么特征？

设计意图：引导学生观察偶函数的图像是轴对称图形，而且对称轴是 y 轴，从而发现函数是偶函数的前提条件为定义域关于原点对称，这时函数的图像才有可能关于 y 轴对称．

3. 构建数学

【问题 6】

请用数学符号语言定义偶函数．

一般地，设函数 $f(x)$ 的定义域为 I，$\forall x \in I$，都有 $-x \in I$，且 $f(-x) = f(x)$，那么函数 $f(x)$ 就叫作偶函数．

设计意图：引导学生通过对问题链的思考，结合具体的函数，从特殊到一般，尝试用数学符号语言清晰地表述偶函数的概念．

【问题 7】

观察图 $3-1-8$ 的 $f(x) = x$ 和 $f(x) = \dfrac{1}{x}$ 的图像，回答下列问题．

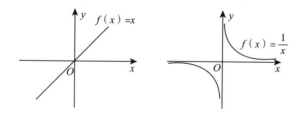

图 $3-1-8$

（1）仔细观察这两个函数图像，它们又有什么共同特征？

（2）$f(1)$ 与 $f(-1)$，$f(2)$ 与 $f(-2)$，$f(a)$ 与 $f(-a)$ 有什么关系？你能利用数学符号语言描述图像的这个特征吗？

设计意图：设计熟悉的函数情境，类比偶函数的定义，归纳奇函数的定义，并思考奇（偶）函数的区别与联系，培养学生类比、迁移的思维能力.

【追问】

请用数学符号语言定义奇函数.

一般地，设函数 $f(x)$ 的定义域为 I，$\forall x \in I$，都有 $-x \in I$，且 $f(-x) = -f(x)$，那么函数 $f(x)$ 就叫作奇函数.

设计意图：引导学生类比归纳奇函数的定义，深化对奇偶性概念的理解.

4. 学以致用

【问题 8】

判断下列函数是否为偶函数：

(1) $f(x) = x^2$，$x \in [-1, 1]$；

(2) $f(x) = x^2$，$x \in [-1, 1)$.

设计意图：引导学生利用函数奇偶性的定义，判断函数的奇偶性，归纳用定义法判断函数奇偶性的步骤.

【问题 9】

判断下列函数是否为奇函数：

(1) $f(x) = x^3$，$x \in [-1, 1]$；

(2) $f(x) = x^3$，$x \in [-1, 1)$；

(3) $f(x) = x^3$，$x \in [-2, -1) \cup (1, 2]$.

设计意图：利用函数奇偶性的几何意义作出函数图像，观察定义域是否关于原点对称. 引导学生观察函数图像，理解偶函数的图像是以 y 轴为对称轴的轴对称图形，奇函数的图像是以原点为对称中心的中心对称图形.

【目标检测单】

(1) 利用定义判断下列函数的奇偶性：

① $f(x) = x^5$；

② $f(x) = \dfrac{1}{x} + x$；

③ $f(x) = \dfrac{1}{x^2}$，

④ $f(x) = \dfrac{2}{x^2 + 11}$.

（2）利用定义判断下列函数的奇偶性：

① $f(x) = \sqrt{x}$；

② $f(x) = x + 1$；

③ $f(x) = 0$.

（3）已知奇函数 $f(x)$ 的定义域为 $[-5, 5]$，且在区间 $[0, 5]$ 上的图像如图 3-1-9 所示．画出函数 $f(x)$ 在区间 $[-5, 0]$ 上的图像．

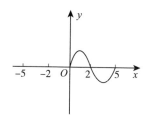

图 3-1-9

5. 课堂总结

【问题10】

归纳和总结函数的奇偶性及其几何意义，判断函数的奇偶性有哪些方法．

【追问】

在本节课的学习过程中涉及哪些数学思想与方法，蕴含哪些核心素养？

设计意图：通过回顾和反思，引导学生理解奇偶性概念及其应用，加深理解奇（偶）函数图像的对称性．在反思中构建知识结构，提升学生的数学核心素养．

6. 课后作业单

人教 A 版必修第一册 85 页第 1，2，3 题，86 页第 5，11 题．

三、单元整体评价与反思

（一）单元学习评价单（学生自评）（表3-1-5）

表 3-1-5

阶段	序号	项目	内容	效果（程度）
学习准备	1	学习态度	学习兴趣、合理规划	优
	2	单元预习	预习单元内容	优

续 表

阶段	序号	项目	内容	效果（程度）
课堂学习	3	课前学习单	课中展示，课前学习单	优
	4	活动表现	交流与反思、思维与表达、回答问题、提出问题、分析问题、参与程度、互动程度	良好
	5	任务表现	完成问题链、任务单、目标检测单	优
	6	单元练习	完成情况	良好
	7	单元检测		
	8	关键能力	解决数学问题，形成相应数学核心素养的知识与技能	良好
课后学习	9	完成作业	巩固概念，提升知识技能、综合能力	优
	10	回顾梳理	学习单元结构体系、数学思想方法、学科素养、典型数学模型	优
说明			效果（程度）：一般、良好、优	

（二）单元教学评价单（教师自评）（表3－1－6）

表 3－1－6

阶段	序号	项目	内容	效果（程度）
学生的学	1	目标达成度	经历完整的学习过程，把握函数的性质	优
	2	必备知识	知识技能、思想方法	良好
	3	关键能力	解决问题的能力	良好
教师的教	4	优点与价值	"单元＋课时"设计科学，构建了函数性质结构体系，培养了整体观念	优
	5	反思与改进	本单元缺少灵活运用"单调性、最值、奇偶性和周期性"解决问题的素材	良好
	6	指导意见	本单元应增加一个课时"函数的性质的应用"，灵活运用"单调性、最值、奇偶性"解决数学问题	良好
说明			效果（程度）：一般、良好、优	

（四）单元整体评价与反思单（互评）（表3-1-7）

表3-1-7

评价项目		评价内容	评价要点	评价方式
单元整体评价与反思	学生的学	目标达成度	理解函数的基本性质，能初步应用函数性质解决问题	单元整体评价与反思
		必备知识	—	
		关键能力	提升学生利用已有知识解决问题的能力，培养学生的数学思维能力	
	教师的教	优点	以问题链引导深度学习，使学生在问题中思考，在问题中获得，在问题中得到成长；以内容为主线，贯彻知识间的关联性、整体性，构建函数性质的结构体系；重点渗透数形结合数学思想核心，培养学生获得新知识的能力、分析问题的能力、解决问题的能力	
		不足	三个课时教学之间的纵向逻辑关系还可以处理得更好一些，关注学生差异还可以再细致一些，落实学业水平的三个水平层次还可以鲜明一些	
对后续教学的指导		加强研究单元背景下各个课时教学内容之间的逻辑关系；以中等学生层次的学情作为教学的起点比较合适；加强深入研究课程标准、教材教法		

第二节 "探究函数 $y = x + \dfrac{1}{x}$ 的图像与性质"单元教学整体设计

一、单元教学要素设计（表3-1-8）

表3-1-8

单元名称	学习阶段	教材版本	建议课时	课型	单元类别
函数 $y = x + \dfrac{1}{x}$ 的图像与性质	高一上	人教版	2	单元知识探究课	知识类

单元内容		内容	函数 $y = x + \dfrac{1}{x}$ 的图像与性质
	内容解析	内容本质	本章节取自新版人教 A 版必修第一册第三章"探究与发现"，该章节是学生进入高中阶段后的第一次数学探究活动的题材，在新版教材中只是直接呈现了紧密相连、逐层递进的 7 个探究问题，这为教师的教学设计提供了广阔的创意空间．函数 $y = x + \dfrac{1}{x}$ 是两个幂函数的"函数和"，它是一个典型的函数模型，它的图像与性质应用广泛，在教材中专门安排了数学探究与发现活动
		知识结构	函数 $y = x + \dfrac{1}{x}$ 涉及定义域、值域、单调性、奇偶性、对称性、最大（小）值以及基本不等式等关联内容，是在学生学习并理解了幂函数的概念和性质之后，紧接着探究学习的一个新函数，在后续的学习过程中常常会用到这个函数的一些性质，在知识结构体系中跨度比较大
		学科育人	培养数学整体性意识，培养数学思维能力，提高解决问题的能力

单元内容	内容解析	思想方法	渗透数形结合、转化与化归、函数与方程和特殊与一般的数学思想. 发展直观想象、数学运算、数学建模、逻辑推理等素养
		教学重点	结合基本不等式探究函数 $y = x + \dfrac{1}{x}$ 的图像与性质
单元目标	目标		会画函数 $y = x + \dfrac{1}{x}$ 的图像，并能根据图像归纳性质； 结合基本不等式理解 $y = x + \dfrac{1}{x}$ 的性质； 能利用函数图像和基本不等式解给定区间上的最值问题
	目标解析		采用类比方法，探究函数 $y = x + \dfrac{1}{x}$ 的图像，能根据函数图像推断出该函数的性质，并能运用它解答相应的数学问题. 通过本课教学目标的逐步达成，学生体验到运用已有知识、方法和结论去探寻新知的完整过程，从中进一步提升学生的直观想象、数学抽象等数学素养，以及积累数学学习与研究的经验。会根据函数图像归纳性质和根据函数性质作出函数图像，是我们研究函数并利用函数解决问题的基本途径. 基本不等式作为求最值的一种手段，它与函数结合可以让学生体会其中蕴含的数学思想与方法
问题诊断	认知基础		学生已经学习了幂函数和基本不等式，能利用函数图像以及函数单调性的定义等来研究函数的单调性、最大（小）值、奇偶性、对称性. 具备了进一步研究函数 $y = x + \dfrac{1}{x}$ 的图像与性质的能力. 在此基础上，学生初步形成了从"图像视角"和"运算视角"分析数学问题的习惯
	障碍原因		学生对于两个或多个函数线性相加所得的新函数接触不多、理解不足，表现为对由两个或多个函数线性相加所得的新函数的图像与性质的探究意识不强和能力不够，多数学生不能自主探寻出本课题所涉及的"对勾函数"的图像与性质
	难点		通过设计"问题链+任务单"，引导学生观察、探究、展示、归纳，类比学习函数的一般方法，突破难点

续 表

教学策略	课时安排	探究函数 $y = x + \dfrac{1}{x}$ 的图像与性质		第 1 课时
		函数 $y = x + \dfrac{1}{x}$ 的性质及其应用		第 2 课时
	突破难点	通过设计"问题链＋任务单",引导学生观察、探究、展示、归纳,类比学习函数的一般方法和抽象此函数的性质		
	教学方法	单元导引"问题链＋任务单"教学法		
	资源支持	"互联网＋"技术		
单元学习评价	学习准备	单元预习	复习函数性质、基本不等式	自评
	学习活动	问题活动	—	自评
		任务活动	—	自评
	学习梳理	知识结构	回顾函数 $y = x + \dfrac{1}{x}$ ($a > 0$) 的图像与性质,以及与基本不等式的关联性	自评
		思想方法	深刻体会数形结合、分类与整合数学思想在研究数学问题中的广泛应用	自评
		学科素养	发展数学抽象、直观想象等素养	自评
	单元检测	单元练习单	共 16 题(单选题 6 个,多选题 2 个,填空题 4 个,解答题 4 个)	自评
		单元检测单	共 16 题(单选题 6 个,多选题 2 个,填空题 4 个,解答题 4 个).单元结束时进行单元测试	自评

二、课时教学设计

第1课时 "探究函数 $y = x + \dfrac{1}{x}$ 的图像与性质"教学设计

（一）课时教学要素设计（表3-1-9）

表3-1-9

课时内容		探究函数 $y = x + \dfrac{1}{x}$ 的图像与性质
学习目标		1. 能够作出 $y = x + \dfrac{1}{x}$ 的图像，归纳函数 $y = x + \dfrac{1}{x}$ 的性质（单调性、奇偶性、最值）. 2. 让学生经历从直观到抽象、从特殊到一般的学习过程，并用数学语言表述函数的性质，发展学生的直观想象素养
教学策略	资源	利用几何画板展示函数 $y = x + \dfrac{a}{x}$（$a > 0$）的图像随 a 的变化而变化的过程，引导学生从视觉直观中观察和抽象函数性质
	教学方法	"问题链 + 任务单"教学法
	重点	探究函数 $y = x + \dfrac{1}{x}$ 的图像与性质
	难点	函数 $y = x + \dfrac{1}{x}$ 的图像与性质
	教学流程	课前任务单 → 情境导入 → 创设情境 提出问题 探究交流 成果展示 — 学习活动经验 问题链 1~16 任务单 1~4 目标检测单 构建数学 — 阶段目标评价 学以致用 评价反思 — 学习效果 学习管理 知识结构 思想方法 学科素养 → 课堂总结 → 课后作业单

续 表

学习评价	课前	课前学习单	复习函数的图像性质、不等式性质，基本不等式及其应用	自评
	课中	问题链	6 个问题，10 个追问	自评、师评
		任务	3 个	自评、师评
		目标检测单	1 题	师评
	课后	课后作业单	1 题	自评、师评

（二）教学过程设计

1. 情境导入

【问题 1】

在初中阶段，我们学习了正比例函数 $y = x$，反比例函数 $y = \dfrac{1}{x}$. 在高中阶段，又学习了幂函数的概念，现在，我们知道这两个函数都是幂函数. 请结合正比例函数、反比例函数的图像，说出二者的性质，以及二者性质上的差异点.

【追问】

不同的函数，在各自定义域的交集非空的情况下，通过加、减、乘、除等运算可以构成新的函数. 比如，当我们将两个函数 $y = x$，$y = \dfrac{1}{x}$ 相加时，就构成了一个新函数 $y = x + \dfrac{1}{x}$. 此新函数的性质与原来的两个函数 $y = x$，$y = \dfrac{1}{x}$ 的性质有怎样的关联呢？

【追问】

你将采用什么方法与途径来探究此新函数的性质？

【追问】

你选择此方法的原因或依据是什么？

【追问】

你是怎么想到采用这个方法的？

【追问】

你能作出此新函数的草图并凭借新函数的草图推出其性质吗？

设计意图：结合学生熟悉的数学情境与已有的基础，通过设计典型而适度的问题引入新课．创设关联的数学情境问题，并紧随其后设计追问，引发思考与交流，启发学生从"图形特征视角"（形）和"对应关系视角"（数）两个视角分析问题．

2. 探究交流、成果展示

【问题2】

请用单调性定义证明函数 $y = x + \dfrac{1}{x}$ 在（0，1）上单调递减，在 $[1, +\infty)$ 上单调递增．

【追问】

函数 $y = x + \dfrac{1}{x}$（$x > 0$）是否有最小值？说明理由．

【追问】

请你再联系基本不等式，从"式"的视角分析函数 $y = x + \dfrac{1}{x}$（$x > 0$）是否有最小值，说明理由．

【任务单】

当 $x > 0$ 时，$x + \dfrac{1}{x} \geqslant 2$，当且仅当 $x = \dfrac{1}{x}$，即 $x = 1$ 时取得等号，所以函数 $y = x + \dfrac{1}{x}$（$x > 0$）的最小值为 2．

【追问】

函数 $y = x + \dfrac{1}{x}$（$x < 0$）是否有最大值？说明理由．

【任务单】

当 $x < 0$ 时，$x + \dfrac{1}{x} \leqslant -2$，当且仅当 $x = \dfrac{1}{x}$，即 $x = -1$ 时取得等号，所以函数 $y = x + \dfrac{1}{x}$（$x < 0$）的最大值为 -2．

设计意图：在熟悉的数学情境中设计一个简单的追问，探究单调性和最小值，又设计了一个关联情境的较复杂追问，引导学生从基本不等式视角分析最小值，再用类比的方法分析最大值，培养学生的发散思维能力．

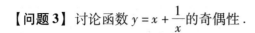
【**问题3**】 讨论函数 $y = x + \dfrac{1}{x}$ 的奇偶性.

设计意图：引导学生从代数运算视角分析函数的奇偶性，启发学生从图形特征视角理解函数的对称性.

【**追问**】

你能画出函数 $y = x + \dfrac{1}{x}$ 的大致图像吗?

设计意图：创设综合情境，引导学生结合函数 $y = x + \dfrac{1}{x}$ $(x > 0)$ 的定义域、单调性、奇偶性、最小值和变化趋势，运用描点作图法作出 $y = x + \dfrac{1}{x}$ $(x > 0)$ 的大致图像. 再结合函数对称性，作出函数 $y = x + \dfrac{1}{x}$ 的大致图像，让学生体会由一般到特殊再到一般的思维过程，培养"局部—整体"意识，深刻理解数形结合、分类与整合的数学思想. 学会用"式"（代数运算）和"形"（图形特征）揭示函数的单调性、奇偶性等主要性质，为研究这个函数的图像做好准备.

3. 构建数学

【**任务**】

作出函数 $y = x + \dfrac{1}{x}$ 的图像，如图 3 - 1 - 10，其图像貌似两个钩，所以人们称它为"对勾函数"或"双勾函数".

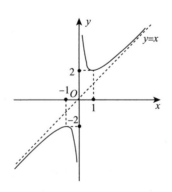

图 3 - 1 - 10

【任务】

分析函数的性质，请填写表 3 – 1 – 10.

表 3 – 1 – 10

函数 $y = x + \dfrac{1}{x}$	性质
图像	
定义域	
值域	
奇偶性	
对称性	
单调性	
渐近线	

【问题 4】

如图 3 – 1 – 11，函数 $y = x + \dfrac{1}{x}$ 的图像有什么变化趋势？你能利用函数 $y = x$ 和 $y = \dfrac{1}{x}$ 的图像变化趋势说明函数 $y = x + \dfrac{1}{x}$ 的图像变化趋势吗？

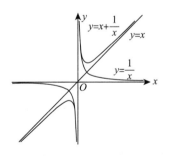

图 3 – 1 – 11

设计意图：创设综合的问题情境，提出相对复杂的关联问题，引发思考和交流，引导学生用"几何思想""代数运算"观察现象、发现规律. 引导学生通过函数图像特征，描述函数值的变化以及函数图像的变化趋势，也可以从两个函数线性和视角分析、描述函数值的变化，引导学生初步了解逼近思想，指出渐近线的意义，培养学生的数形结合思想和极限思维.

4. 学以致用

【问题5】

画出函数 $f(x) = x + \dfrac{1}{2x}$ 的图像，并讨论 $f(x)$ 在 $(0, +\infty)$ 上的单调性.

设计意图：让学生及时训练和巩固知识，强化研究意识，提高学生解决问题的能力.

【目标检测单】

求下列函数的值域，并直接写出单调区间：

（1）$y = x + \dfrac{3}{2x}$ $(x < 0)$；

（2）$y = 2x + \dfrac{3}{x}$ $(x > 0)$.

设计意图：引导学生应用所学函数解决问题，加深理解函数 $y = x + \dfrac{1}{x}$ 的性质与基本不等式的内在关联性.

5. 课堂总结

【问题6】

通过对函数 $y = x + \dfrac{1}{x}$ 的性质的探究，回顾研究函数模型的一般思路.

【追问】

本节课关联了哪些必备知识？涉及了哪些数学思想方法？蕴含了哪些核心素养？

设计意图：回顾研究一个函数的一般思路，整体理解关联内容之间的逻辑关系，理解数学的本质，体会解决某一类问题的数学思想方法.

6. 课后作业单

求下列函数的值域，并写出函数的单调区间：

（1）$f(x) = x + \dfrac{1}{9x}$；

（2）$f(x) = 4x + \dfrac{1}{x}$，$x \in (0, 5]$.

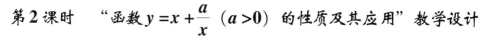

第2课时 "函数 $y = x + \dfrac{a}{x}$（$a > 0$）的性质及其应用"教学设计

（一）课时教学要素设计（表 3 – 1 – 11）

表 3 – 1 – 11

课时内容		函数 $y = x + \dfrac{a}{x}$（$a > 0$）的性质及其应用
学习目标		1. 结合基本不等式理解函数 $y = x + \dfrac{a}{x}$（$a > 0$）的性质及其应用； 2. 理解数形结合、函数与方程、分类与整合、特殊与一般等数学思想，发展学生的直观想象、数学抽象等素养
教学策略	资源	利用几何画板直观展示函数 $y = x + \dfrac{a}{x}$ 的图像随 a 的变化而变化的过程
	教学方法	"问题链 + 任务单"教学法
	重点	理解函数 $y = x + \dfrac{a}{x}$（$a > 0$）的性质及其应用
	难点	给定区间上的最值和值域问题
	教学流程	课前任务单 → 情境导入 → 创设情境 提出问题 探究交流 成果展示 ← 学习 活动经验 问题链 1 ~ 6 任务单 1 ~ 12 目标检测单 → 构建数学 ← 阶段 目标评价 学以致用 ← 学习效果 学习管理 评价反思 知识结构 思想方法 学科素养 → 课堂总结 → 课后作业单

167

续 表

	课前	课前学习单	4 题	自评
学习评价	课中	问题链	—	自评、师评
		任务单	—	自评、师评
		目标检测单	3 题	师评
	课后	课后作业单	3 题	自评

（二）教学过程设计

1. 问题导入

【问题 1】

求函数 $f(x) = x + \dfrac{a}{x}$（$a > 0$）的值域，并画出简图．

【追问】

函数 $f(x) = x + \dfrac{a}{x}$（$a > 0$）在区间 $[m, n]$（$m > 0$）上取得最大值 6、最小值 2，那么此函数在区间 $[-n, -m]$ 上是否存在最值？请说明理由．

设计意图： 在熟悉的情境中，引导学生复习函数的性质和图像，既是对上节课的一个回顾，也是为本节课的应用做好铺垫．教师用几何画板动态演示函数 $f(x) = x + \dfrac{a}{x}$（$a > 0$）的图像随 a 的变化而变化，加强学生对其性质的认识．

2. 探究交流、成果展示

【问题 2】

已知函数 $f(x) = x + \dfrac{3}{x}$，在自变量满足下列条件下，分别求函数的值域：

(1) $(-\infty, 0) \cup (0, +\infty)$；

(2) $(0, 2)$；

(3) $(-3, 2)$；

(4) $(1, 2]$．

【问题 3】

求下列函数的最值：

(1) $y = -x - \dfrac{3}{x}$；

（2）$y = 2x + \dfrac{2}{x}$ $(x > 0)$．

【问题 4】

求下列函数的值域：

（1）$f(x) = \dfrac{x}{x^2 + 1}$；

（2）$f(x) = \dfrac{x^2 + 3x + 2}{x}$．

设计意图： 在学习了函数 $y = x + \dfrac{1}{x}$ 的图像和性质的基础上，进一步运用函数的图像以及基本不等式解决一类数学问题，培养学生转化与化归的数学思想．

3. 构建数学

【问题 5】

经历了上面三个题组任务之后，请你归纳求解这类函数的最值和值域的一般思路．

【任务】

对于结构比较复杂的多项式，若把其中某些部分看成一个整体，用新字母代替（即换元），则能使复杂的问题简单化、明朗化．特别注意：换元之后必须确定新变量的范围，即换元式的值域是新函数的定义域．

设计意图： 引导学生运用转化与化归的数学思想方法，体会换元法和化归思想的重要作用，以激发学生的学习兴趣．

4. 学以致用

【问题 6】

（1）求函数 $f(x) = \dfrac{x+3}{\sqrt{x-1}}$ 的最小值．

（2）已知函数 $f(x) = 4x + \dfrac{m}{x}$ $(x > 0,\ m > 0)$ 在 $x = 3$ 时取得最小值，则 $m = \underline{\qquad}$．

设计意图： 引导学生从不同角度研究和应用函数 $y = x + \dfrac{a}{x}$ $(a > 0)$ 的图像与性质．

【目标检测单】

（1）求函数 $f(x) = x + \dfrac{5}{x-1}$ 的值域．

（2）求函数 $y = 2 - 3x - \dfrac{2}{x}$（$x > 0$）的值域.

（3）求函数 $f(x) = \dfrac{x + 5}{\sqrt{x + 1}}$ 的值域.

设计意图：检测学习目标是否达成.

5. 课堂总结

【问题 7】

回顾本节课所学的函数 $y = x + \dfrac{a}{x}$（$a > 0$）的图像与性质，以及应用这个函数解决问题过程中的注意事项.

【追问】

本节课关联了哪些必备知识？涉及了哪些数学思想方法？蕴含了哪些核心素养？

设计意图：引导学生回顾知识结构体系，总结解决问题的一般思想方法.

6. 课后作业单

（1）求函数 $f(x) = \dfrac{\sqrt{x + 2}}{x + 3}$ 的值域.

（2）若实数 x 满足 $x > -4$，则函数 $f(x) = x + \dfrac{9}{x + 4}$ 的最小值为 _____．

（3）已知函数 $f(x) = \dfrac{x^2 + 2x + a}{x}$，$x \in [1, +\infty)$．

① 当 $a = \dfrac{1}{2}$ 时，求 $f(x)$ 的最小值；

② 若 $f(x)$ 在 $[1, +\infty)$ 上单调递增，求实数 a 的取值范围.

三、单元整体评价与反思

（一）单元学习评价（学生自评）（表 3 − 1 − 12）

表 3 − 1 − 12

阶段	序号	项目	内容	效果（程度）
学习准备	1	学习态度	学习兴趣	优
	2	单元预习	预习	优
课堂学习	3	课前学习单	课中展示情况	优

续 表

阶段	序号	项目	内容	效果（程度）
课堂学习	4	活动表现	交流与反思、思维与表达、问答、提出问题、分析问题、活动参与程度、互动程度	良好
	5	任务表现	问题链、任务单、目标检测单	良好
	6	单元练习	完成情况	良好
	7	单元检测		
	8	关键能力	学会、会学、学以致用	良好
课后学习	9	完成作业	巩固概念，提升知识技能、综合能力	良好
	10	回顾梳理	单元内容、思想方法、学科素养、典型数学模型	优
说明			效果（程度）：一般、良好、优	

（二）单元教学评价（教师自评）（表3-1-13）

表3-1-13

阶段	序号	项目	内容	效果（程度）
学生的学	1	目标达成度	目标是否达成	优
	2	必备知识	知识技能、思想方法	良好
	3	关键能力	提升解决问题的能力	良好
教师的教	4	优点与价值	"函数与方程思想"贯串整个"单元＋课时"教学过程，引导学生体验知识间的逻辑关系，培养整体意识	优
	5	反思与改进	课时不足	良好
	6	后续指导意见	增加1～2课时	良好
说明			效果（程度）：一般、良好、优	

（三）单元整体评价与反思（互评）（表 3 - 1 - 14）

表 3 - 1 - 14

评价项目	评价内容		评价要点	评价方式
单元整体评价与反思	学生的学	目标达成度	理解函数 $f(x) = x + \dfrac{a}{x}$ $(a > 0)$ 的值域，会利用这个函数解决简单问题	教师评价 同事评价 专家评价
		必备知识	—	
		关键能力	提升学生解决问题的能力，培养学生的数学思维和核心素养	
	教师的教	优点	加强渗透"数形结合，函数与方程、分类与整合、转化与化归"等数学思想方法	
		不足	两个课时教学安排略显紧张，落实学业水平的三个层次还不够鲜明	
	对后续教学的指导		加强运用代数运算揭示函数的单调性、奇偶性、对称性等主要性质的训练，有利于学生建构数学知识结构体系，培养系统性思维	

第三节 "单调性与导数"单元教学整体设计

一、单元教学要素设计（表 3 - 1 - 15）

表 3 - 1 - 15

单元名称	学习阶段	教材版本	建议课时	课型	单元类别
单调性与导数	高二下	人教版	3	单元知识研究课	知识类
单元内容	内容		单调性与导数		
	内容解析	内容本质	函数的单调性是一类函数的整体性质，函数的导数、极值点与极值是局部性质．"单调性—导数"是函数的核心内容		

续 表

单元内容	内容解析	知识结构	在高中数学课程里，对函数的单调性的研究分成三个阶段：第一阶段是理解单调性（整体、定性描述函数变化），结合一些基本函数类的图像变化，理解单调性的作用，以及单调性与不等式的紧密联系；第二阶段是理解导数（从局部定量分析函数变化），进一步认识函数是刻画变化规律的数学模型；第三阶段是建立"单调性—导数"与相关内容的联系．如"单调性—导数"与不等关系的联系，与极值（最值）的联系，与常用逻辑用语的联系等，以"单调性—导数"为主题梳理函数，进一步认识模型的作用
		思想方法	单调性定性描述在一个指定区间内，函数值变化与自变量变化的关系；导数定量刻画某一点处函数的变化，反映了函数局部变化性质，这个过程体现了极限思想．从单调性到导数，就是从定性描述变化到定量描述变化的过程，从定性到定量是研究数学问题的基本思想，定量分析和解决问题是数学的基本特征，也是直观想象、数学抽象、逻辑推理素养的具体体现．结合函数图像的特点认识函数的单调性，能有效地提升直观想象的数学素养
		学科育人	体会普遍联系的哲学思想，发现事物整体与局部的联系，感受事物变化的规律，以提升学生的数学思维品质
		教学重点	能根据导数定量地研究函数的单调性和极值（最值）
单元目标		目标	能根据函数图像定性地研究函数的单调性和最值，能根据导数定量地研究函数的单调性和极值，能利用单调性与导数解决不等式和极值（最值）问题
		目标解析	经历用代数方法（图像）和导数方法研究函数单调性的过程；体验通过图形的特征解决函数单调性和最值的问题． 利用导数可以定量地研究函数的变化．从单调性到导数，就是从定性描述问题到定量分析和解决问题；数形结合和分类与整合的思想方法是本单元解题中最主要的思想方法，以发展学生的直观想象、数学抽象、逻辑推理素养

续 表

问题诊断	认知基础	高一时，学生学习了函数的单调性，学习了基本函数（幂函数、指数函数、对数函数、三角函数等）、离散型函数（数列）以及分段函数．高二时，学生学完导数后，有必要整体分析函数的单调性与导数这个核心内容，以跨章节、跨年级的内容为基础设计大单元主题，进而设计教学内容		
	障碍原因	函数的单调性与导数容易局限于题型以及应用技巧，导致学生只会做题，难以提升学生的数学学科核心素养．由于学生对极限思想、逼近思想的思维方式很不熟悉，故以函数单调性与导数这个核心内容为基础设计大单元教学，能够帮助学生提升解决问题的能力和数学思维品质		
	难点	以定性和定量相结合的方式来研究函数的单调性		
教学策略	课时安排	利用图像研究函数的单调性	第1课时	
		利用导数研究函数的单调性	第2课时	
		利用导数研究函数的极值、最值问题	第3课时	
	突破难点	充分利用函数图像研究函数的单调性和最值，寻求解题思路；利用导数和单调性研究极值问题		
	教学方法	单元导引"问题链＋任务单"教学法		
	资源支持	"互联网＋"多媒体技术		
单元学习评价	学习准备	单元预习	复习高一函数的单调性和最值、基本函数的图像和高二导数的概念及其几何意义	自评
	学习活动	问题活动	—	自评
		任务活动	—	自评

单元学习评价	学习梳理	知识结构	梳理本单元学习内容：函数的单调性和最值、基本函数的图像、导数的基本概念及其几何意义	自评
		思想方法	回顾研究函数单调性的基本数学思想和方法	自评
		学科素养	数学抽象、直观想象、逻辑推理、数学建模	自评
	单元检测	单元练习单	共20题（单选题8道，多选题4道，填空题4道，解答题4道）	自评
		单元检测单	共20题（单选题8道，多选题4道，填空题4道，解答题4道）．单元结束时进行单元测试	师评

二、课时教学设计

第1课时 "利用图像研究函数的单调性和最值"教学设计

（一）课时教学要素设计（表3－1－16）

表3－1－16

课时内容		利用图像研究函数的单调性
学习目标		1. 运用函数图像分析函数单调性． 2. 体验数形结合思想的作用，提升直观想象的数学素养
教学策略	资源条件	多媒体技术
	教学方法	"问题链＋任务单"教学法
	重点	运用函数图像分析函数单调性，利用函数的单调性解决问题
	难点	利用函数的单调性解决问题

175

续　表

教学 策略	教学 流程	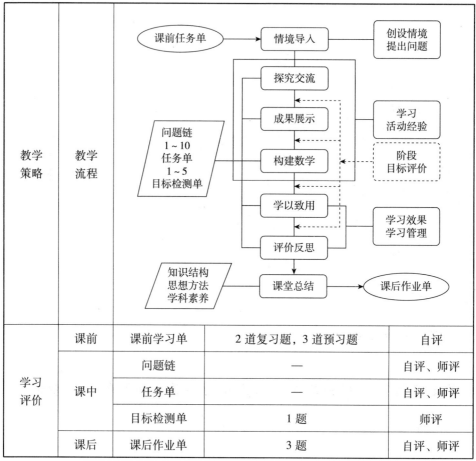		
学习 评价	课前	课前学习单	2 道复习题，3 道预习题	自评
	课中	问题链	—	自评、师评
		任务单	—	自评、师评
		目标检测单	1 题	师评
	课后	课后作业单	3 题	自评、师评

（二）教学过程设计

1. 情境导入

"图形"和"数"引导我们走进数学殿堂，并伴随一生，它们也是数学基本的研究对象，在小学、初中、高中和大学的数学教育中，扮演着最重要的角色．认识函数的重要角度是函数图像（关系），掌握了函数图像的特点，基本上就掌握了函数的基本性质，也就直观地掌握了函数的增减性．学会研究一批具体函数模型，有利于我们研究函数的单调性．请同学们回顾单调性的定义．

【问题 1】

画出以下几个函数的图像．

（1）$f(x) = \dfrac{1}{x}$；

(2) $f(x) = (x-1)^2$;

(3) $f(x) = e^x$;

(4) $f(x) = \ln(x+1)$;

(5) $y = \cos x$.

设计意图：高中阶段需要掌握的函数主要包括：简单幂函数（$y = x$，$y = x^2$，$y = x^3$，$y = x^{-1}$）及其推广，如一次函数、二次函数、三次函数、反比例函数等；指数函数 $y = a^x$（$a > 0$，且 $a \neq 1$）和对数函数 $y = \log_a x$（$a > 0$，且 $a \neq 1$）；三角函数；数列；简单的分段函数等．对于这些最基本的函数，逐步掌握最重要的单调性及其应用，是学习函数最基本的思维方式．

【任务】

请同学们回顾函数单调性的相关内容，对函数单调性的基本概念进行梳理，并填写表格．

【成果展示】

表 3 - 1 - 17

数学概念	增函数	减函数
符号语言	一般地，设函数 $f(x)$ 的定义域为 I，区间 $D \subseteq I$，如果 $\forall x_1, x_2 \in D$	
	当 $x_1 < x_2$ 时，都有 $f(x_1) < f(x_2)$，那么就称函数 $f(x)$ 在区间 D 上单调递增	当 $x_1 < x_2$ 时，都有 $f(x_1) > f(x_2)$，那么就称函数 $f(x)$ 在区间 D 上单调递减
图像语言	自左向右看，图像是逐渐上升的	自左向右看，图像是逐渐下降的
如果函数 $y = f(x)$ 在区间 D 上单调递增或单调递减，那么区间 D 叫作函数 $y = f(x)$ 的单调区间		

【追问】

你能从以上 5 个函数中任选 1 个为例，从符号语言和图像语言两个角度来表述这个函数的单调性吗？

设计意图：在熟悉的情境中，从函数图像入手，形成对单调性的直观感知，并能用文字语言和符号语言描述函数的单调性，进一步直观感知单调性、单调区间的含义.

2. 探究交流、成果展示、构建数学

【问题 2】

下列函数中，在区间（0，+∞）上单调递减的是（　　　）

A. $f(x) = \dfrac{1}{x}$　　　　　　　B. $f(x) = (x-1)^2$

C. $f(x) = e^x$　　　　　　　　D. $f(x) = \ln(x+1)$

设计意图：设计熟悉的基本函数的图像，通过观察这些函数的图像，利用数形结合思想解决单调性问题，提升直观想象的素养.

【任务】

函数 $f(x) = \log_5(2x+1)$ 的单调增区间是_____.

【问题 3】

如图 3-1-12，函数 $y = \cos x$ 在区间 $[-\pi, a]$ 上为增函数，则 a 的取值范围是_____.

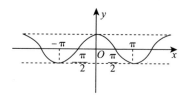

图 3-1-12

【任务】

若函数 $y = (2a-1)^x$ 在 **R** 上为单调减函数，则实数 a 的取值范围是（　　　）

A. $a > 1$　　　　　B. $\dfrac{1}{2} < a < 1$　　　　　C. $a \leqslant 1$　　　　　D. $a > \dfrac{1}{2}$

设计意图：在解题过程中可以根据函数的单调性大致画出图像，结合幂函数的定义和图像解决问题.

【问题 4】

数列 $\{a_n\}$ 的通项 $a_n = \dfrac{n}{n^2+90}$，则数列 $\{a_n\}$ 的最大项是（　　　）

A. $\sqrt[3]{10}$　　　　　B. 19　　　　　C. $\dfrac{1}{19}$　　　　　D. $\dfrac{\sqrt{10}}{60}$

设计意图：数列可以看作离散型函数，数列问题可以转化成函数问题，求数列 $\{a_n\}$ 的最大项可以转化成求函数 $y = \dfrac{x}{x^2 + 90}$ $(x \in \mathbf{N}^*)$ 的最大值，不同于连续型函数，数列的项对应的是这个函数图像上离散的点的纵坐标，所以取到最值时要检验对应的自变量是不是正整数．

【追问】

你能根据 $y = x + \dfrac{a}{x}$ $(a > 0)$ 的图像说明它的单调区间和它在各个单调区间上的单调性吗？

【任务】

每次用相同体积的清水洗一件衣物，且每次能洗去污垢的 $\dfrac{3}{4}$，若洗 n 次后，存在的污垢在 1% 以下，则 n 的最小值为_____．

设计意图：应用函数 $y = x + \dfrac{1}{x}$ 的图像和性质解决问题．

【问题 5】

已知函数 $f(x) = \begin{cases} -x^2 - ax - 5, & x \leqslant 1, \\ \dfrac{a}{x}, & x > 1, \end{cases}$ 在 $\mathbf{R}$ 上单调递增，则实数 a 的取值范围是（　　）

A. $[-3, 0)$ 　　　　　　　　B. $[-3, -2]$

C. $(-\infty, -2]$ 　　　　　　D. $(-\infty, 0)$

设计意图：分段函数的单调性问题综合性强，判断分段函数的单调性问题需要熟练分析每一段函数的图像特征．

【任务】

函数 $f(x) = \begin{cases} ax^2 + x - 1, & x > 2, \\ -x + 1, & x \leqslant 2, \end{cases}$ 在 $\mathbf{R}$ 上单调递减，则实数 a 的取值范围是_____．

设计意图：分段函数在整个定义域上单调递增（递减），不仅要求其在每个分段上单调递增（递减），而且要求各段之间分界处的函数值大小符合单调性定义．

3. 学以致用

【问题 6】

已知函数 $f(x) = \begin{cases} x + \dfrac{2}{x} - 3, & x \geq 1, \\ \lg x^2 + 1, & x < 1, \end{cases}$ 则 $f(x)$ 的最小值是_____．

【目标检测单】

已知 $f(x) = \begin{cases} (3a-1)x + 4a, & x < 1, \\ \log_a x, & x \geq 1, \end{cases}$ 对任意的 x_1，x_2，都有 $\dfrac{f(x_1) - f(x_2)}{x_1 - x_2}$

<0 成立，那么实数 a 的取值范围是（　　）

A．$(0, 1)$ 　　　　B．$\left(0, \dfrac{1}{3}\right)$ 　　　　C．$\left(\dfrac{1}{7}, \dfrac{1}{3}\right)$ 　　　　D．$\left(\dfrac{1}{7}, 1\right)$

设计意图：对于对数函数和指数函数单调性的证明不作要求，因为对数函数和指数函数单调性的严格证明有一定的难度．对于对数型函数和指数型函数的单调性问题，一般方法是借助图像．由基本函数图像经过平移或对称变换，分析函数的单调性．利用单调性解决与不等式相关的问题也是常用方法．

4. 课堂总结

【问题 7】

请说一说这节课学习的知识内容、知识结构体系．高中阶段我们要掌握的基本函数有哪些．你能根据图像说说它们的单调性吗？需要注意什么问题？

【追问】

本节课关联了哪些必备知识？涉及了哪些数学思想方法？蕴含了哪些核心素养？

设计意图：在高中阶段，需要掌握的基本初等函数包括一次函数、二次函数、三次函数、反比例函数、指数函数、对数函数、三角函数、等差数列、等比数列等．引导学生熟悉和掌握这些函数的图像与性质，掌握了这些函数的图像变化特点，也就掌握了这些函数在局部或整体上的性质．本节课对数形结合思想、转化与化归思想、函数与方程思想均有涉及，通过课堂知识的总结和思想方法的回顾，使学生建构起完整的知识结构体系，提升了其直观想象、逻辑推理的素养．

5. 课后作业单

（1）若指数函数 $f(x) = (a-2)^x$ 在 $(-\infty, +\infty)$ 上是减函数，则实数 a 的取值范围是（　　）

A. $2 < a < 3$　　　　B. $-2 < a < 1$　　　　C. $a > 3$　　　　D. $0 < a < 1$

（2）已知函数 $f(x) = \log_2 x + \dfrac{1}{1-x}$，若 $x_1 \in (1, 2)$，$x_2 \in (2, +\infty)$，则（　　）

A. $f(x_1) < 0$，$f(x_2) < 0$

B. $f(x_1) < 0$，$f(x_2) > 0$

C. $f(x_1) > 0$，$f(x_2) < 0$

D. $f(x_1) > 0$，$f(x_2) > 0$

（3）已知函数 $f(x) = \begin{cases} x^3, & x \leqslant 0, \\ \ln(x+1), & x > 0, \end{cases}$ 若 $f(2-x^2) > f(x)$，则实数 x 的取值范围是（　　）

A. $(-\infty, -1) \cup (2, +\infty)$　　　　　B. $(-\infty, -2) \cup (1, +\infty)$

C. $(-1, 2)$　　　　　　　　　　　　　D. $(-2, 1)$

第2课时　"利用导数研究函数的单调性"教学设计

（一）课时教学要素设计（表3-1-18）

表3-1-18

课时内容		利用导数研究函数的单调性
学习目标		1. 运用导数研究函数的单调性. 2. 理解单调性与不等式的关系. 3. 体验数形结合思想，发展直观想象素养
教学策略	资源	多媒体技术
	教学方法	"问题链＋任务单"教学法
	重点	运用导数研究函数的单调性
	难点	运用导数求解函数单调性问题

续　表

教学策略	教学流程	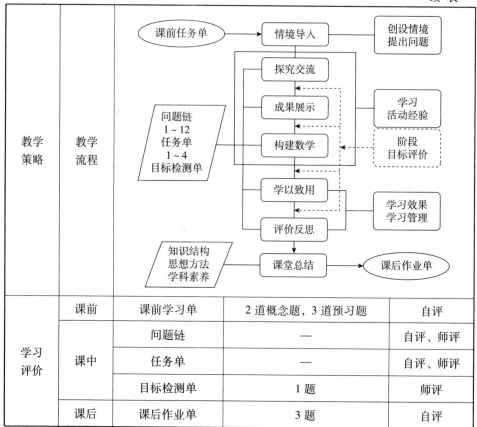	
学习评价	课前	课前学习单	2 道概念题，3 道预习题	自评
	课中	问题链	—	自评、师评
		任务单	—	自评、师评
		目标检测单	1 题	师评
	课后	课后作业单	3 题	自评

（二）教学过程设计

1. 情境导入

【任务】（课前学习单）

函数的单调性与导数紧密联系．让我们一起对函数的单调性与导数的基础知识进行梳理．

一般地，设函数 $y=f(x)$ 在某个区间上可导．

如果在这个区间上 $f'(x)>0$，则 $y=f(x)$ 为这个区间上的_____；

如果在这个区间上 $f'(x)<0$，则 $y=f(x)$ 为这个区间上的_____．

利用导数判断函数的单调性的步骤：

（1）确定函数 $f(x)$ 的定义域；

（2）求 $f'(x)$；

（3）解不等式 $f'(x)>0$，得到函数的单调递_____区间；解不等式 f'

$(x) < 0$，得到函数的单调递_____区间．

【问题1】

画出下列几个函数的图像，找出它们的单调区间，并说说它们在每个单调区间的导数的正负．

(1) $f(x) = \dfrac{1}{x}$；

(2) $f(x) = (x-1)^2$；

(3) $f(x) = e^x$．

【追问】

观察上面三个函数的图像，可以看出函数的单调性并发现单调性和导数的正负之间存在一定关系．函数在某区间上每一点的导数都大于（小于）零，则函数是严格单调递增（递减）的．那么它的逆命题是什么？逆命题正确吗？

设计意图：在某区间上，如果函数在每一点的导数都大于（小于）零，则函数是严格单调递增（递减）的，这就是导数与单调性之间的关系．其逆定理不正确，只能得到若函数在某区间上严格单调递增（递减），则函数在该区间上每一点的导数是大于零或者等于零．上述结论的依据是微分中值定理（拉格朗日定理），这里的证明不要求学生掌握．

2. 探究交流、成果展示

【问题2】

用两种方法证明函数 $y = x^3 + 1$ 在 $(-\infty, 0)$ 上单调递增．

【追问】

通过比较这两种方法，说说导数和单调性有什么联系，导数法证明有什么优点．

设计意图：用定义法和导数法证明单调性，可以帮助我们从整体上理解导数和单调性之间的联系性和逻辑性．

【任务】

判断函数 $f(x) = 2x^3 - 6x^2 + 7$ 的单调性．

【问题3】

已知函数 $f(x) = x\ln x$，则 $f(x)$（   ）

A. 在 $(0, +\infty)$ 上递增 　　　　B. 在 $(0, +\infty)$ 上递减

C. 在 $\left(0, \dfrac{1}{e}\right)$ 上递增 　　　D. 在 $\left(0, \dfrac{1}{e}\right)$ 上递减

【追问】

请用定义法来判断函数 $f(x) = x\ln x$ 在上面各个区间的单调性；请用图像法来判断函数 $f(x) = x\ln x$ 在上面各个区间的单调性.

设计意图：引导学生对比分析，灵活选择解题方法，判断函数的单调性.

【任务】

函数 $f(x) = \dfrac{1}{2}x^2 - 9\ln x$ 的单调递减区间是_____.

【问题4】

已知函数 $f(x) = \dfrac{1}{3}x^3 - \dfrac{1}{2}mx^2 + 4x - 3$ 在区间 $[1, 2]$ 上是增函数，则实数 m 的取值范围为（   ）

A. $4 \leqslant m \leqslant 5$　　　　B. $2 \leqslant m \leqslant 4$　　　　C. $m \leqslant 2$　　　　D. $m \leqslant 4$

设计意图：利用导数研究函数的单调性，结合不等式的恒成立问题，利用基本不等式求最值.

【任务】

已知函数 $y = \dfrac{1}{3}x^3 - ax^2 + x - 2a$ 在 **R** 上不是单调函数，则实数 a 的取值范围是_____.

设计意图：我们知道三次函数的导数是二次函数，通过二次函数的图像特征并且借助"导数—单调性"的方法，我们能够得到三次函数 $y = ax^3 + bx^2 + cx + d \ (a \neq 0)$ 的四个图像类型，如图 3－1－13，请具体说说是怎么通过导数得出每个图形的大致图像的.

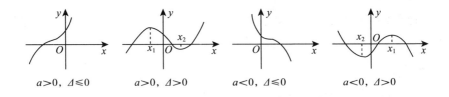

$a > 0, \Delta \leqslant 0$　　　　$a > 0, \Delta > 0$　　　　$a < 0, \Delta \leqslant 0$　　　　$a < 0, \Delta > 0$

图 3－1－13

3. 构建数学

借助导数研究函数的单调性和单调区间问题的关键步骤：

（1）确定原函数的定义域.

（2）求 $f'(x)$．

（3）令 $f'(x) = 0$，求出 x 的值，然后根据函数的单调性与其导数的正负之间的关系确定单调性．函数在某区间上每一点的导数是正的，则函数是严格单调递增的；函数在某区间上每一点的导数是负的，则函数是严格单调递减的；建议用表格的形式反映函数在各个区间上的单调性的变化情况．

【问题5】

若函数 $y = f(x)$ 的导函数 $y = f'(x)$ 的图像如

图 3 - 1 - 14 所示，则 $y = f(x)$ 的图像可能是（　　）

图 3 - 1 - 14

  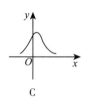

A　　　　　B　　　　　C　　　　　D

【追问】

根据上面的问题，请大家分组讨论，你是如何根据导函数的图像来判断原函数的图像的？

设计意图：通过追问的方法，启发学生思考，学生可以充分地思考、表达和发挥．同时，学生可以系统地、整体地理解导数和单调性的联系，然后再结合二次函数图像的相关知识，利用导数来研究函数的单调性，再利用单调性画出三次函数的大致图像．

4. 学以致用

【问题6】

函数 $y = 2x^2 - e^{|x|}$ 在 $[-2, 2]$ 上的图像大致为（　　）

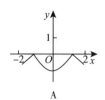 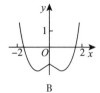 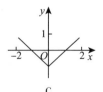

A　　　　　B　　　　　C　　　　　D

设计意图：此类问题是函数的难点问题．图像反映函数的整体性质，这些性质包括单调性、奇偶性、对称性等，而导数反映函数的局部性质；基本函数复合而成的函数往往比较复杂，不能通过简单的观察得出结果，这时候就要借助导数．

导函数的正负可以通过对导函数的二次求导来判断．二次求导的最终目的是判断导函数的正负，通过导函数的正负来确定函数在每个区间上的单调情况．

【目标检测单】

设函数 $f(x)$ 在定义域内可导，$y = f(x)$ 的图像如图 3 – 1 – 15 所示，则导函数 $y = f'(x)$ 的图像可能为（ ）

图 3 – 1 – 15

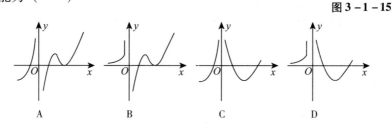

A   B   C   D

5. 课堂总结

【问题7】

请说一说这节课学习的知识内容、知识结构体系．函数的导数与单调性有什么样的联系．根据导函数的图像，能不能画出原函数的大致图像？根据原函数的图像，能不能大致画出导函数的图像？说说你的方法．

【追问】

本节课关联了哪些必备知识？涉及了哪些数学思想方法？蕴含了哪些核心素养？

设计意图：运用导数研究函数的单调性，涉及数形结合的数学思想、转化与化归的数学思想和分类与整合的数学思想．回顾知识内容和知识结构体系，可以让学生的思路更加明晰，同时这也发展了学生的直观想象、数学抽象、逻辑推理等数学核心素养．

6. 课后作业单

（1）函数 $f(x) = x^3 - 3x^2 - 8x + 1$ 的单调递增区间是_____.

（2）已知函数 $f(x)$ 的导函数 $f'(x) = ax^2 + bx + c$ 的图像如图 3-1-16，则 $f(x)$ 的图像可能是（　　）

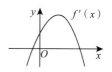

图 3-1-16

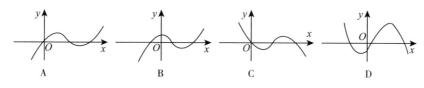

（3）已知函数 $f(x) = mx^2 + \ln x - 2x$ 在定义域内是增函数，则实数 m 的取值范围为_____.

第3课时　"利用导数研究函数的极值、最值问题"教学设计

（一）课时教学要素设计（表 3-1-19）

表 3-1-19

课时内容		利用导数研究函数的极值、最值问题
学习目标		1. 借助函数图像，理解函数在某点取得极值的必要条件和充分条件. 2. 能利用导数求某些函数的极大值、极小值以及给定闭区间上不超过三次的多项式函数的最大值、最小值. 3. 体会"导数—单调性"核心内容与函数的极值（最值）的关联作用
教学策略	资源条件	"互联网＋"多媒体技术
	教学方法	"问题链＋任务单"教学法
	重点	运用"导数—单调性"求函数的极值、最值
	难点	运用"导数—单调性"求函数的极值、最值

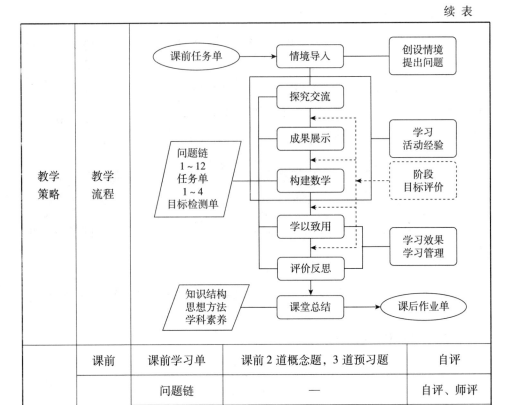

教学策略	教学流程	课前学习单	课前2道概念题，3道预习题	自评
学习评价	课前	课前学习单	课前2道概念题，3道预习题	自评
	课中	问题链	—	自评、师评
		任务单	—	自评、师评
		目标检测单	1题	师评
	课后	课后作业单	3题	自评

（二）教学过程设计

1. 情境导入

"导数—单调性"作为函数主线中的核心内容，需要建立"导数—单调性"与其他知识的结构体系．"导数—单调性"可以研究函数的一些基本性质，例如极值、最值和零点．在熟悉的基本函数情境中，利用导数研究函数的一些基本性质，会让我们对函数的理解有焕然一新的感觉．

【问题1】

什么是函数的极值点和极值？如图3－1－17，哪些点是函数的极值点？

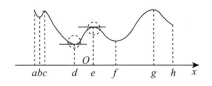

图 3 −1 −17

【任务】

（1）如果 $f'(x_0) = 0$，并且在 x_0 附近的左侧 $f'(x) > 0$，右侧 $f'(x) < 0$，那么 $f(x_0)$ 是极大值．

（2）如果 $f'(x_0) = 0$，并且在 x_0 附近的左侧 $f'(x) < 0$，右侧 $f'(x) > 0$，那么 $f(x_0)$ 是极小值．

【追问】

极小值一定比极大值大吗？你能举例说明吗？

【追问】

极值和最值有什么区别和联系？

设计意图： 极值和最值是两个不同的概念．极值可能是最值，但是最值不一定是极值，即一个函数的极大值未必大于极小值，如图 3 −1 −18 所示，x_1 是极大值点，x_4 是极小值点，但 $f(x_4) > f(x_1)$．

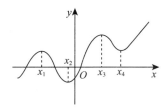

图 3 −1 −18

【问题 2】

什么是零点？如何判断函数是否有零点？

设计意图： 根据零点存在性定理求函数的零点和所在的区间．若 $f(x)$ 为单调函数，在 $[a, b]$ 上的图像是连续的，且 $f(a) \cdot f(b) < 0$，则 $f(x)$ 在 (a, b) 上有唯一的零点．

函数零点存在性定理作为研究零点的基本定理，是研究函数零点问题的基本工具．

2. 探究交流、成果展示

【问题 3】

已知函数 $f(x)=x^3+ax^2+bx+a^2$ 在 $x=1$ 处有极值 10，则 $f(2)$ 等于（   ）

A. 11 或 18   B. 11   C. 18   D. 17 或 18

【追问】

导数为 0 的点一定是极值点吗？

【追问】

可导函数有极值点的充要条件是什么？

设计意图：可以从命题的条件和结论来研究、分析和理解核心概念，借助反例可以正确地辨析命题．从充要条件的角度分析命题，有助于提升学生的逻辑推理核心素养．

【任务】

已知函数 $f(x)=x^3-3x-1$，则函数 $f(x)$ 的极大值是_____，极小值是_____．

3. 构建数学

【问题 4】

已知函数 $f(x)=x^3+ax^2+bx$（a，$b\in\mathbf{R}$），若 $f(x)$ 在 $x=1$ 处有极值 -4．

（1）求 $f(x)$ 的单调递减区间；

（2）求 $f(x)$ 在 $[-1，2]$ 上的最大值和最小值．

【追问】

你能总结一下应用"导数—单调性"的相关知识求极值和最值的步骤吗？

设计意图：先求出函数的导数，然后令 $f'(x)=0$，解出函数的极值点，最后根据导数判断函数的单调性；在求极值的过程中，我们借助表格准确又快速地反映出函数在各个区间上单调性的变化情况，求出函数的单调区间．

【追问】

函数有极值一定有最值吗？

设计意图：函数有极值不一定有最值．连续型函数在闭区间上一定有最值．求函数 $f(x)$ 在闭区间 $[a，b]$ 上的最值的步骤：（1）求 $f(x)$ 在区间 $(a，b)$ 内极值（极大值或极小值）；（2）将 $y=f(x)$ 的各极值与 $f(a)$，$f(b)$（端点处）比较，其中最大的一个为最大值，最小的一个为最小值．

4. 学以致用

【任务】

若 $x = -2$ 是函数 $f(x) = (x^2 + ax - 1)e^{x-1}$ 的极值点，则 $f(x)$ 的极小值为（   ）

A. -1 B. $-2e^{-3}$ C. $5e^{-3}$ D. 1

【任务】

等比数列 $\{a_n\}$ 的前 n 项和为 $S_n = 2^{n-1} + k$，则函数 $f(x) = x^3 - kx^2 - 2x + 1$ 的极大值为（   ）

A. 2 B. $\dfrac{5}{2}$ C. 3 D. $\dfrac{7}{2}$

设计意图：能利用导数求某些函数的极大值、极小值以及给定闭区间上不超过三次的多项式函数的最大值和最小值.

【目标检测单】

如图 $3-1-19$，已知函数 $f(x) = ax^3 - bx + 4$，当 $x = 2$ 时，函数 $f(x)$ 有极小值 $-\dfrac{4}{3}$.

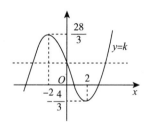

图 $3-1-19$

（1）求 $f(x)$ 的解析式；

（2）求 $f(x)$ 的极值；

（3）若关于 x 的方程 $f(x) = k$ 有三个零点，求实数 k 的取值范围.

5. 课堂总结

【问题5】

请说一说这节课的学习内容和知识结构体系.

【追问】

本节课关联了哪些必备知识？涉及了哪些数学思想方法？蕴含了哪些核心

素养?

设计意图：通过总结梳理，感受"导数—单调性"的核心内容与极值、最值的关联性.

6. 课后作业单

（1）已知函数 $f(x)$ 的定义域为 (a, b)，导函数 $f'(x)$ 在 (a, b) 上的图像如图 3-1-20 所示，则函数 $f(x)$ 在 (a, b) 上的极大值点的个数为（　　）

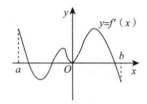

图 3-1-20

A. 1　　　　　B. 2　　　　　C. 3　　　　　D. 4

（2）设函数 $f(x) = \dfrac{1}{2}x^2 - 4\ln x$.

① 求函数 $f(x)$ 的单调区间；

② 求函数 $f(x)$ 在区间 $[1, e]$ 上的最值.

（3）函数 $f(x) = 1 + x + \dfrac{x^2}{2} + \dfrac{x^3}{3}$ 的零点的个数是（　　）

A. 0　　　　　B. 1　　　　　C. 2　　　　　D. 3

三、单元整体评价与反思

（一）单元学习评价表（学生自评）（表 3-1-20）

表 3-1-20

阶段	序号	项目	内容	效果（程度）
学习准备	1	学习态度	学习兴趣、合理规划	良好
	2	单元预习	预习单元内容	良好
课堂学习	3	课前学习单	课中展示，课前学习单	良好

续 表

阶段	序号	项目	内容	效果（程度）
课堂学习	4	活动表现	交流与反思、思维与表达、回答问题、提出问题、分析问题、活动经验、参与程度、互动程度	优
	5	任务表现	完成问题链、任务单、目标检测单	良好
	6	单元练习	完成情况	良好
	7	单元检测		
	8	关键能力	解决数学问题的知识与技能	良好
课后学习	9	完成作业	巩固概念、提升知识技能与综合能力	优
	10	回顾梳理	梳理单元内容、数学思想方法、学科素养、典型数学模型	良好
说明			效果（程度）：一般、良好、优	

（二）单元教学评价表（教师自评）（表3-1-21）

表3-1-21

阶段	序号	项目	内容	效果（程度）
学生的学	1	目标达成度	目标的达成程度	优
	2	必备知识	知识技能、思想方法	
	3	关键能力	提升解决问题的能力	良好
教师的教	4	优点与价值	本单元以函数单调性知识的前后逻辑为线索，用导数进一步刻画函数单调性．把握函数的单调性的本质是变化趋势，学生加深了对函数单调性的认识和理解	优
	5	反思与改进	"导数—单调性"作为核心内容，与相关内容联系紧密，如"导数—单调性"与不等关系的联系，与极值（最值）的联系，与反函数概念的联系，等等，本单元略显不够完整	良好
	6	后续指导	增加1~2课时内容	良好
说明			效果（程度）：一般、良好、优	

（三）单元整体评价与反思表（互评）（表3－1－22）

表3－1－22

评价项目	评价内容		评价要点	评价方式
单元整体评价与反思	学生的学	目标达成度	能根据函数图像定性地研究函数的单调性和最值，能根据导数定量地研究函数的单调性和极值，能利用"导数—单调性"解决不等式和极值、最值或零点问题	教师评价 同事评价 专家评价
		必备知识	—	
		关键能力	经历用函数单调性解决问题的过程，体会函数单调性在解决问题中的作用．提升学生利用已有知识解决问题的能力，培养学生的数学思维和核心素养	
	教师的教	优点	本单元将函数的单调性作为跨章节的主题进行整体设计，感悟导数是研究函数性质强有力的工具，加深理解函数单调性的本质	
		不足	三个课时教学之间的纵向逻辑关系尚可，但缺少了"导数—单调性"与不等式的内容	
	对后续教学的指导		增加"导数—单调性"与不等关系，与常用逻辑用语联系等方面的内容	

第四节 "椭圆中的定值定点问题"单元教学学习活动设计

一、单元学习活动要素设计（表3－1－23）

表3－1－23

单元名称	学习阶段	教材版本	建议课时	课型	单元类别
椭圆中的定值定点问题	高二下	人教版	2	单元知识探究课	知识类

内容		椭圆中的定值定点问题
内容解析	内容本质	解析几何是运用代数方法研究几何图形性质的几何学分支．在学习中需关注几何图形的特征，并加强训练运算能力．圆锥曲线中定值定点问题是研究方程与性质、证明曲线过定点的常见问题．体现了圆锥曲线的标准方程与几何性质之间的关联应用，直线与圆锥曲线的位置关系的应用等
	知识结构	与斜率和、斜率积相关内容的定值问题，一般思路是引入变量（直线的斜率、点的坐标等）构建关系式
	学科育人	培养发现问题、提出问题、分析问题、解决问题的能力和科学探究的精神
	思想方法	体现数形结合思想、方程思想、转化与化归思想
	教学重点	运用参数法探究椭圆中的张角弦的相关问题

续 表

目标	1. 探究椭圆中张角与定点的关联，加深学生对圆锥曲线相关知识、方法、思想的理解与运用. 2. 能运用数形结合思想、函数与方程思想、转化与化归思想解决数学问题. 3. 发展直观想象、数学运算、逻辑推理素养	
活动特征	问题链	6 个问题，7 个追问
	任务单	2 个任务
	活动类型	问题探究活动
	活动方式	探究与发现
	素养水平	运算求解、推理论证、数学表达
活动意义	梳理核心内容，设计"问题探究活动"，研究"椭圆中张角弦与定值定点的关系"，设计问题链引发学生思考，拓展思维视野，在探究活动中，提高发现问题、提出问题、分析问题和解决问题的能力	

二、学习活动设计

（一）情境导入

【任务】（课前学习单）

根据课前学习单，请各小组讨论推荐分享课前学习单的同学名单，如表 3 - 1 - 24：

表 3 - 1 - 24

学习活动问题探究（课前学习单）	
问题	已知椭圆 C：$\dfrac{x^2}{4}+\dfrac{y^2}{3}=1$，若直线 l 与椭圆 C 相交于 A，B 两点（A，B 不是左、右顶点），且以 AB 为直径的圆过椭圆 C 的右顶点 D. 求证：直线 l 过定点，并求出该定点的坐标 （图：椭圆，点 A，B 在椭圆上，D 为右顶点，坐标轴 x，y，原点 O）
分析问题	请尝试解决问题
解题分析	请分析关联内容知识、思想方法
提出问题	提出关联问题

设计意图：圆锥曲线中定点问题是研究方程与性质、证明曲线过定点的常见问题．本题从特殊点、特殊角入手，让学生掌握定点问题的常规解题思路．

（二）探究交流、成果展示、构建数学

【问题1】

同学们分组分享课前学习单，请分享问题解决成果、分析关联内容知识和思想方法、提出关联问题．

【任务展示】

设 A $(x_1，y_1)$，B $(x_2，y_2)$，

直线 l 的方程为 $y = kx + m$，代入椭圆方程 $\dfrac{x^2}{4} + \dfrac{y^2}{3} = 1$，

得 $(3 + 4k^2)$ $x^2 + 8kmx + 4$ $(m^2 - 3)$ $= 0$，

则 $x_1 + x_2 = -\dfrac{8mk}{3 + 4k^2}$，$x_1 \cdot x_2 = \dfrac{4(m^2 - 3)}{3 + 4k^2}$，

且 $\Delta > 0$，即 $3 + 4k^2 - m^2 > 0$．

以 AB 为直径的圆过椭圆的右顶点 D $(2，0)$，

所以 $k_{AD} \cdot k_{BD} = -1$，即 $\dfrac{y_1}{x_1 - 2} \cdot \dfrac{y_2}{x_2 - 2} = -1$，

所以 $y_1 y_2 + x_1 x_2 - 2(x_1 + x_2) + 4 = 0$，

即 $\dfrac{3(m^2 - 4k^2)}{3 + 4k^2} + \dfrac{4(m^2 - 3)}{3 + 4k^2} + \dfrac{16mk}{3 + 4k^2} + 4 = 0$．

解得 $m_1 = -2k$，$m_2 = -\dfrac{2k}{7}$，且均满足 $3 + 4k^2 - m^2 > 0$，

当 $m_1 = -2k$ 时，l 的方程为 $y = k$ $(x - 2)$，直线过定点 $(2，0)$，与已知矛盾．

当 $m_2 = -\dfrac{2k}{7}$ 时，l 的方程为 $y = k\left(x - \dfrac{2}{7}\right)$，直线过定点 $\left(\dfrac{2}{7}，0\right)$．

当直线 l 的斜率不存在时，不满足题意．

设计意图：设而不求，将直线与椭圆有交点转化为方程有根，根据一元二次方程根与系数的关系，结合判别式得到参数满足的等式和不等式．再根据条件建立关于参数的等量关系，然后变形减元，从而可得直线系方程，最后求出定点．

【追问】

从上题中你能猜想出什么结论？在求直线过定点时常用的思想方法是什么？

已知过椭圆 $\dfrac{x^2}{a^2}+\dfrac{y^2}{b^2}=1$（$a>b>0$）上的长轴顶点 P 作两条互相垂直的直线，分别与椭圆相交于 A，B 两点，设直线 PA 与 PB 的斜率分别为 k_1 和 k_2，若 $k_1\cdot k_2=-1$，则直线 l 必过定点 $\left(\dfrac{a\,(a^2-b^2)}{a^2+b^2},\ 0\right)$．

【追问】

如果将长轴顶点换成椭圆上的其他点，会不会有类似的结论？

【任务】

如图 $3-1-21$，已知椭圆 $\dfrac{x^2}{4}+y^2=1$，过点 A（0，1）作弦 $PA\perp QA$，P，Q 均在椭圆上，试问直线 PQ 是否恒经过一定点？若过定点，求出该定点坐标，若不过定点，请说明理由．

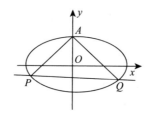

图 $3-1-21$

【任务展示】

类似问题 1 的探究方法，可得直线过定点 $\left(0,\ -\dfrac{3}{5}\right)$．

设计意图：通过追问形式，让学生学会自己探究问题、发现问题，提升其类比推理的能力．学生能够体验利用条件建立关于参数的等量关系，变形减元，从而可得直线系方程，得出定点坐标．

【追问】

结合探究 1 和探究 2，你能得到什么样的结论？

已知过椭圆 $\dfrac{x^2}{a^2}+\dfrac{y^2}{b^2}=1$（$a>b>0$）上的顶点 P 作两条互相垂直的直线，分别与椭圆相交于 A，B 两点，设直线 PA 与 PB 的斜率分别为 k_1 和 k_2，若 $k_1\cdot k_2=-1$，

则直线 l 必过定点.

【追问】

这个结论中的椭圆顶点还可不可以推广为椭圆上的任意点?

【问题 2】

如图 3 - 1 - 22,已知椭圆 $C: \dfrac{x^2}{4} + \dfrac{y^2}{3} = 1$,$P\left(1, \dfrac{3}{2}\right)$ 在椭圆上. 过点 P 的两条斜率之积为 -1 的直线分别与椭圆交于点 M,N. 问:直线 MN 是否过定点 D? 若过定点 D,求出定点 D 的坐标;若不过定点,请说明理由.

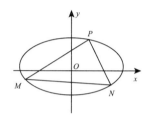

图 3 - 1 - 22

【任务展示】

类似问题 1 的探究,可得直线过定点 $\left(\dfrac{1}{7}, -\dfrac{3}{14}\right)$.

设计意图:通过不断地追问,让学生学会自己探究问题、解决问题,锻炼其类比、归纳推理的能力.

从上面的例子中,我们可以归纳出椭圆满足的性质:

设直线 l 交椭圆 $\dfrac{x^2}{a^2} + \dfrac{y^2}{b^2} = 1$ $(a > b > 0)$ 于 A,B 两点,点 $M(x_0, y_0)$ 是椭圆上不同于 A,B 两点的一个定点,若 $MA \perp MB$,则直线 l 必过定点 N $\left(\dfrac{x_0(a^2 - b^2)}{a^2 + b^2}, \dfrac{y_0(b^2 - a^2)}{a^2 + b^2}\right)$.

【问题 3】

如图 3 - 1 - 23,已知椭圆 $C: \dfrac{x^2}{4} + y^2 = 1$,过椭圆右顶点 A 的两条斜率之积为 $-\dfrac{1}{4}$ 的直线分别与椭圆交于点 M,N. 问:直线 MN 是否过定点 D? 若过定点 D,求出定点 D 的坐标;若不过定点,请说明理由.

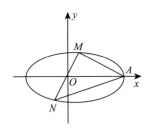

图 3－1－23

【任务展示】

类似问题 1 的探究，可得直线过定点 （0，0）．

【追问】

结合前面的例题，你能得到什么结论？

设计意图：引导学生归纳、验证和推广．从特殊点、特殊角入手，根据一元二次方程根与系数的关系，结合判别式得到参数满足的等式和不等式．根据条件建立关于参数的等量关系，变形减元，从而可得直线系方程，容易得出定点．

从上面的例子，我们可以归纳椭圆满足的性质：

设直线 l 交椭圆 $\dfrac{x^2}{a^2}+\dfrac{y^2}{b^2}=$ （$a>b>0$） 于 A，B 两点，点 M （x_0，y_0）是椭圆上不同于 A，B 两点的一个定点，若 $k_{MA}\cdot k_{MB}=\lambda$ （λ 为常数，且 $\lambda\neq0$），则直线 l 必过定点．

【问题 4】

我们知道，斜率之积为定值的题型是圆锥曲线中的常见题型，那么当过定点的两条直线斜率之和为定值时，是否也有类似结论呢？

【任务】

如图 3－1－24，已知椭圆 C：$\dfrac{x^2}{4}+y^2=1$，过椭圆右顶点 A 的两条斜率之和为 -1 的直线分别与椭圆交于点 M，N．问：直线 MN 是否过定点 D？若过定点 D，求出定点 D 的坐标；若不过定点，请说明理由．

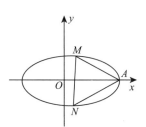

图 3 – 1 – 24

【任务展示】

设 $M(x_1, y_1)$，$N(x_2, y_2)$，MN 的直线方程为 $y = kx + m$，

代入 $\dfrac{x^2}{4} + y^2 = 1$，

得 $(1 + 4k^2) x^2 + 8kmx + 4(m^2 - 1) = 0$，

则 $x_1 + x_2 = -\dfrac{8mk}{1 + 4k^2}$，$x_1 \cdot x_2 = \dfrac{4(m^2 - 1)}{1 + 4k^2}$，

且 $\Delta > 0$，即 $1 + 4k^2 - m^2 > 0$.

因为 $k_{MA} + k_{NA} = -1$，所以 $\dfrac{y_1 - 0}{x_1 - 2} + \dfrac{y_2 - 0}{x_2 - 2} = -1$，

则 $4k^2 + 2(2m - 1)k + m(m - 1) = 0$，解得 $m_1 = -2k + 1$，$m_2 = -2k$.

当 $m_1 = -2k + 1$ 时，由 $1 + 4k^2 - m^2 > 0$，得 $k > 0$，

此时 l 的方程为 $y = kx - 2k + 1$，直线过定点 $(2, 1)$，

当 $m_2 = -2k$ 时，满足 $1 + 4k^2 - m^2 > 0$，t 的方程为 $y = kx - 2k$，

直线过定点 $(2, 0)$. 与已知矛盾.

设计意图：从特殊点入手，让学生利用常规解题方法解定点问题. 设而不求，将直线与椭圆有交点转化为方程有根，根据一元二次方程根与系数的关系，结合判别式得到参数满足的等式或不等式.

【追问】

从上题中你能得到哪些结论？如果将定点换成其他点，还能不能有类似的结论？

（三）学以致用

【问题5】

如图 3 – 1 – 25，已知椭圆 C：$\dfrac{x^2}{4} + y^2 = 1$，A 为 $(0, 1)$，设直线 l 不经过 A

点，且与 C 相交于 P，Q 两点，若直线 AP 与直线 AQ 的斜率和为 -1，证明：l 过定点．

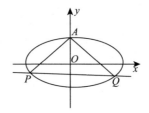

图 3 - 1 - 25

设计意图：通过应用拓展，让学生学会自己探究问题、发散问题，锻炼其类比推理、归纳推理的能力．

从上面的例子中，我们可以归纳出如下结论：

已知椭圆 $\dfrac{x^2}{a^2}+\dfrac{y^2}{b^2}=1$ $(a>b>0)$ 过定点 M $(0，b)$，直线 l 与椭圆交于 A，B 两点，若 $k_{MA}+k_{MB}=\lambda$（λ 为常数，且 $\lambda\neq0$），则直线 l 必过定点 N $\left(-\dfrac{2b}{\lambda}，-b\right)$．

推广：已知椭圆 $\dfrac{x^2}{a^2}+\dfrac{y^2}{b^2}=1$ $(a>b>0)$ 过定点 M $(x_0，y_0)$，直线 l 与椭圆交于 A，B 两点，若 $k_{MA}+k_{MB}=\lambda$（λ 为常数，且 $\lambda\neq0$），则直线 l 必过定点．

（四）课堂总结

【问题6】

请总结这节课学习的内容和知识结构体系．

【追问】

本节课关联了哪些必备知识？涉及了哪些数学思想方法？蕴含了哪些核心素养？

设计意图：通过梳理知识的形成过程，让学生体验从特殊点、特殊角入手，掌握基本问题的解决方法．领会数形结合、特殊与一般、分类与整合等数学思想，发展直观想象、数学抽象、逻辑推理等数学素养．

（五）课后作业单

请完成单元学习活动问题探究报告（表 3 – 1 – 25）.

表 3 – 1 – 25

学习活动问题探究报告	
问题	
思维与表达	
交流与反思	
活动经验	
提出问题	
问题解决收获	
结论	
研究收获	

第二章

高中数学"方法类单元教学"整体设计案例

第一节 "解析几何中的数形结合思想"单元教学整体设计

一、单元教学要素设计（表3-2-1）

表3-2-1

单元名称	学习阶段	教材版本	建议课时	课型	单元类别
解析几何中的数形结合思想	高三上	人教版	2	思想方法研究课	方法类

单元内容			
单元内容	内容		数形结合思想在圆锥曲线中的应用
	内容解析	内容本质	解析几何的本质是运用代数的方法解决几何问题，解析法是其中的核心．数形结合思想又是解决圆锥曲线问题的重要思想，其中图形特征与代数运算正是解析几何本质特征的体现

续　表

单元内容	内容解析	思想方法	数形结合是一种重要的数学思想方法，也是解决解析几何问题的最主要的思想方法．通过结合平面几何与圆锥曲线定义，可以培养学生的直观想象素养
		知识结构	数形结合思想体现在高中数学各个知识主线中：函数与方程，导数及其应用，数据分析，向量，直线与圆，圆锥曲线等．本单元以圆锥曲线为例，探究数形结合在圆锥曲线中的应用
		学科育人	数形结合沟通了几何与代数之间的关系，构建了"数"与"形"的桥梁关系，从不同的角度揭示事物的本质特征，能帮助学生形成多角度解决问题的思维习惯，发展其直观想象、逻辑推理的数学素养
		教学重点	通过数形结合思想的渗透，帮助学生理解解析几何的本质
单元目标	目标		1. 理解圆锥曲线的几何特征． 2. 理解数形结合在解析几何中的应用． 3. 能利用平面几何图形的特征，以及曲线的定义，解决圆锥曲线问题
	目标解析		1. 了解圆锥曲线的对称性，圆锥曲线的定义，特征三角形等． 2. 熟悉常用的推理依据：圆锥曲线的定义，几何图形的对称性，平面几何中的性质等，从此推理图形内部的逻辑关系，并结合适当的代数运算，解决具体问题． 3. 善于利用数形结合思想解决圆锥曲线中的综合问题，优化运算

续 表

问题诊断	认知基础	通过前面的学习，学生已经理解椭圆、双曲线、抛物线的定义及其标准方程和几何特征，并能用方程描述曲线．上述所学内容再加上初中阶段学习的平面几何的知识基础，便是本单元学习的知识基础．在教学中应充分利用学生已有知识建立连接，同时设计熟悉的问题引导学生获取新知，为深入理解数形结合思想搭建脚手架．本单元的学习需要针对学生观察—对比—归类的思维方式，引导他们辩证分析、对比归纳，所以建议采用小组学习，在呈现一题多解、多题一解的基础上，解决一类问题	
	障碍原因	由于问题设问的多样性、复杂性，对学生运算能力的要求很高，学生找不到解决问题的办法，无从下手．在教学中，引导学生从平面几何的角度认识解析几何"作图标图—平几应用—定义解题—优化运算……"的解题思路，进而解决问题	
	难点	从理解和应用圆锥曲线的几何特征解题	
教学策略	课时安排	认识圆锥曲线中的对称性	第 1 课时
		解析几何中的"几何"特征	第 2 课时
	突破难点	"作图、标图、辅助线"，紧密围绕圆锥曲线的几何特征结合圆锥曲线的定义，突破难点	
	教学方法	单元导引"问题链 + 任务单"教学法	
	资源支持	几何画板，"互联网 +"技术	
单元学习评价	学习准备	单元预习	梳理圆锥曲线的性质	自评
	学习活动	问题活动	—	自评
		任务活动	—	自评
	学习梳理	知识结构	梳理本节课的目标，梳理回顾四类圆锥曲线的定义与性质，研究四类圆锥曲线的图形特征	自评
		思想方法	体会数形结合、转化与化归的思想方法	自评

续 表

单元学习评价	学习梳理	学科素养	发展直观想象、逻辑推理、数学运算等素养	自评
单元学习评价	单元检测	单元练习单	共16题（单选题6道，多选题2道，填空题4道，解答题4道）	自评
		单元检测单	共16题（单选题6道，多选题2道，填空题4道，解答题4道）．单元结束时进行单元测试	师评

二、课时教学设计

第1课时 "认识圆锥曲线中的对称性"教学设计

（一）课时教学要素设计（表3-2-2）

表3-2-2

课时内容		认识圆锥曲线中的对称性
学习目标		1. 通过对比分析几个圆锥曲线的图形，感受并理解图形的对称性． 2. 归纳圆锥曲线的几何特征与圆锥曲线的定义，以及它们之间的相互关系． 3. 能利用圆锥曲线的图形特征，解决简单的圆锥曲线问题
教学策略	资源条件	信息技术的支持，包括几何画板等教学工具
	教学方法	"问题链＋任务单"教学法
	重点	研究圆锥曲线图形的特征，认识其对称性及特征三角形
	难点	理解圆锥曲线的几何特征，并能进行简单应用

续　表

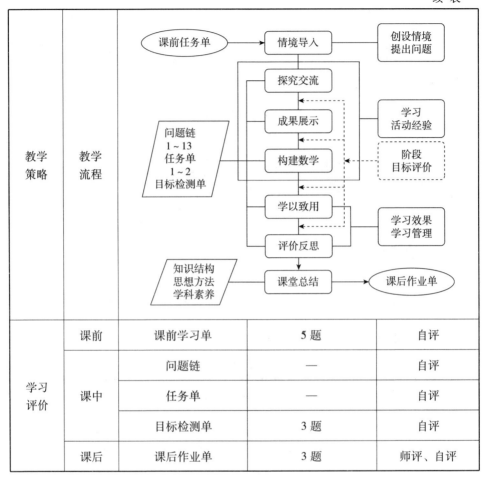

| 教学策略 | 教学流程 | 课前 | 课前学习单 | 5 题 | 自评 |
| | | | | | |

学习评价	课前	课前学习单	5 题	自评
	课中	问题链	—	自评
		任务单	—	自评
		目标检测单	3 题	自评
	课后	课后作业单	3 题	师评、自评

（二）教学过程设计

1. 情境导入

【问题 1】

　　除了数，图形也是数学的语言之一，是我们认识数学规律的途径之一，而解析几何构建了数学中的"形"与"数"之间的桥梁．结合课前学习单，请分析我们已经学过的四类圆锥曲线的定义、性质及其图形的特征．观察如图 3 - 2 - 1、图 3 - 2 - 2、图 3 - 2 - 3、图 3 - 2 - 4 所示的圆锥曲线图形，你能发现其图形的共同特点吗？

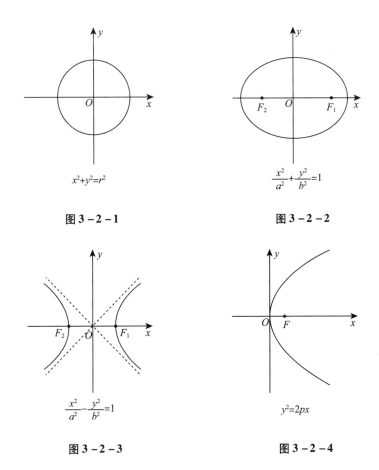

图 3 – 2 – 1   图 3 – 2 – 2

图 3 – 2 – 3   图 3 – 2 – 4

设计意图：通过对四类圆锥曲线的比较，让学生发现其中共同的几何特征——对称性，为下面的探究做准备．

2. 探究交流、成果展示、构建数学

【追问】

请说出它们的对称轴的条数．

【追问】

这四种图形的对称性有什么不同？

设计意图：通过对两个追问问题的回答，可以直观地感受四种曲线图形的共同特点：它们都具有一定的对称性．引导学生在观察中自己总结出：圆的每一条直径所在的直线都是它的对称轴．而椭圆和双曲线的对称轴有两条，但值得注意的是，双曲线的渐近线也是关于坐标轴（中心在原点的双曲线）对称的两条直线．抛物线只有一条对称轴．

【问题2】

结合椭圆的定义，说一说焦点三角形（图3－2－5）、特征三角形（图3－2－6）的特征.

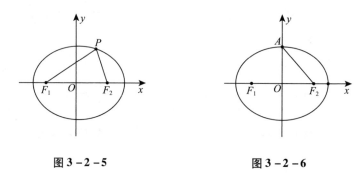

图3－2－5   图3－2－6

【追问】

如图3－2－7，作出点P关于原点的对称点P'，观察两个焦点三角形组成的图形，你有什么发现？

【追问】

如图3－2－8，把点P移到椭圆的上顶点，图形的对称性如何？

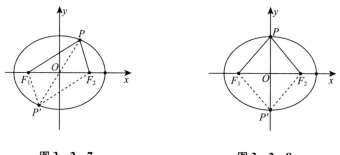

图3－2－7   图3－2－8

设计意图：引导学生结合椭圆的定义理解焦点三角形及特征三角形，并说出其常用性质．通过追问1，再画出点P的对称点P'，让学生观察两个焦点三角形构成的平行四边形，并理解其对称性及性质．通过追问2，将图形继续特殊化，让学生观察四个特征三角形组成的菱形，并体会其对称性及性质．

【问题3】

类比椭圆，说一说双曲线的焦点三角形（图3－2－9）、特征三角形（图3－2－10）的特征．

【追问】

如图 3 – 2 – 11，结合双曲线及其渐近线的性质，你能得到焦点到渐近线的距离吗？

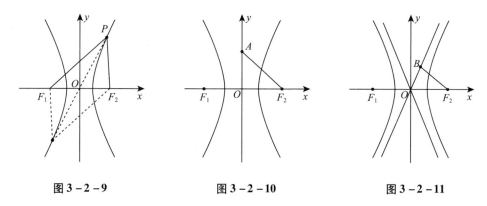

图 3 – 2 – 9　　　　　　图 3 – 2 – 10　　　　　　图 3 – 2 – 11

设计意图：引导学生用类比椭圆的方法，得到双曲线的多个特征三角形.

【问题 4】

如图 3 – 2 – 12 ，结合抛物线的定义，你能得到抛物线焦点弦的哪些结论？

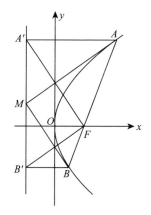

图 3 – 2 – 12

设计意图：通过研究抛物线的图形特征，结合平面几何的性质，得到抛物线焦点弦的相关性质.

3. 学以致用

【问题 5】

如果一条直线经过点 $M\left(-3, -\dfrac{3}{2}\right)$，且被圆 $x^2 + y^2 = 25$ 所截得的弦长为

8，求这条直线的方程.

【任务】

几何法： 如图 3－2－13，直线 l 与圆 C 交于 A，B 两点，设弦心距为 d，圆的半径为 r，弦长为 $|AB|$，则有 $\left(\dfrac{|AB|}{2}\right)^2 + d^2 = r^2$，即 $|AB| = 2\sqrt{r^2 - d^2}$. 然后即可得到所求的直线方程分别为 $x = -3$ 和 $3x + 4y + 15 = 0$.

代数法： 如图 3－2－14，设直线与圆的两交点分别是 A（x_1，y_1），B（x_2，y_2），则 $|AB| = \sqrt{(x_1 - x_2)^2 + (y_1 - y_2)^2} = \sqrt{1 + k^2}\,|x_1 - x_2| = \sqrt{1 + \dfrac{1}{k^2}}$ $|y_1 - y_2|$（直线 l 的斜率 k 存在）. 然后即可得到所求的直线对应的方程分别为 $x = -3$ 和 $3x + 4y + 15 = 0$.

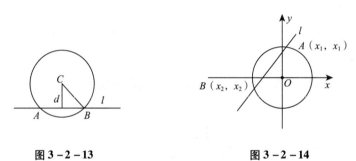

图 3－2－13　　　　　　　　　图 3－2－14

设计意图： 几何法与代数法相比，运算量小，也比较直观、简单，故通常采用几何法解决圆的有关弦长问题.

【问题 6】

（1）已知双曲线 C：$\dfrac{x^2}{9} - \dfrac{y^2}{10} = 1$ 的左焦点为 F_1，双曲线上的点 P_1 与 P_2 关于 y 轴对称，则 $|P_2F_1| - |P_1F_1|$ 的值是（　　　）

A. 3　　　　　　　B. 4　　　　　　　C. 6　　　　　　　D. 8

（2）已知椭圆 C：$\dfrac{x^2}{a^2} + \dfrac{y^2}{b^2} = 1$（$a > b > 0$），若四点 P_1（1，1），P_2（0，1），$P_3\left(-1, \dfrac{\sqrt{3}}{2}\right)$，$P_4\left(1, \dfrac{\sqrt{3}}{2}\right)$ 中恰好有三个点在椭圆 C 上，求 C 的方程.

（3）已知 O 为坐标原点，点 A 的坐标为（0，2），抛物线 C：$y^2 = mx$（$m > 0$）的焦点为 F，射线 FA 与抛物线 C 相交于点 M，与其准线相交于点 N，

若$|FM|:|MN|=1:\sqrt{3}$，则$\triangle OFN$的面积为（　　　）

A. $\sqrt[2]{2}$　　　　B. $\sqrt[2]{3}$　　　　C. 4　　　　D. $\sqrt[2]{5}$

设计意图：本题组分别是椭圆、双曲线的对称性的应用以及抛物线特征三角形的应用．通过本题组的任务，让学生再次熟悉图形，学会用图形解决问题．

【目标检测单】

（1）若椭圆$\dfrac{x^2}{36}+\dfrac{y^2}{16}=1$上一点$P$与椭圆的两个焦点$F_1$，$F_2$的连线互相垂直，则$\triangle PF_1F_2$的面积为（　　　）

A. 36　　　　B. 16　　　　C. 20　　　　D. 24

（2）已知F为双曲线C：$\dfrac{x^2}{a^2}-\dfrac{y^2}{b^2}=1$（$a>0$，$b>0$）的一个焦点，以点$F$为圆心的圆$C$与双曲线$C$的渐近线相切，且与双曲线$C$交于$A$，$B$两点，若$AF\perp x$轴，则双曲线$C$的离心率为_____．

（3）以抛物线C的顶点为圆心的圆交抛物线C于A，B两点，交抛物线C的准线于D，E两点．已知$|AB|=\sqrt[4]{2}$，$|DE|=\sqrt[2]{5}$，则抛物线C的焦点到其准线的距离为（　　　）

A. 2　　　　B. 4　　　　C. 6　　　　D. 8

设计意图：第（1）题考查椭圆焦点三角形的应用，旨在考查学生利用定义和平面几何知识解题的能力．第（2）（3）题都是圆锥曲线与圆结合的问题，如果学生能作出图形，分析出图形的对称性，那么就能很快地解决问题．

4. 课堂总结

【问题7】

回顾梳理圆锥曲线的图形特征．

【追问】

请结合圆锥曲线的图形特征，谈谈本节课关联了哪些必备知识，涉及了哪些数学思想方法，蕴含了哪些核心素养．

设计意图：本节课通过研究四类圆锥曲线图形的对称性，从"数"与"形"两个角度总结了解决圆锥曲线问题的一般方法，让学生感受到从几何图形特征的角度出发解决问题的方法的优越性．

5. 课后作业单

（1）已知椭圆 C：$\dfrac{x^2}{a^2}+\dfrac{y^2}{b^2}=1$（$a>b>0$）的离心率为 $\dfrac{\sqrt{3}}{2}$，双曲线 $x^2-y^2=1$ 的渐近线与 C 有四个交点，以这四个交点为顶点的四边形的面积为 16，则 C 的方程为（　　　）

A. $\dfrac{x^2}{8}+\dfrac{y^2}{2}=1$　　　B. $\dfrac{x^2}{12}+\dfrac{y^2}{6}=1$　　　C. $\dfrac{x^2}{16}+\dfrac{y^2}{4}=1$　　　D. $\dfrac{x^2}{20}+\dfrac{y^2}{5}=1$

（2）已知抛物线 $y^2=2px$（$p>0$），过点 C（-4，0）作抛物线的两条切线 CA，CB，A，B 为切点，若直线 AB 经过抛物线 $y^2=2px$ 的焦点，$\triangle CAB$ 的面积为 24，则抛物线的方程是（　　　）

A. $y^2=4x$　　　B. $y^2=-4x$　　　C. $y^2=8x$　　　D. $y^2=-8x$

（3）已知双曲线 C：$\dfrac{x^2}{a^2}-\dfrac{y^2}{b^2}=1$（$a>0$，$b>0$）的右顶点为 A，以点 A 为圆心、b 为半径作圆 A，圆 A 与 C 的一条渐近线交于 M，N 两点．若 $\angle MAN=60°$，则 C 的离心率为＿＿＿＿＿．

第 2 课时　"解析几何中的'几何'特征"教学设计

（一）课时教学要素设计（表 3－2－3）

表 3－2－3

课时内容		解析几何中的"几何"特征
学习目标		1. 理解圆锥曲线的定义在图形中的应用． 2. 能用"解析法""几何法"解决问题． 3. 利用图形特征，应用平面几何性质，巧解圆锥曲线问题． 4. 会用数形结合、转化与化归思想解决数学问题，发展直观想象素养
教学策略	资源支持	信息技术的支持，包括几何画板等教学工具
	教学方法	"问题链＋任务单"教学法
	重点	利用圆锥曲线的几何特征结合其定义及平面几何的性质解决问题
	难点	平几应用，定义解题

续 表

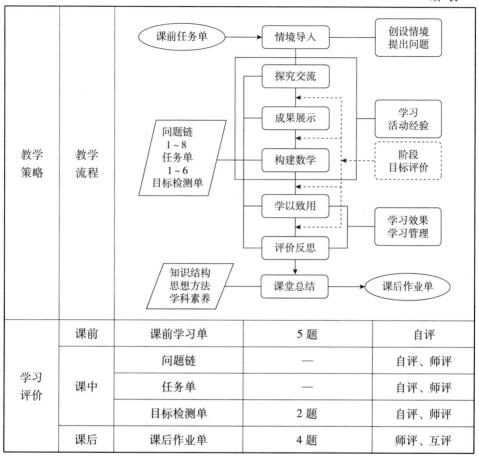

教学 策略	教学 流程			
学习 评价	课前	课前学习单	5 题	自评
	课中	问题链	—	自评、师评
		任务单	—	自评、师评
		目标检测单	2 题	自评、师评
	课后	课后作业单	4 题	师评、互评

（二）教学过程设计

1. 情境引入

在上节课学习中，我们对四种圆锥曲线的图形进行研究，理解了圆锥曲线图形的对称性及特征三角形．在上节课的基础上，我们继续研究圆锥曲线的几何特征及其应用．

2. 探究交流、成果展示、建构数学

【问题1】

如图 3 - 2 - 15，圆 O 的半径为定长 r，A 是圆 O 内一个定点，P 是圆上任意一点，线段 AP 的垂直平分线 l 和半径 OP 相交于点 Q，当点 P 在圆上运动时，点 Q 的轨迹是什么？

【追问】

如图 $3-2-16$，若把定点 A 移到圆外，结论有什么变化？

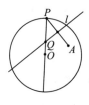 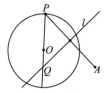

图 $3-2-15$ 图 $3-2-16$

设计意图：通过圆锥曲线定义的应用来复习圆锥曲线的定义．

【问题 2】

（1）设 F_1，F_2 是椭圆 $\dfrac{x^2}{4}+y^2=1$ 的左、右焦点，$B（0，-1）$ 为椭圆上的点．若 P 是椭圆上的一个动点，求 $\triangle PBF_1$ 周长的最大值．

（2）设 F_1，F_2 是双曲线 $\dfrac{x^2}{4}-y^2=1$ 的左、右焦点，已知定点 $M（-4，2）$．若 P 是双曲线左支上的动点，求 $|PM|-|PF_1|$ 的最小值．

（3）已知 P 是抛物线 $y^2=2x$ 上的一个动点，求点 P 到定点 $A（0，2）$ 的距离与点 P 到抛物线准线的距离之和的最小值．

设计意图：结合圆锥曲线的定义和平面几何的性质，利用数形结合思想，寻找解题思路，问题便能迎刃而解．

3. 学以致用

【问题 3】

如图 $3-2-17$，点 M 是双曲线 $C：\dfrac{x^2}{a^2}-\dfrac{y^2}{b^2}=1$（$a>0$，$b>0$）右支上的一点，$A$，$F$ 分别是双曲线的左顶点和右焦点，且 $\triangle MAF$ 为等边三角形，则双曲线的离心率为_____．

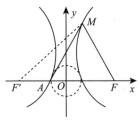

图 $3-2-17$

【任务】

（1）点 M 在双曲线上，则 $|MF'| - |MF| = 2a$.

如图 $3-2-17$，利用双曲线的定义及等边三角形三边相等的性质，可用 a，c 表示出 $\triangle MFF'$ 的三边，且 $\angle MFF' = 60°$，利用余弦定理建立 a，c 的关系式可得出离心率 $e = 4$.

（2）点 M 在双曲线上，利用等边三角形的性质，可写出点 M 的坐标为 $\left(\dfrac{c-a}{2}, \dfrac{\sqrt{3}\,(a+c)}{2} \right)$，将点 M 的坐标代入双曲线方程 $\dfrac{x^2}{a^2} - \dfrac{y^2}{b^2} = 1$ 中，可得 a，c 的关系式，即可得出离心率 $e = 4$.

设计意图："某点在曲线上"，从代数角度来看，点的坐标代入曲线方程能使其成立；从几何角度来看，这个点一定满足曲线上的点的几何定义．解析几何既能从"数"的运算中解决问题，也能在"形"的推导中得到问题的答案．"数"是"形"的代数表达，"形"是"数"的几何呈现，这就是数形结合的本质．

【问题4】

如图 $3-2-18$，过抛物线 $C: y^2 = 4x$ 的焦点 F，且斜率为 $\sqrt{3}$ 的直线交 C 于点 M（M 在 x 轴上方），l 为抛物线 C 的准线，点 N 在 l 上且 $MN \perp l$，则 M 到直线 NF 的距离为（　　）

A. $\sqrt{5}$ 　　　　 B. $\sqrt[2]{2}$ 　　　　 C. $\sqrt[2]{3}$ 　　　　 D. $\sqrt[3]{3}$

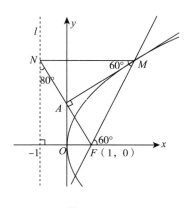

图 3 - 2 - 18

【任务】

（1）观察图形，结合抛物线的性质可知 $\triangle MNF$ 为等边三角形．设 NF 交 y

轴于点 A，所以 MA 为点 M 到直线 NF 的距离.

在 $\triangle AOF$ 中，$\dfrac{|OF|}{|AF|} = \cos 60° = \dfrac{1}{2}$，所以 $|AF| = 2|OF| = 2$，则 $NF = 4$. 在等边三角形 MNF 中，$|MA| = \dfrac{\sqrt{3}}{2} \times 4 = 2\sqrt{3}$.

（2）设直线 MF：$y = \sqrt{3}(x-1)$，代入方程 $y^2 = 4x$ 得 $3x^2 - 10x + 3 = 0$，解得 $x_1 = \dfrac{1}{3}$，$x_2 = 3$，所以 $M(3, 2\sqrt{3})$. 因为 $MN \perp l$，所以 $N(-1, 2\sqrt{3})$. 因为 $F(1, 0)$，所以直线 NF 的方程为 $y = -\sqrt{3}(x-1)$，所以点 M 到 NF 的距离为 $\dfrac{|\sqrt{3}(3-1) + 2\sqrt{3}|}{\sqrt{(-\sqrt{3})^2 + 1^2}} = 2\sqrt{3}$.

设计意图： 引导学生在两个思路的比较中体会方法的多样性，利用几何特征是优化代数运算的一个途径. 解析法是把题目中的几何表达直接转化为代数式，通过计算得到结论. 平几法是把题目中的复杂几何关系简单化，再进行简单计算.

【问题 5】

已知双曲线 C：$\dfrac{x^2}{a^2} - \dfrac{y^2}{b^2} = 1$（$a > 0$，$b > 0$）的左、右焦点分别为 F_1，F_2，过点 F_1 的直线与曲线 C 的两条渐近线分别交于 A，B 两点. 若 $\overrightarrow{F_1A} = \overrightarrow{AB}$，$\overrightarrow{F_1B} \cdot \overrightarrow{F_2B} = 0$，则 C 的离心率为 _____.

【任务】

（1）$\overrightarrow{F_1A} = \overrightarrow{AB}$，则 A 为 F_1B 的中点，则 $OA /\!/ \dfrac{1}{2}F_2B$，由 $\overrightarrow{F_1B} \cdot \overrightarrow{F_2B} = 0$，得 $\angle F_1BF_2 = 90°$，则直线 OA 为线段 F_1B 的中垂线，则 $\angle F_1OA = \angle BOA$，结合双曲线渐近线的对称性，得 $\angle F_1OA = \angle BOA = \angle BOF_2 = 60°$，且 $|OB| = |OF_1| = |OF_2| = c$，则 $\triangle BOF_2$ 为正三角形，所以 $\tan \angle BOF_2 = \dfrac{b}{a} = \sqrt{3}$，从而 $e = \sqrt{1 + \left(\dfrac{b}{a}\right)^2} = 2$.

（2）如图 3 - 2 - 19，因为 A 为 F_1B 的中点，直线 OA 为线段 F_1B 的中垂线，所以 $F_1A = b$，则 $OA = a$. 又易知 $OA = \dfrac{1}{2}F_2B$，所以 $BF_2 = 2a$. 因为 $\triangle BOF_2$

为正三角形，所以 $c = 2a$，则 $e = \dfrac{c}{a} = 2$.

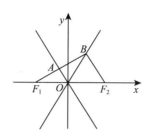

图 3 – 2 – 19

（3）设 $B\left(x_0, \dfrac{b}{a}x_0\right)$．由 $F_1(-c, 0)$，$F_2(c, 0)$ 得 $\overrightarrow{F_1B} =$ $\left(x_0 + c, \dfrac{b}{a}x_0\right)$，$\overrightarrow{F_2B} = \left(x_0 - c, \dfrac{b}{a}x_0\right)$．因为 $\overrightarrow{F_1B} \cdot \overrightarrow{F_2B} = 0$，所以 $(x_0 + c)(x_0 - c) + \left(\dfrac{b}{a}x_0\right)^2 = 0$，所以 $x_0 = a$，$B(a, b)$．又 $\overrightarrow{F_1A} = \overrightarrow{AB}$，且 A 在渐近线上，则 $A\left(\dfrac{a-c}{2}, \dfrac{b}{2}\right)$，代入渐近线得 $\dfrac{b}{2} = -\dfrac{b}{a} \cdot \dfrac{a-c}{2}$，化简得 $e = 2$.

设计意图：通过挖掘平面图形的特征，结合双曲线定义进行分析，可收到事半功倍的效果．作出相应图形，借助"形"与"数"的关系构造关于 a，b 的方程，充分反映了问题中的数学思维，有利于发展学生的直观想象数学素养．

【目标检测单】

（1）设 F 为双曲线 C：$\dfrac{x^2}{a^2} - \dfrac{y^2}{b^2} = 1$（$a > 0$，$b > 0$）的右焦点，$B(0, b)$，若直线 FB 与 C 的一条渐近线垂直，则双曲线 C 的离心率为（　　）

A. $\sqrt{2}$　　　　　B. $\dfrac{\sqrt{5} + 1}{2}$　　　　　C. $\sqrt{5} - 1$　　　　　D. $\dfrac{\sqrt{5} - 1}{2}$

（2）已知抛物线 $x^2 = 4y$，斜率为 $-\dfrac{1}{2}$ 的直线交抛物线于 A，B 两点．若以线段 AB 为直径的圆与抛物线的准线切于点 P，则点 P 到直线 AB 的距离为（　　）

A. $\dfrac{\sqrt{5}}{2}$　　　　　B. $\sqrt{5}$　　　　　C. $2\sqrt{2}$　　　　　D. $2\sqrt{5}$

设计意图：目标检测单中的两道题都是圆锥曲线定义和平面几何性质相结合的问题，考查学生借助平面几何性质解决圆锥曲线问题的能力．

4. 课堂总结

【问题 6】

通过本节课的学习，大家认为在圆锥曲线的图形中有哪些常用的几何特征？圆锥曲线问题的常用解题思路有哪些？

【追问】

本节课运用了哪些数学方法，蕴含了哪些核心素养？

设计意图：利用曲线的定义、几何图形的对称性解题；积累常见的几何模型，如在抛物线中作准线的垂线构造直角梯形；熟悉并运用平面几何的性质，如三角形相似、中位线定理等．简而言之为"平几应用联袂定义解题"．教师将引导学生关注图形，将平面几何的知识，与直线、圆锥曲线的定义相结合，并鼓励学生在做题中积累经验，多总结常见的平面几何性质及模型，提高解题效率．可以看出，"平几应用联袂定义解题"体现了数形结合数学思想和直观想象的数学素养．

5. 课后作业单

（1）在平面直角坐标系 xOy 中，设 F 为双曲线 C：$\dfrac{x^2}{a^2} - \dfrac{y^2}{b^2} = 1$（$a > 0$，$b > 0$）的右焦点，$P$ 为双曲线 C 的右支上一点，且 $\triangle OPF$ 为正三角形，则双曲线 C 的离心率为（ 　 ）

A. $\sqrt{3}$　　　　B. $\dfrac{2\sqrt{3}}{3}$　　　　C. $1 + \sqrt{3}$　　　　D. $2 + \sqrt{3}$

（2）已知直线 $y = k(x + 2)$（$k > 0$）与抛物线 C：$y^2 = 8x$ 相交于 A，B 两点，F 为 C 的焦点，若 $|FA| = 2|FB|$，则 $k =$（ 　 ）

A. $\dfrac{1}{3}$　　　　B. $\dfrac{\sqrt{2}}{3}$　　　　C. $\dfrac{2}{3}$　　　　D. $\dfrac{2\sqrt{2}}{3}$

（3）已知双曲线 C：$\dfrac{x^2}{3} - y^2 = 1$，O 为坐标原点，F 为 C 的右焦点，过点 F 的直线与双曲线 C 的两条渐近线的交点分别为点 M，N，若 $\triangle OMN$ 为直角三角形，则 $|MN| =$（ 　 ）

A. $\dfrac{3}{2}$　　　　B. 3　　　　C. $\sqrt[2]{3}$　　　　D. 4

（4）已知双曲线 C：$\dfrac{x^2}{a^2} - \dfrac{y^2}{b^2} = 1$（$a > 0$，$b > 0$）的右顶点为点 A，以点 A 为

圆心，b 为半径，作圆 A，圆 A 与双曲线 C 的一条渐近线交于 M，N 两点．若 $\angle MAN = 60°$，则双曲线 C 的离心率为_____．

三、单元整体评价与反思

（一）单元学习评价表（学生自评）（表 3 - 2 - 4）

表 3 - 2 - 4

阶段	序号	项目	内容	效果（程度）
学习准备	1	学习态度	学习兴趣、合理规划	良好
	2	单元预习	预习单元内容	良好
课堂学习	3	课前学习单	课中展示，课前学习单	优
	4	活动表现	交流与反思、思维与表达、回答问题、提出问题、分析问题、活动经验、参与程度、互动程度	良好
	5	任务表现	完成问题链、任务单、目标检测单	良好
	6	单元练习	完成情况	良好
	7	单元检测		
	8	关键能力	解决数学问题的知识与技能	良好
课后学习	9	课后作业	巩固概念、提升知识技能与综合能力	良好
	10	回顾梳理	梳理单元内容、数学思想方法、数学学科素养、典型数学模型	良好
说明			效果（程度）：一般、良好、优	

（二）单元教学评价表（教师自评）（表 3 - 2 - 5）

表 3 - 2 - 5

阶段	序号	项目	内容	效果（程度）
学生的学	1	目标达成度	目标的达成程度	优
	2	必备知识	知识技能，思想方法	良好
	3	关键能力	提升解决问题的能力	良好

续 表

阶段	序号	项目	内容	效果（程度）
教师的教	4	优点与价值	以"圆锥曲线的图形特征及圆锥曲线定义"为核心梳理圆锥曲线的本质，引导学生理解其中的数学思维，掌握解决此类问题的方法	优
	5	反思与改进	本单元内容丰富，涉及圆、椭圆、双曲线、抛物线等方面，课时略显不足	良好
	6	后续指导	建议增加 1~2 课时	良好
说明			效果（程度）：一般、良好、优	

（三）单元整体评价与反思表（互评）（表 3-2-6）

表 3-2-6

评价项目	评价内容		评价要点	评价方式
单元整体评价与反思	学生的学	目标达成度	能用圆锥曲线的几何特征和意义解决问题	教师评价 同事评价 专家评价
		必备知识	—	
		关键能力	提升思维能力，培养数形结合思想和转化与化归思想	
	教师的教	优点	以问题链引导学生深度学习，围绕"平几应用联袂定义解题"，突破难点	
		不足	课时不足	
	对后续教学的指导		本单元应增加 1~2 课时	

第二节　"长方体模型中的转化与化归思想" 单元教学学习活动设计

一、教学学习活动设计

第1课时　"长方体模型中的空间点线面位置关系" 教学设计

（一）情境引入

【问题1】

引导学生制作长方体模型（图3－2－20），并对模型进行剪切、平展、拼接、翻折等，观察长方体，画出其直观图．

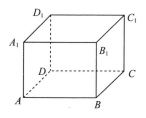

图3－2－20

设计意图：长方体模型是学生最熟悉的立体几何模型，引导学生观察校园环境中的长方体，抽象出长方体模型的表征，通过长方体模型，培养学生的空间想象能力，引导学生理解空间中点、线、面的位置关系，使学生产生学习立体几何的兴趣．

（二）探究交流、成果展示、构建数学

【问题2】

如图3－2－21，在长方体 $ABCD-A'B'C'D'$ 中，E，F，G，H，M，N 都是所在棱的中点．求证：

（1）E，C，D'，F 共面；

（2）CE，$D'F$，DA 三线共点；

（3）E，F，G，H，M，N 六点共面.

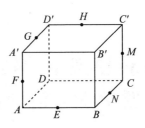

图 3 - 2 - 21

设计意图：对于公理的应用，初学者可能不太适应，而长方体模型可以直观反映公理的条件和结论，降低了难度，学生易于接受. 选择长方体模型，引导学生在模型中理解公理的应用，既增强了学生对公理的理解，又锻炼了学生直观想象的素养.

【问题3】

一个正方体盒展开后如图 3 - 2 - 22 所示，在原正方体盒中有如下结论：

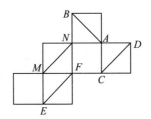

图 3 - 2 - 22

（1）$AB \perp EF$；

（2）AB 与 CM 所成的角是 60°；

（3）EF 与 MN 是异面直线；

（4）$MN \perp CD$.

以上结论正确的是_____.

设计意图：利用长方体模型，寻找新、旧知识间的连接点. 通过将空间问题平面化，深刻理解点、线、面的位置关系.

【问题4】

如图 3 - 2 - 23 所示的各个选项中，点 P，Q，R，S 分别是所在棱的中点，则直线 PQ 与 RS 为异面直线的是_____.

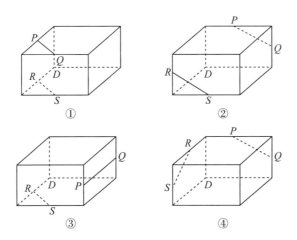

图 3 – 2 – 23

设计意图：在熟悉的长方体模型中，认识立体图形与平面图形之间的联系，理解空间中直线的位置关系.

（三）学以致用

【问题 5】

如图 3 – 2 – 24，在正方体 $ABCD – A'B'C'D'$ 中：

（1）与平面 $AD'C$ 平行的直线、平面有哪些？

（2）让点 E 在直线 DD' 上移动，与平面 AEC 平行的直线、平面有哪些？

（3）与平面 $AD'C$ 垂直的直线、平面有哪些？

（4）让点 E 在直线上移动，与平面 AEC 垂直的平面是否改变？

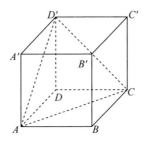

图 3 – 2 – 24

设计意图：正方体模型能体现多面体中点、线、面之间的所有关系，高中立体几何中的全部概念和公理、定理及推论，包括位置关系，如线与线、线与面、面与面的相交关系、平行关系、垂直关系、异面关系以及度量关系等，如角度、距离、面积、体积等，都可以在正方体模型中找到，并进行分析、证明和计算．

【问题6】

如图 3－2－25，在正方体 $ABCD－A'B'C'D'$ 中：

（1）求 OD' 与 BC' 所成的角的余弦值；

（2）过点 D' 可作几条直线与 AC 和 BC' 所成的角都是 $60°$；

（3）求 $A'B$ 与平面 $AA'D'D$ 所成的角；

（4）求 OD' 与平面 $ADD'A'$ 所成的角；

（5）求二面角 $A－A'O－D$ 和二面角 $A'－BD－D'$ 的大小．

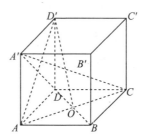

图 3－2－25

设计意图：空间角是立体几何中的重要内容，本题主要训练学生用定义法求解，当然，它也可以用向量法求解，正方体模型是建立坐标系的基础．

【目标检测单】

如图 3－2－26，在正方体 $ABCD－A'B'C'D'$ 中：

（1）求 B' 到平面 ACD' 的距离；

（2）求 $A'C'$ 到平面 ACD' 的距离；

（3）求平面 $A'C'B$ 到平面 ACD' 的距离．

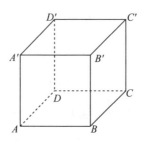

图 3－2－26

设计意图：突出转化与化归思想，将线面、面面距离转化为点面距离，体积法或向量法是常用方法．

（四）课堂总结

【问题7】

请各小组学生代表总结这节课的学习内容．

【追问】

请思考：在立体几何中还有哪些问题可以转化到长方体模型中去研究？

【追问】

本节课关联了哪些必备知识？涉及了哪些数学思想方法？蕴含了哪些核心素养？

第2课时 "可化为长方体模型的空间几何体"教学设计

（一）情境引入

【问题1】

如图 3 - 2 - 27，引导学生在正方体中构造出自己所认识的三棱锥，并且简单地描述三棱锥的几何性质．

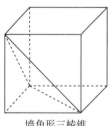 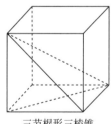 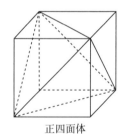

墙角形三棱锥　　　　　三节棍形三棱锥　　　　　正四面体

图 3 - 2 - 27

设计意图：在上一课时中，学生已经充分认知了长方体模型的工具性，现在通过问题1，构建新的几何模型，明确这些几何模型与长方体之间的联系，凸显长方体的"母体"地位．以微型探究为形式，让学生体验数学建模的过程，分享成果的喜悦．

（二）探究交流、成果展示、构建数学

【问题2】

如图 3 - 2 - 28，在正方体 $ABCD - A_1B_1C_1D_1$ 中，E，F 分别为 BC，CD 的中点．求：

（1）BD_1 与 AE 所成的角；

（2）A_1C 与平面 A_1EF 所成的角；

（3）求二面角 A_1-EF-A 的余弦值．

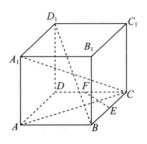

图 3 - 2 - 28

设计意图：长方体模型是空间坐标系的图形基础．可以通过建立空间坐标系，进而利用代数的方法研究立体几何问题．而这一方法将贯穿学生学习立体几何的始终．

【问题 3】

如图 3 - 2 - 29，在正方体 $ABCD-A_1B_1C_1D_1$ 中，E，F，G 分别是棱 A_1D_1，C_1D_1，AB 的中点，作出过 E，F，G 三点的截面．

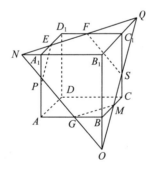

图 3 - 2 - 29

设计意图：利用长方体模型，巧妙地将空间中的元素建立起一种联系，将空间问题平面化，通过联系进行推理、分析、概括，寻找物体的形状大小、位置关系和本质属性．而这一过程可以开拓逻辑思维、启迪推理探究，从而促进学生思维能力的提升．

（三）学以致用

【问题4】

如图 $3-2-30$，在正方体 $ABCD-A_1B_1C_1D_1$ 中，棱长为2，H，J 分别是棱 B_1C_1 和 AA_1 的中点，P 是 HJ 上的动点，M，N，L 分别是面 $ABCD$，AA_1B_1B，BB_1C_1C 的中心，判断三棱锥 $L-PMN$ 的体积是否为定值。如果是，求出其体积的值。

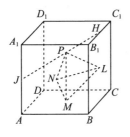 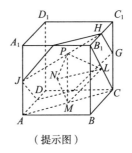

（提示图）

图 $3-2-30$

设计意图：通过问题的转化，结合正方体模型的截面性质，将点面距转化为线面距，再转化为面面距，可知三棱锥 $L-PMN$ 的体积为定值。

【目标检测单】

如图 $3-2-31$，四边形 $ABCD$ 是边长为1的正方形，$MD \perp$ 平面 $ABCD$，$NB \perp$ 平面 $ABCD$，且 $MD = NB = 1$，E 为 BC 的中点。

（1）求异面直线 NE 与 AM 所成的角的余弦值；

（2）在线段 AN 上是否存在点 S，使得 $ES \perp$ 平面 AMN？若存在，求线段 AS 的长；若不存在，请说明理由。

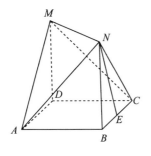 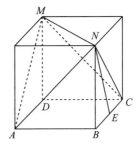

图 $3-2-31$ 图 $3-2-32$

【任务】

几何法：多面体中存在墙角锥，容易补体为长方体，将问题中的图形转化到长方体模型之中，更容易找到解题思路（图 3 - 2 - 32）.

向量法：建立直角坐标系，借助向量法解决．其中，求坐标的方法也会依托长方体模型．

设计意图：运用转化与化归的思想，通过补形，将问题中的图形嵌入长方体模型之中，然后在长方体模型中观察、分析、解决几何体中的位置关系和度量关系．运用立体几何模型的关键是，通过分割或补体的技术建立数学模型，然后借助数学模型的性质解决问题．

（四）课堂总结

【问题 5】

请各小组代表总结这节课的学习内容．

【追问】

还有哪些立体几何问题可以转化到长方体模型中研究？

【追问】

本节课关联了哪些必备知识？涉及了哪些数学思想方法？蕴含了哪些核心素养？

第三章

高中数学"素养类单元教学"整体设计案例

第一节 "分析样本数据推断总体"单元教学整体设计

一、单元教学要素设计（表3-3-1）

表3-3-1

单元名称	学习阶段	教材版本	建议课时	课型	单元类别
分析样本数据推断总体	高二（下）	人教版	2	数学应用探究课	素养类

单元内容	内容		分析样本数据推断总体			
	内容解析	内容本质	针对研究对象获取数据，运用数学方法对数据进行整理、分析和推断，合理构建模型和优化推断结论是核心			

单元内容	内容解析	思想方法	把实际问题转化为数学问题进行处理和分析体现了转化与化归的数学思想，数据的可视化体现了数形结合的数学思想，对平均数、方差、回归方程的计算体现了函数与方程的思想
		知识结构	收集数据，整理数据，提取信息，构建模型，进行推断，获得结论．数据分析已经深入科学、技术、工程和现代社会生活的各个方面
		学科育人	数据分析是研究随机现象的重要数学方法，是大数据时代数学应用的主要方法，也是"互联网＋"相关领域的主要数学方法．通过本单元的学习，学生能提升获取有价值信息并进行定量分析的意识和能力，适应数字化学习的需要，增强基于数据表达现实问题的意识，形成通过数据认识事物的思维品质，积累依托数据探索事物本质、关联和规律的活动经验
		教学重点	通过数据分析做出判断，形成决策
单元目标		目标	1. 了解获取有价值信息的方法，理解定量分析的一般规律． 2. 体验基于数据表达的现实问题，理解通过数据认识事物，探索事物本质． 3. 体验依托数据分析的活动经验
		目标解析	1. 经历调查研究，收集、处理数据的过程，通过数据分析做出判断，并体会数据中蕴含的信息（过程性或活动性）． 2. 了解对于同样的数据可以有多种分析方法，根据问题情境可以灵活选择分析数据的方法（方法性）． 3. 通过数据分析做出判断，获得结论
问题诊断		认知基础	学生已经学习了抽样方法、用样本估计总体的方法
		障碍原因	本单元的最大障碍是如何应用数学知识分析问题、解决问题，提高学生数据分析素养．学生往往关注解题套路，不重视数据采集、分析过程，在数据分析的学习过程中感到枯燥乏味，这使得对其数据分析素养的培养更加困难

续 表

问题诊断	难点	由于学生的基础以及他们对数学学科的兴趣存在差异，因此，设计情景教学，激发学生的学习兴趣，针对基础差异设计分层问题和分层作业，发展和提升学生的数学分析素养并不容易	
教学策略	课时安排	分析股票价格变化的规律	第1课时
		回归模型案例	第2课时
	教学重点	让学生经历数据分析活动全过程，并在其中渗透数据分析观念	
	突破难点	设计问题情境，从培养学生对数据的感悟能力开始，培养学生阅读提取信息能力、抽象概括能力、运算求解能力、数据处理能力、表述能力，学会用统计思维去分析，用统计语言表达实际问题	
	教学方法	单元导引"问题链+任务单"教学法	
	资源支持	多媒体技术支持	
单元学习评价	学习准备	单元预习	复习统计学相关知识和设计调查表单	自评
	学习活动	问题活动	—	自评
		任务活动	—	自评
	学习梳理	知识结构	梳理统计学知识，对数据分析素养的评价要注重贯穿从统计问题凝练到知识形成的全过程	自评
		思想方法	转化与化归思想	自评
	单元检测设计	学科素养	发展数据分析、数学建模素养	自评
		单元练习单	2题（探究性作业）	自评
		单元检测单	2题（探究性作业）	师评

二、课时教学设计

第1课时 "分析股票价格变化的规律"教学设计

(一) 课时教学要素设计（表3-3-2）

表3-3-2

课时内容		分析股票价格变化的规律
学习目标		1. 能够根据实际问题，选择恰当的抽样方法获取样本数据. 2. 能用相关的统计图给出其样本数据特征和统计规律. 3. 能通过样本数字特征推断总体，运用数据分析方法，解决简单的实际问题
教学策略	资源	互联网＋多媒体技术
	教学方法	"问题链＋任务单"教学法
	重点	培养学生获取有价值信息并进行可视化分析和定量分析的意识、能力
	难点	能够正确地综合运用统计与概率知识，从较复杂的实际问题中提炼统计问题，能够从统计思维的角度去构建解决问题的统计模型，合理运用归纳推断的逻辑手段获得统计推断结论，理解统计推断结果的必然性，运用统计结果解释实际问题，并形成解决实际问题的决策知识
	教学流程	课前任务单 → 情境导入 → 创设情境 提出问题 问题链 1～10 任务单 1～2 目标检测单 —— 探究交流 / 成果展示 / 构建数学 —— 学习活动经验 / 阶段目标评价 学以致用 → 评价反思 —— 学习效果 学习管理 知识结构 思想方法 学科素养 → 课堂总结 → 课后作业单

续 表

学习评价	课前	课前学习单	设计调查报告单，通过电脑查询数据，记录、整理数据	自评
	课中	问题链	由 10 个问题组成"问题链"，作为整堂课的逻辑线索，通过问题引导学生的探究活动，让学生理解概念，并进行数据整理	自评、师评
		任务单	围绕"问题链"做任务，分析数据，得到结论，深化拓展，以便达到数据分析素养的初步形成	自评、师评
		目标检测单	1 题	自评、师评
	课后	课后作业单	提出拓展探究问题，让学生强化数据分析素养	自评

（二）教学过程设计①

1. 情境导入

【问题 1】

回顾抽样方法、用样本估计整体的方法.

设计意图： 温故而知新，使学生的数学学习循序渐进，有规律.

【问题 2】

在中国，股票交易主要通过深圳证券交易所和上海证券交易所进行，交易所即时发布交易日的股票交易动态情况，那么，能否通过股票的交易情况去判断投资的收益和风险呢？

设计意图： 从生活入手，以学生已有知识为切入点，让学生感受到数学是"有用"的学科，激发学生对数学的热情，培养学生对数学的兴趣.

2. 探究交流、成果展示、构建数学

【问题 3】

各学习小组试对以下两只股票的一年数据进行数据变化分析，找出其共性

---

① 文中数据引自：方开泰，彭小玲. 现代基础统计学 [M]. 北京：高等教育出版社，2014.

和波动变化规律.

表3－3－3为股票A和股票B在某年各月月末收盘价.

表3－3－3

月份	收盘价/元	
	股票A	股票B
1	6.94	9.05
2	7.11	12.48
3	7.98	14.85
4	9.91	15.02
5	9.67	19.24
6	10.68	36.52
7	10.28	32.79
8	9.27	26.25
9	10.89	30.06
10	10.75	31.18
11	12.62	33.15
12	13.82	32.29

【追问】

我们能否更好地把我们收集的数据进行图形可视化? 如何可视化两只股票的价格和收益的变化?

设计意图：引导学生将生活情境中的问题转化为数学问题, 从已知数据出发, 收集数据、整理数据、提取信息、构建模型、进行推断、获得结论, 在解决具体问题的过程中, 培养学生融入数据分析的素养.

【追问】

为了比较股票A和股票B这两只股票的价格变化, 我们可以用与时间有关的多组数据的折线图（图3－3－1）来可视化这两只股票月末收盘价的变化. 各小组利用统计图来进行表述.

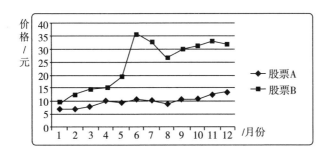

图 3 – 3 – 1

【问题 4】

从绘制的数据折线图上，我们可以得出什么信息？

【任务】

各小组通过绘制的数据折线图进行汇报，教师进行小结．观察折线图可以知道，股票 A 的股价走势平稳一些，缓慢上升，股票 B 的股价波动较大．如果某股民在低价买入若干股，再以高价卖出，那么将获得较高的收益．反之，如果以高价买入，在以后的任意时刻低价止损卖出，将会造成损失，这就是所谓的风险．

设计意图：通过折线图的绘制，锻炼学生运用统计知识解决问题的能力，培养直观想象素养；通过对折线图的分析，总结提高学生的数据分析能力、运用数学知识解决实际问题的能力，并增强下一步探究的兴趣．

【问题 5】

我们能否从收集的数据中定量地比较两只股票的优劣？

【任务】

各学习小组结合折线图、小结以及规律，发现可以通过计算两只股票的极差、平均值、方差进行定量分析．各小组计算结果后进行交流汇报如下：

对于股票 A，由股价表中的数据可计算得到 2019 年月末收盘价的极差为 6.88 元，可得 2019 年月末收盘价的均值和方差分别为

$$p_A = \frac{(6.94 + \cdots 13.82)}{2} \approx 9.99 \text{（元）}$$

$$\sigma_A^2 = \frac{\left[(6.94 - 9.99)^2 + \cdots + (13.82 - 9.99)^2 \right]}{12} \approx 3.82 \text{（元）}$$

对于股票 B，由股价表中的数据可计算得到某年月末收盘价的极差为 27.47

元，可得到某年月末收盘价的均值和方差分别为

$$p_B = \frac{(9.05 + \cdots + 32.29)}{12} \approx 24.41 \text{（元）}$$

$$\sigma_B^2 = \frac{\left[(9.05 - 24.41)^2 + \cdots + (32.29 - 24.41)^2\right]}{12} \approx 85.09 \text{（元）}$$

小组一成果分享：从以上计算结果可以看出，2019 年，两只股票的价格变化还是有较大不同的．

小组二成果分享：股票 A 月末收盘价的均值小一些，股票 B 月末收盘价的均值大一些，表明股票 B 的上市公司效益比较好．

小组三成果分享：股票 A 月末收盘价的方差小一些，股票 B 月末收盘价的方差大一些，说明股票 A 的价格波动比股票 B 的价格波动小．

小组四成果分享：股票 B 比股票 A 的价差大，意味着股票 B 比股票 A 的收益可能高一些．

教师小结（统计推断）：投资股票 B 会比投资股票 A 承担更多的风险．在金融市场理论中，常用方差来刻画风险．对投机者来说，可能会选择投资股票 B，因为投资股票 B 可能会带来更大的收益．而对于稳健型投资者来说，可能不会选择股票 B.

设计意图：通过对数据中极差、均值、方差的计算来定量地分析数据，培养学生的数学运算素养．通过对数据处理分析提升学生的数据分析素养，增强学生基于数据表达现实问题的意识，让学生形成通过数据认识事物的思维品质并积累依托数据探索事物本质、关联和规律的活动经验．

3. 学以致用

【问题 6】

以上是从价格变化的角度来讨论股票 A 和股票 B 这两只股票的价格变化与投资者偏好的关系．我们能不能从别的角度去分析这两只股票？

按照金融理论，我们还可以从收益的角度来比较这两只股票．

收益的计算方法：

$$r_t = \frac{p_t - p_{t-1}}{p_t - 1} \quad (t \geq 2)$$

其中：p_t 为第 t 月的月末收盘价．

设计意图：通过拓展问题启发学生发散思维，培养学生的思维迁移能力，

让学生有意犹未尽的感觉，增强学生的求知欲．

【目标检测单】

甲、乙两人数学成绩的茎叶图如图 3 - 3 - 2 所示：

茎叶图

甲		乙		
	5 | 6			
	0 | 7	9		
9 6 0 | 8	6	3	8	
4 1 5 | 9	3	9	8	8
	7 | 10	2		
	3 | 11	4		

图 3 - 3 - 2

（1）求出这两名同学的数学成绩的平均数和标准差；

（2）比较两名同学的成绩，谈谈你的看法．

设计意图：让学生再次经历利用统计知识解决问题的过程，体验其中的基本思想与方法，巩固新知识，并构建知识体系．

4. 课堂总结

【问题7】

请各小组学生代表总结这节课的学习内容．

我们收集和整理了两只股票的相关数据，通过对数据的理解和图像的处理抽象出统计问题，并运用统计知识对数据进行可视化、定量分析，选用合理模型，优化我们的推断，回归实际问题，形成我们的决策．通过这节课的学习，我们提升了获取有价值信息并进行定量分析的意识和能力，适应了数学化学习的需要，增强了基于数据表达现实问题的意识，形成了通过数据认识事物的思维品质，并积累了依托数据探索事物本质、关联和规律的活动经验．

【追问】

本节课关联了哪些必备知识？涉及了哪些数学思想方法？蕴含了哪些核心素养？

设计意图：学生在学习过程中体验了数据分析素养、直观想象素养、逻辑推理素养、数学运算素养、数学建模素养的价值和作用，这些学科素养都得到了提升．

5. 课后作业单

人教 A 版数学必修第二册 P223 第 8，9 题．

第 2 课时 "回归模型案例"教学设计

（一）课时教学要素设计（表 3 - 3 - 4）

表 3 - 3 - 4

课时内容		回归模型案例
学习目标		1. 体验在具体问题情境中运用概率和统计的知识. 2. 理解随机思想在解决实际问题中的作用，能够综合应用数据可视化和样本数的数字特征展现数据的特征和规律性. 3. 能运用成对样本数据分析相关性，利用一元线性回归模型解决实际问题
教学策略	资源	互联网＋多媒体技术
	教学方法	"问题链＋任务单"教学法
	重点	培养学生获取有价值信息并进行可视化分析和定量分析的意识和能力，让学生能够解决关联的情境下较为复杂的实际问题
	难点	让学生能够正确地综合运用统计与概率知识，从较复杂的实际问题中提炼出统计问题，能够从统计的思维角度去构建解决问题的统计模型，合理运用归纳推断的逻辑手段以获得统计推断结论，理解统计推断结果的或然性，正确运用统计结果解释实际问题，并形成解决实际问题的决策知识
	教学流程	课前任务单 → 情境导入 → 创设情境 提出问题 问题链 1～9 任务单 1～8 目标检测单 → 探究交流 → 成果展示 → 构建数学（学习活动经验／阶段目标评价）→ 学以致用 → 评价反思（学习效果 学习管理）→ 知识结构 思想方法 学科素养 → 课堂总结 → 课后作业单

续 表

学习评价	课前	课前学习单	设计调查报告单，通过随机抽样调查，记录、整理数据	自评
	课中	问题链	由9个问题组成"问题链"，作为整堂课的逻辑线索，通过问题引导学生的探究活动，让学生理解概念，并对数据进行整理和分析	自评、师评
		任务单	围绕"问题链"做任务，分析数据，得到结论，深化拓展，以便达到数据分析素养的发展	自评、师评
		目标检测单	1题	自评、师评
	课后	课后作业单	提出拓展探究问题让学生强化数据分析素养	自评

（二）教学过程设计

1. 情境导入

【任务】

请同学们根据课前学习单，阐述统计学的步骤：收集数据、作散点图、进行线性相关分析、求回归方程、利用方程进行预报．复习最小二乘法的计算公式：

$$\begin{cases} \hat{b} = \dfrac{\sum\limits_{i=1}^{n}(x_1 - \bar{x})(y_1 - \bar{y})}{\sum\limits_{i=1}^{n}(x_1 - \bar{x})^2}, \\ \hat{a} = \bar{y} - \hat{b}\bar{x} \end{cases}$$

求出回归方程 $\hat{y} = \hat{b}x + \hat{a}$，其中 $\bar{x} = \dfrac{1}{n}\sum\limits_{i=1}^{n} x_i$，$\bar{y} = \dfrac{1}{n}\sum\limits_{i=1}^{n} y_i$，$(\bar{x}, \bar{y})$ 称为样本点的中心．

设计意图：温故而知新，帮助学生复习统计学内容，包括线性相关、画散点图，为本节课做好知识和技术上的准备．

【任务】

课前让学生收集 2013 年至 2019 年广东韶关地区农村居民家庭纯收入 y（单位：千元）的数据．各小组展示调查数据的表单如表 3 – 3 – 5 所示：

表 3 – 3 – 5

年份	2013	2014	2015	2016	2017	2018	2019
年份代号 t	1	2	3	4	5	6	7
人均纯收入 y/千元	2.9	3.3	3.6	4.4	4.8	5.2	5.9

设计意图： 从生活入手，利用"先行组织者"，给出学生一个知识的大背景，以学生已有知识为切入点，让学生感受到数学是"有用"的学科，激发学生对数学的热情，培养学生对数学的兴趣．

2. 探究交流、成果展示、构建数学

【问题 1】

我们从调查的数据看，人均纯收入 y 和年份 t 是否有关系？我们能否预测 2020 年该地区的人均纯收入？

【任务】

各学习小组对调查数据进行相关分析，找出人均纯收入 y 和年份 t 的相关关系，小组间相互展示交流．

【问题 2】

我们能否更好地把我们调查的数据进行图形直观化？如何可视化人均纯收入 y 和年份 t 的关联特性？

设计意图： 引导学生将数学学科的实际问题转化为数学问题，从调查数据出发，整理数据，提取信息，构建模型，进行推断，获得结论．提出问题引导学生做探究任务，使学生自然而然渴望回归分析的相关知识，在解决具体问题过程中发展数据分析的素养．

【任务】

为了找出人均纯收入 y 和年份 t 的相关性，各小组运用统计学知识把收集的数据进行可视化操作，让数据更加直观、更有规律．

小组一成果分享：我们小组利用调查数据绘制了如图 3 – 3 – 3 所示的折线图．

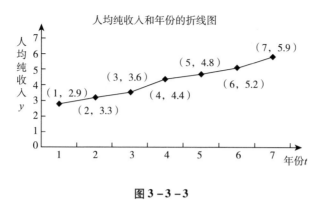

图 3 - 3 - 3

小组二成果分享：我们小组利用调查数据绘制了如图 3 - 3 - 4 所示的散点图．

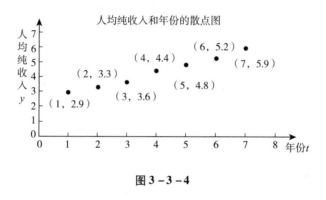

图 3 - 3 - 4

【问题 3】

通过对绘制出来的折线图和散点图进行分析我们能够得出什么结论？

【任务】

各小组间研究两幅图讨论得出以下结论并进行分享交流：

（1）图 3 - 3 - 3 中折线的变化显示人均纯收入 y 和年份 t 的变化有很强的趋同性，这也说明人均纯收入 y 和年份 t 有一定的相关性．

（2）从图 3 - 3 - 4 中我们可以看出，人均纯收入 y 和年份 t 不只线性相关，而且还是正相关，这说明农村人均纯收入越来越高．

设计意图：通过折线图和散点图的绘制锻炼学生运用统计知识解决问题的能力，培养学生的直观想象素养；通过对折线图和散点图的分析总结提高学生的数据分析能力，增强学生基于数据表达现实问题的意识，运用数学知识解决实际问题的能力，并提高学生下一步探究的兴趣．

【问题 4】

我们通过折线图和散点图分析得出人均纯收入 y 和年份 t 线性正相关，那么它们的相关程度到底多大？我们能否定量计算出它们的相关系数？

【任务】

各学习小组结合调查数据进行定量分析前，教师引导学生回顾相关系数的计算公式并进行公式理解运用.

样本数据是由成对数据 (t, y) 组成的，

例如：$(t_1, y_1) = (1, 2.9)$，$(t_2, y_2) = (2, 3.3)$，…，$(t_7, y_7) = (7, 5.9)$，

由相关系数的计算公式，我们知道相关系数为

$$r = \frac{\sum\limits_{i=1}^{n}(t_i - \bar{t})(y_i - \bar{y})}{\sqrt{\sum\limits_{i=1}^{n}(t_i - \bar{t})^2 \sum\limits_{i=1}^{n}(y_i - \bar{y})^2}},$$

其中 $\bar{t} = \dfrac{1}{7}(1 + 2 + 3 + 4 + 5 + 6 + 7) = 4$，

$\bar{y} = \dfrac{1}{7}(2.9 + 3.3 + 3.6 + 4.4 + 4.8 + 5.2 + 5.9) = 4.3.$

其中 $\sum\limits_{i=1}^{7}(t_i - \bar{t})(y_i - \bar{y}) = (-3) \times (-1.4) + (-2) \times (-1) + (-1) \times (-0.7) + 0 \times 0.1 + 1 \times 0.5 + 2 \times 0.9 \times 3 \times 1.6 = 14.$

其中 $\sum\limits_{i=1}^{7}(t_i - \bar{t})^2 = 9 + 4 + 1 + 0 + 1 + 4 + 9 = 28$，

$\sum\limits_{i=1}^{7}(y_i - \bar{y})^2 = 1.96 + 1 + 0.49 + 0.01 + 0.25 + 0.81 + 2.56 = 7.08.$

计算得相关系数 $r = \dfrac{\sum\limits_{i=1}^{n}(t_i - \bar{t})(y_i - \bar{y})}{\sqrt{\sum\limits_{i=1}^{n}(t_i - \bar{t})^2 \sum\limits_{i=1}^{n}(y_i - \bar{y})^2}} \approx 0.994.$

【问题 5】

我们定量计算出来的相关系数非常接近 1，这个数据可以说明什么？

设计意图：通过对相关系数公式的回顾和运用，让学生能实现知识由生活化向数学化的转变. 构建数学知识网络，加强运用统计公式，使学生的数据分

析素养得到进一步发展.

【任务】

各学习小组通过相关系数计算得到如下结论，展示分享：

小组一成果分享：计算得到相关系数 $r = \dfrac{\sum\limits_{i=1}^{n}(t_i - \bar{t})(y_i - \bar{y})}{\sqrt{\sum\limits_{i=1}^{n}(t_i - \bar{t})^2 \sum\limits_{i=1}^{n}(y_i - \bar{y})^2}} \approx 0.994.$

小组二成果分享：这个数值接近 1，说明人均纯收入 y 和年份 t 线性正相关，这与人均纯收入 y 和年份 t 的散点图所呈现的特征是一致的.

小组三成果分享：我们可以说人均纯收入 y 和年份 t 具有很强的线性相关关系，因此建立的回归模型是有意义的.

【问题6】

我们能否建立线性回归方程来进行数据预报分析？

【任务】

学生根据建立的人均纯收入 y 和年份 t 的回归关系，由最小二乘法建立如下一元回归模型：$\hat{y} = \hat{b}t + \hat{a}$.

由一元回归计算公式可得：

$$\hat{b} = \dfrac{\sum\limits_{i=1}^{7}(t_i - \bar{t})(y_i - \bar{y})}{\sum\limits_{i=1}^{7}(t_i - \bar{t})^2} = \dfrac{14}{28} = 0.5, \hat{a} = \bar{y} - \hat{b}\bar{t} = 4.3 - 0.5 \times 4 = 2.3.$$

于是得到所求的一元线性回归方程：$\hat{y} = 0.5t + 2.3$.

教师小结：有了这个一元线性回归方程，我们就可以通过年份来预报人均纯收入.

设计意图：通过对相关系数和一元线性回归方程的计算，提升学生的数学运算素养. 通过对数据处理分析提升学生的数据分析素养. 引导学生突破本节课的难点，增强基于数据表达现实问题的意识，形成通过数据认识事物的思维品质，并积累依托数据探索事物本质、关联和规律的活动经验.

3. 学以致用

【问题7】

通过此回归方程我们能否预测 2020 年人均纯收入？

【任务】

学生通过求出来的回归方程对 2020 年人均纯收入进行预报，预报值为 $\hat{b} =$ $0.5 \times 8 + 2.3 = 6.3$（千元）.

【追问】

预报精度如何评价？课后小组对这个拓展问题进行交流分享.

设计意图：让学生知道，获得回归方程并不是最终目的，我们希望用它进行预测或决策. 回归课本，既实现了对知识技能的理解，又有效地利用了课本资源. 通过拓展问题启发学生发散思维，培养学生的思维迁移能力. 这个问题的提出，给学生留下了思维发展的空间和探索的余地，激发学生对知识的进一步渴望.

【目标检测单】

根据表 3－3－6 中的 5 组身高与体重的数据，请同学们画散点图，并用函数计算器求线性回归方程.

表 3－3－6

编号	1	2	3	4	5
身高/cm	165	165	157	170	175
体重/kg	49	58	51	53	65

设计意图：让学生再次经历利用统计知识解决问题的过程，体验其中的基本思想与方法，巩固新知识，并构建知识体系.

4. 课堂总结

【问题 8】

请各小组学生代表总结这节课的学习内容.

【追问】

本节课关联了哪些必备知识？涉及了哪些数学思想方法？蕴含了哪些核心素养？

设计意图：经历调查和整理数据，通过对数据的理解和图像的处理抽象出统计问题，并运用统计知识对数据进行可视化、定量分析，选用合理模型，优化我们的推断，回归实际问题，形成我们的决策，提升了数据分析、直观想象、逻辑推理、数学运算、数学建模等素养. 通过这节课的学习，我们提升了获取有价值信息并进行定量分析的意识和能力，适应了数学化学习的需要，增强了基于数据表达现实问题的意识，形成了通过数据认识事物的思维品质，并积累了依托数据探索事物本质、关联和规律的活动经验.

5. 课后作业单

人教 A 版数学必修第二册 223 页第 10，11 题.

三、单元整体评价与反思

（一）单元学习评价表（学生自评）（表3-3-7）

表 3-3-7

阶段	序号	项目	内容	效果（程度）
学习准备	1	学习态度	学习兴趣、合理规划	良好
	2	单元预习	预习单元内容	良好
课堂学习	3	课前学习单	课中展示，课前学习单	良好
	4	活动表现	交流与反思、思维与表达、回答问题、提出问题、分析问题、活动经验、参与程度、互动程度	良好
	5	任务表现	完成问题链、任务单、目标检测单	优
	6	单元练习	完成情况	良好
	7	单元检测		
	8	关键能力	解决数学问题的知识与技能	良好
课后复习	9	完成作业	巩固概念、提升知识技能与综合能力	优
	10	回顾梳理	梳理单元内容、数学思想方法、数学学科素养、典型数学模型	良好
说明			效果（程度）：一般、良好、优	

（二）单元教学评价表（教师自评）（表3-3-8）

表 3-3-8

阶段	序号	项目	内容	效果（程度）
学生的学	1	目标达成度	目标的达成程度	优
	2	必备知识	知识技能、思想方法	良好
	3	关键能力	提升解决问题的能力	良好
教师的教	4	优点与价值	本单元旨在培养学生阅读提取信息能力、数据处理能力，以及数学抽象、数学建模素养	优

续 表

阶段	序号	项目	内容	效果（程度）
教师的教	5	反思与改进	案例还不充分，课时略显不足	良好
	6	后续指导	增加案例和课时	良好
说明			效果（程度）：一般、良好、优	

（三）单元整体评价与反思表（互评）（表3-3-9）

表3-3-9

评价项目	评价内容	评价要点	评价方式
单元整体评价与反思	学生的学	目标达成度	基本达到了解和理解的程度，发展了数据分析素养	教师评价 同事评价 专家评价
		必备知识	—	
		关键能力	培养学生数据分析的能力，增强基于数据表现实问题的意识，形成通过数据认识事物的思维品质	
	教师的教	优点	培养感悟数据的能力，会用统计思维分析数据的能力，能用统计语言表述问题和形成决策知识的能力．重文化渗透：结合生活中的实例，让学生体会数学源于生活，提升学生文化素养	
		不足	两个课时教学之间的纵向逻辑关系还可以做得更好一些，案例不够丰富，课时略显不足	
		对后续教学的指导	1. 关注问题情境，引导学生亲身经历数据分析活动的全过程，体验从实际问题情境到提出统计问题，再到形成用于决策知识的全过程． 2. 关注数据分析，培养相关思维能力．从培养学生对数据的感悟能力开始，让其学会把所研究的实际问题用随机的观点凝练成相关的统计问题．统计思维是分析实际问题的能力的核心，加强学生统计思维能力的培养	

第二节 "正方体截面的探究"单元教学整体设计

一、单元教学要素设计（表3-3-10）

表3-3-10

单元名称	学习阶段	教材版本	建议课时	课型	单元类别
正方体截面的探究	高一	人教版	2	数学应用探究课	素养类

单元内容	内容		正方体截面的探究
单元内容	内容解析	内容本质	本单元选自《普通高中数学课程标准（2017年版）》案例11"正方体截面的探究". 以正方体截面为研究对象探究截面的形状、研究截面的作法，体验将空间问题转化为平面问题的解决问题途径，理解从整体到局部、由具体到抽象的原则，在探究过程中，发现正方体的截面是平面与它的各侧面的交线围成的封闭图形，鼓励学生通过操作观察几何图形，形成猜想，证明结论运用归纳或类比方法，理解并能描述这些数量关系和图形关系及其几何解释，能够根据几何特征形成合适的解决问题思路
单元内容	内容解析	知识结构	以正方体截面为研究对象，理解空间点、线、面的位置关系及其几何特征
单元内容	内容解析	学科育人	培养研究问题的科学精神和解决问题的理性思维
单元内容	内容解析	思想方法	体验数形结合、转化与化归，分类与整合数学思想
单元内容	内容解析	学科素养	在具体情境中发展直观想象、数学建模、逻辑推理、数学抽象等素养
单元内容	内容解析	教学重点	探究正方体截面的形状与作法
单元目标	目标		从空间点、线、面的位置关系及基本事实出发，初步认识正方体截面的形状；会画出这些截面的示意图；归纳正方体截面的分类原则；理解并掌握作正方体截面的两种方法"平行线法"和"延长线法"，强化正方体模型意识

续 表

单元 目标	目标 解析	能通过观察实例了解截面的概念；能借助实验模具操作，直观感知和理解正方体截面形状、大小、位置关系及其几何特征. 能用数学语言对可能或者不可能的正方体截面的形状作出说明，并能描述截面作法的依据		
问题 诊断	认知 基础	小学和初中认识了一些从现实物体中抽象出来的立体图形，有了初步的空间观念，也有较为扎实的平面几何知识基础. 高一学习了空间几何体点、线、面之间的位置关系，以及相关基本事实、性质、定理等. 学生的空间想象能力较弱，推理论证能力不强		
	障碍 原因	对空间几何体的结构特征比较陌生，用数学语言表达命题能力较弱，数学探究活动经验不足		
	难点	探究正方体截面的形状与作法		
教学 策略	课时 安排	正方体截面的形状		第1课时
		正方体截面的作法		第2课时
	突破 难点	设计问题链、任务单、实验操作和动画演示，在实验中分类找出正方体所有可能的截面，准确作出截面，突破单元教学难点		
	教学 方法	"问题链 + 任务单"单元式教学法		
	资源 支持	自制教具、数字化平台、平板电脑		
单元 学习 评价	学习 准备	单元预习	复习初中平面几何内容；立体几何中平面的基本性质和面面平行的性质定理；按要求完成课前任务单	自评
	学习 活动	问题活动	自主探究、合作交流、语言表达、推理论证	自评、师评
		任务活动	实际操作、数学探究、发现问题、解决问题	自评、师评
	学习 梳理	知识结构	正方体模型的重要内容	自评
		思想方法	从特殊到一般、转化与化归、数形结合、分类与整合	自评

续 表

单元学习评价	学习梳理	学科素养	直观想象、逻辑推理、理性思维、数学探究	自评
	单元检测	单元练习单	单选题 4 道,多选题 2 道,解答题 2 道	自评、师评
		单元检测单	单选题 6 道,多选题 4 道,填空题 2 道,解答题 2 道	自评、师评

二、课时教学设计

第1课时　正方体截面的形状

（一）课时教学要素设计（表 3 – 3 – 11）

表 3 – 3 – 11

课时内容		正方体截面的形状
目标设计	学习目标	1. 经历观察与发现、探究与证明的过程,探究归纳正方体截面的形状,增强正方体模型意识. 2. 在情境与问题中体验分类讨论、数形结合思想,发展直观想象和数学抽象等学科素养
教学策略	资源	实物展示、自制教具、信息技术与数学整合
	教学方法	"问题链 + 任务单"教学法
	重点	分类找出所有可能的截面
	难点	证明哪些形状的截面一定存在或者一定不存在

续 表

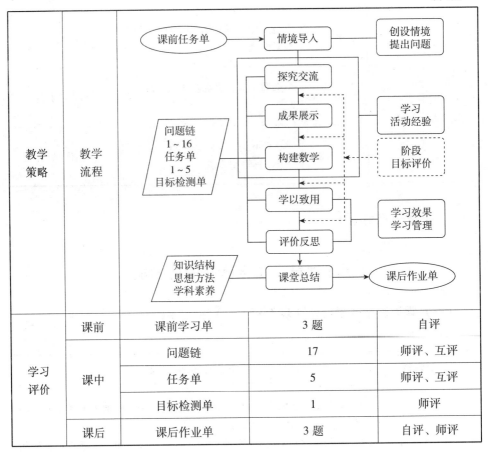

		课前	课前学习单	3 题	自评
学习 评价		课中	问题链	17	师评、互评
			任务单	5	师评、互评
			目标检测单	1	师评
		课后	课后作业单	3 题	自评、师评

（二）教学过程设计

1. 情境导入

【任务】

展示课前学习单完成情况．

准备多个可以切割的正方体模型（可以用萝卜、橡皮泥、花泥、豆腐块制作），或者水立方（盛有有色液体的透明正方体）．

【问题1】

请同学们动手切割正方体，或调整水立方几何体，在实验过程中，观察切割面或者液体截面，你可以得到多少种不同形状的截面？（拍视频）

设计意图：学生在初中已经对正方体的截面有了一定的感性认识，课前学习单建构在学生已有的认知水平上，通过动手操作，进一步直观感知正方体的

252

截面形状，并利用已学的几何知识说明原因，让学生依托情境去感悟事物的本质，自然地引入本节课的学习内容．

2. 探究交流、成果展示

【问题2】

请各小组谈一下实验结果，指出截面图形的边数．

【追问】

为什么截面会出现三角形、四边形、五边形、六边形呢？

【追问】

正方体的截面会出现七边形、八边形吗？

设计意图： 通过直观想象了解截面形状，初步培养学生的分类表述能力．学生进行转动正方体玻璃模具演示探究，进而用示意图画出直观感受的三角形截面．这种开放的呈现方式，通过多种方式实施探究，旨在培养学生的发散思维、创新意识及动手研究能力．

【问题3】

如果截面图形的边数是3，请观察截面三角形的图形特征，并说明原因．

【任务】

请你画出这些形状的示意图（图3－3－5）．

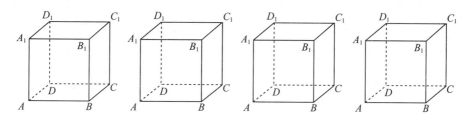

图3－3－5

【追问】

如果截面是三角形，可以截出几类不同的三角形？为什么？

【追问】

为什么只能是锐角三角形，却截不出直角三角形和钝角三角形？请予以说明．

【追问】

是否存在截面面积最大的三角形？为什么？

设计意图： 明确问题的定位，即要借助空间立体几何中的知识对产生的问题进行合理论证或驳斥．进一步深化分类，从截面所在平面位置是否可以截出三角形入手，形成认识截面图形的一般思路．

【问题4】

探究截面为四边形、五边形、六边形的情况，请各小组观察、探究、发现其图形特征，并予以说明．

【任务】

探究四边形截面的图形特征．用一个平面截正方体得到的四边形截面有哪些类型？请画出这些形状的示意图．（图3-3-6）

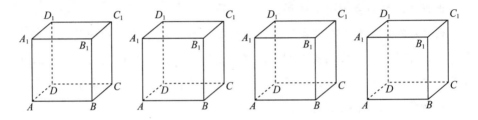

图3-3-6

【追问】

是否能截出直角梯形？为什么？

设计意图：学生在实验过程中观察、归纳截面的图形特征，有长方形、正方形、菱形、平行四边形、梯形、等腰梯形等，培养学生的直观想象素养．学生利用转动正方体玻璃缸活动和示意图进行讨论探究，分享展示证明方法（证明方法一：利用线面垂直的判定和性质加以证明．证明方法二：补形、类比思想），培养学生的数学抽象和逻辑推理素养．

【任务】

探究能否截出五边形．如果截面为五边形时，有几组对边平行、几组对角相等呢？能否画出示意图？（图3-3-7）

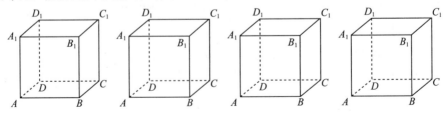

图3-3-7

【追问】

是否能截出正五边形? 为什么?

设计意图: 学生利用转动正方体玻璃缸活动, 示意图进行讨论探究, 利用反证法证明分享 (不能截出正五边形), 训练学生发现问题、作图表达、推理论证等能力, 培养学生在具体情境中提升直观想象、数学抽象、逻辑推理等素养.

【任务】

探究能否截出六边形. 如果截面为六边形时, 有几组对边平行? 几组对角相等呢? 能否画出示意图? (图 3 – 3 – 8)

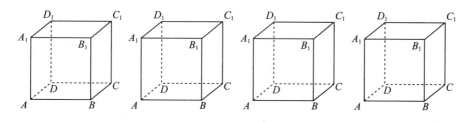

图 3 – 3 – 8

【追问】

有没有可能截出边数超过 6 的多边形? 为什么?

【追问】

是否存在正六边形的截面? 为什么?

设计意图: 通过对正方体截面形状的进一步探究, 引导学生经历观察、尝试、猜测、交流、推理、反思等思维过程, 让学生体会数学基础知识、基本技能、数学思想方法和活动经验在探究活动中的应用, 培养学生逻辑推理、直观想象等数学素养, 积累数学探究活动经验.

3. 构建数学

如图 3 – 3 – 9, 截面可以是三角形、四边形、五边形和六边形, 但不可能是七边或七边以上的多边形.

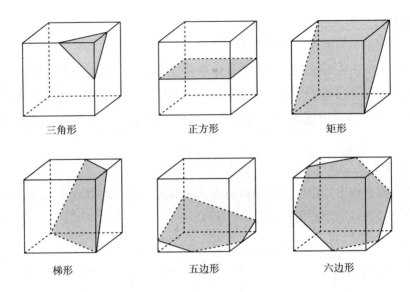

图 3 - 3 - 9

设计意图：充分探究正方体截面的形状，让学生深入了解、探究过程，经历提出问题、发现问题、分类讨论、作图表达、推理论证等环节，积累数学探究活动的经验．

4. 学以致用

【问题5】

正六边形截面的面积是否为正方体所有截面中面积最大的？

【追问】

正方体的所有截面中哪个截面面积最大？最大面积是多少？说出你的猜想．

设计意图：通过对截面问题的分析，加强学生对正方体截面形状特征的理解，培养了学生灵活运用数学知识的能力，促进了学生数学活动经验的积累，进一步增强了学生的应用探究能力和解决实际问题的能力．

【目标检测单】

如图 3 - 3 - 10，已知正方体 $ABCD - A_1B_1C_1D_1$ 的棱长为 1，P 是 BC 的中点，Q 为棱 CC_1 上的动点，当点 Q 与点 C_1 重合时，过点 A，P，Q 的平面截该正方体所得的截面图形为_____，其面积为_____．

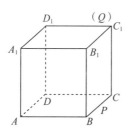 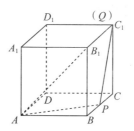

图 3 - 3 - 10

设计意图：通过具体问题的解决让学生提升求解正方体截面问题的应用能力。

5. 课堂总结

【问题6】

归纳正方体的截面图形，回顾本节课学习的知识内容、知识结构体系（表 3 - 3 - 12）。

表 3 - 3 - 12

截面边数	可能出现的图形	不可能出现的图形
三角形		
四边形		
五边形		
六边形		

【追问】

本节课关联了哪些必备知识？涉及了哪些数学思想方法？蕴含了哪些核心素养？

设计意图：在熟悉的情境中，引导学生观察、分析、交流，直观认识正方体的截面图形，并根据截面边数进行分类，总结归纳出正方体截面图形的各种可能性．在具体情境中，培养学生直观想象、数学抽象、逻辑推理等素养，积累数学探究活动的经验．

6. 课后作业单

（1）正方体的截面不可能是（　　）

①钝角三角形；②直角三角形；③菱形；④正五边形；⑤正六边形.

A. ①②⑤　　　　B. ①②④　　　　C. ②③④　　　　D. ③④⑤

（2）如图 3-3-11，已知正方体 $ABCD-A_1B_1C_1D_1$ 的棱长为 1，点 P，Q，R 分别是 C_1D_1，AB，BC 的中点，过 P，Q，R 三点的平面（图 3-3-12）与正方体各面相交所截得的截面周长为_____.

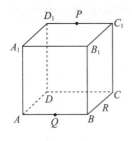

图 3-3-11

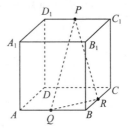

图 3-3-12

（3）已知正方体 $ABCD-A_1B_1C_1D_1$ 的棱长为 1，用一平面去截该正方体，得到一个三角形截面，则所得的三角形截面面积最大为_____.

第 2 课时　正方体截面的作法

（一）课时教学要素设计（表 3-3-13）

表 3-3-13

课时内容		正方体截面的作法
学习目标		1. 理解作正方体截面的两种方法："平行线法"和"延长线法". 2. 运用直观想象思考和解决问题，在具体的情境中感悟事物的本质
教学策略	资源	实物展示、信息技术与数学整合
	教学方法	"问题链＋任务单"教学法
	重点	根据已知条件作出正方体的截面
	难点	根据已知条件作出正方体的截面

续 表

教学策略	教学流程	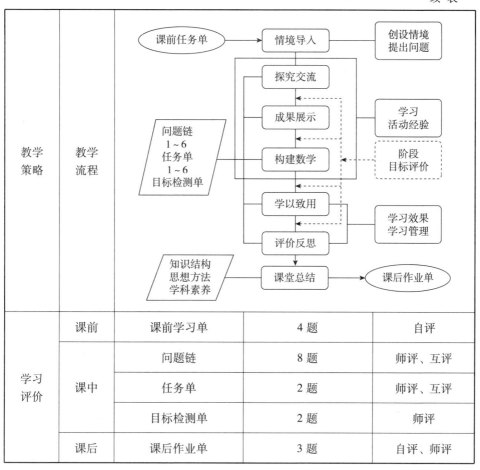		
学习评价	课前	课前学习单	4 题	自评
	课中	问题链	8 题	师评、互评
		任务单	2 题	师评、互评
		目标检测单	2 题	师评
	课后	课后作业单	3 题	自评、师评

（二）教学过程设计

1. 情境引入

【任务】

学生展示课前任务单完成情况.

（1）梳理平面的基本性质（四个基本事实和三个推论）和面面平行的性质定理.

（2）正方体的截面不可能是（ ）

①钝角三角形；②直角三角形；③菱形；④正五边形；⑤正六边形.

A. ①②⑤   B. ①②④

C. ②③④   D. ②③⑤

（3）如图 3-3-13，在正方体 $ABCD-A_1B_1C_1D_1$ 中，画出平面 A_1ACC_1 与平面 BC_1D 的交线．

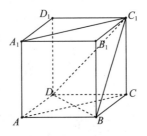

图 3-3-13

（4）①如图 3-3-14，在正方体 $ABCD-A_1B_1C_1D_1$ 中，点 Q 是棱 CC_1 上的中点，请作出过 A，B，Q 三点的截面；

②如图 3-3-15，在正方体 $ABCD-A_1B_1C_1D_1$ 中，点 M，N 分别是棱 A_1B_1 和 C_1D_1 的中点，请作出过 M，N，B 三点的截面．

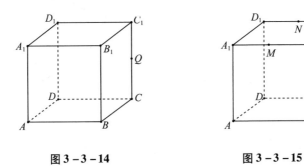

图 3-3-14　　　　　　　　　　　**图 3-3-15**

设计意图： 在上一节课"认识正方体截面"的基础上，巩固学生对正方体截面的初步认识．通过实际操作理解平面基本事实的应用，并让学生直观感知正方体中面和面的交线，为本节课的探究内容奠定知识基础．

2. 探究交流、成果展示

【问题1】

如图 3-3-16，已知正方体 $ABCD-A_1B_1C_1D_1$，M 是棱 AA_1 的中点，过点 C，M，D_1 作出正方体的截面，并观察截面的形状，交流画法．

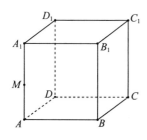 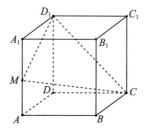

图 3 - 3 - 16

【追问】

正方体的截面除了三角形和四边形，还有什么形状？

【追问】

改变点在棱上的位置，还可以用这些方法作截面吗？

设计意图：探究出当所给的截面图形有一条边在正方体内部时截面的作法．明确截面的边在多面体的表面，截面的顶点在多面体的棱．在这一过程中，启发学生推理探究，促进学生思维能力和实践能力的提升．

3. 建构数学

根据作图的方法和理论依据，作正方体截面的一般方法有：1. 平行线法；2. 延长线法．

4. 学以致用

【问题2】

如图 3 - 3 - 17，已知正方体 $ABCD - A_1B_1C_1D_1$，M 是棱 AA_1 的中点，N 是棱 A_1D_1 的中点，过点 C，M，N 作出正方体的截面，并观察截面的形状，交流画法．

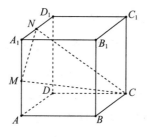

图 3 - 3 - 17

设计意图：让学生体会正方体截面有两条边在内部的截面的画法，并能用理论解释. 学生进一步体会当棱上的点的位置发生变化时, 截面图形形状的变化, 但截面的作法不变.

【目标检测单】

(1) 如图 3 – 3 – 18, 在正方体 $ABCD - A_1B_1C_1D_1$ 中, 点 M, N, G 分别是棱 A_1A, A_1D_1 和 BC 的中点, 过点 M, N, G 作出正方体的截面.

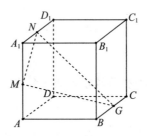

图 3 – 3 – 18

如图 3 – 3 – 19, 设正方体 $ABCD - A_1B_1C_1D_1$ 的棱长为 2, E 为 A_1D_1 的中点, F 为 CC_1 上的一个动点, 设由点 A, E, F 构成的平面为 α, 则下列说法中正确的是_____.

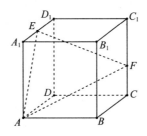

图 3 – 3 – 19

① 平面 α 截正方体的截面可能是三角形;

② 当点 F 与点 C_1 重合时, 平面 α 截正方体的截面面积为 $2\sqrt{6}$;

③ 当点 F 为 CC_1 的中点时, 平面 α 截正方体的截面为五边形.

设计意图: 巩固正方体截面的作法, 让学生进一步直观感知当棱上的点的位置改变时, 截面图形形状的改变. 培养学生灵活运用数学知识的能力, 使学生更深入地理解正方体的截面问题, 提升学生的直观想象核心素养.

5. 课堂总结

【问题 3】

请谈一谈这节课学习了哪两种常用的作正方体截面的方法，以及这些作法的依据.

【追问】

本节课关联了哪些必备知识？涉及了哪些数学思想方法？蕴含了哪些核心素养？

设计意图：本节课从认识正方体的截面和作出正方体的截面两方面进行学习. 梳理本节课的知识要点，增强学生运用直观想象思考问题的意识.

6. 课后作业单

（1）如图 $3-3-20$，长方体 $ABCD-A_1B_1C_1D_1$ 中，$AB=BC=4$，$BB_1=2\sqrt{2}$，点 E，F，M 分别为 C_1D_1，A_1D_1，B_1C_1 的中点，过点 M 的平面 α 与平面 DEF 平行，且与长方体的面相交，交线围成一个几何图形. 在图中画出这个几何图形，并求这个几何图形的面积（画图说出作法，不用说明理由）.

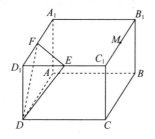

图 $3-3-20$

（2）如图 $3-3-21$，在正方体 $ABCD-A_1B_1C_1D_1$ 中，点 E，F 分别是棱 BB_1，B_1C 中点，点 G 是棱 CC_1 的中点，则过线段 AG 且平行于平面 A_1EF 的截面图形为（　　）

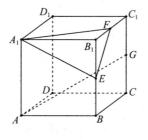

图 $3-3-21$

A. 矩形　　　　　B. 三角形　　　　　C. 正方形　　　　　D. 等腰梯形

（3）如图 3 - 3 - 22，正方体 $ABCD - A_1B_1C_1D_1$ 的棱长为 1，每条棱所在直线与平面 α 所成的角都相等，则 α 截此正方体所得截面面积的最大值为（　　）

A. $\dfrac{3\sqrt{3}}{4}$ 　　　B. $\dfrac{2\sqrt{3}}{3}$ 　　　C. $\dfrac{3\sqrt{2}}{4}$ 　　　D. $\dfrac{\sqrt{3}}{2}$

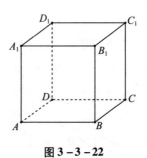

图 3 - 3 - 22

三、单元整体评价与反思

（一）单元学习评价表（学生自评）（表 3 - 3 - 14）

表 3 - 3 - 14

阶段	序号	项目	内容	效果（程度）
学习准备	1	学习态度	学习兴趣、合理规划	优
	2	单元预习	预习单元内容	优
课堂学习	3	课前学习单	课中展示，课前学习单	优
	4	活动表现	交流与反思、思维与表达、回答问题、提出问题、分析问题、活动经验、参与程度、互动程度	优
	5	任务表现	完成问题链、任务单、目标检测单	优
	6	单元练习	完成情况	良好
	7	单元检测		
	8	关键能力	解决数学问题的知识与技能	良好
课后复习	9	完成作业	巩固概念、提升知识技能与综合能力	优
	10	梳理回顾	梳理单元内容、数学思想方法、数学素养、典型数学模型	优
说明			效果（程度）：一般、良好、优	

（二）单元教学评价表（教师自评）（表 3 - 3 - 15）

表 3 - 3 - 15

阶段	序号	项目	内容	效果（程度）
学生的学	1	目标达成度	目标的达成程度	优
	2	必备知识	知识技能、思想方法	良好
	3	关键能力	形成相应的数学学科核心素养的知识与技能 提升解决问题的能力	良好
教师的教	3	优点与价值	本单元以长方体模型为核心内容，主题明确，提升学生整体意识	优
	4	反思与改进	例题略少，题型不够全面	良好
	5	后续指导	增加 1~2 课时	良好
说明			效果（程度）：一般、良好、优	

（三）单元整体评价与反思表（互评）（表 3 - 3 - 16）

表 3 - 3 - 16

评价项目	评价内容		评价要点	评价方式
单元整体评价与反思	学生的学	目标达成度	通过形与数的结合，感悟数学知识之间的关联，解决实际问题或数学问题	教师评价 同事评价 专家评价
		必备知识	—	
		关键能力	提升解决问题的能力	
	教师的教	优点	以立体几何中的长方体模型为例，结合学生的实际情况设置相应的教学内容，从实际教学中提升学生数形结合的能力，发展学生的几何直观和空间想象能力	
		不足	案例的选择与设计为提升直观想象素养服务，在所选题目的基础上还需要进一步仔细选择，从内容、难度、创新程度上选择更具代表性的题目	
	对后续教学的指导		从深度和广度上进一步整合教材内容，适当增加课时	

第三节 "类比推理"单元教学整体设计

一、单元教学要素设计（表 3 – 3 – 17）

表 3 – 3 – 17

单元名称	学习阶段	教材版本	建议课时	课型	单元类别
类比推理	高二上	人教版	2	数学应用探究课	素养类

单元内容		内容	类比推理			
单元内容	内容解析	内容本质	类比推理反映的是各事物之间存在的客观规律和联系，是指从一些事实和命题出发，依据规则推出其他命题的素养，包括两类：一类是从特殊到一般的归纳和类比推理；一类是从一般到特殊的演绎推理			
		知识结构	类比推理素养贯穿高中数学的各个内容板块、各种教学活动过程，以及数学学习的各个环节中，是一种跨章节、跨学科甚至跨领域的数学素养．本单元分别从初中平面几何中最简单的三角形类比到空间几何中最简单的四面体、从等差数列类比到等比数列，这种跨年级、跨章节的设计既推广、巩固、加强了以前的知识，也探寻了它们之间的区别和联系			
		学科育人	体验类比推理在数学不同知识领域中的应用价值			
		思想方法	类比推理旨在刻画各事物之间内容和形式上的内在联系，在寻找和证明中蕴含逻辑推理的核心数学思想			
		教学重点	在关联的数学情境中突出推理方法的逻辑转换			

单元目标	目标	1. 理解类比推理的一般思路和形式. 2. 能用严谨的数学符号语言来表述推理的结论，并能证明. 3. 把握事物之间的联系，会合理推理和证明，发展逻辑推理素养	
	目标解析	体验类比推理的思想在不同章节的知识关联，从而加强对以往知识的理解，也强化对逻辑本身的理解	
问题诊断	认知基础	类比推理从小学开始像一条线贯穿整个数学学习的过程中. 初中几何中的三角形，高中数学立体几何中的四面体，等差、等比数列都是我们熟悉的知识，这些都是我们进行类比推理的基础	
	障碍原因	如何选择关联的知识，把相似性甄别出来，再用准确的语言来描述和证明，这种严密的推理能力学生还比较差	
	难点	通过实例帮助学生进一步理解类比推理的一般思路，准确理解类比推理的内涵和外延；通过规范的语言来让学生更清楚不同事物之间的差别和联系，培养学生的逻辑推理素养	
教学策略	课时安排	从三角形到四面体的类比	第 1 课时
		等差数列、等比数列的区别与联系	第 2 课时
	突破难点	通过实例帮助学生进一步理解类比推理的一般思路，准确理解类比推理的内涵和外延；通过规范的语言来让学生更清楚不同事物之间的差别和联系，培养学生的逻辑推理素养	
	教学方法	单元导引"问题链＋任务单"教学法	
	资源支持	信息技术与教学的融合	
单元学习评价	学习准备	单元预习	预习单元内容	自评
	学习活动	问题活动	—	自评
		任务活动	—	自评

续　表

单元学习评价	学习梳理	知识结构	梳理类比推理的一般思路，回顾三角形与四面体，等差数列与等比数列等相关内容	自评
		思想方法	转化与化归思想	自评
		学科素养	逻辑推理素养	自评
	单元检测	单元练习单	选择题 8 道，填空题 4 道，解答题 2 道	自评
		单元检测单	单选题 8 道，多选题 4 道，填空题 4 道，解答题 4 道	师评

二、课时教学设计

第 1 课时　"从三角形到四面体的类比"教学设计

（一）课时教学要素设计（表 3 – 3 – 18）

表 3 – 3 – 18

课时内容		从三角形到四面体的类比
学习目标		1. 理解类比推理的内涵. 2. 探究从三角形到空间四面体的一般结论推理，理解类比推理的一般思路. 3. 体验"转化与化归""特殊与一般"等数学思想方法，发展逻辑推理素养
教学策略	资源条件	信息技术与数学融合
	教学方法	"问题链＋任务单"教学法
	重点	理解从三角形到四面体一些类似结论的推导
	难点	结合具体实例，能用严谨的数学符号语言叙述结论，并用严密的逻辑来证明

续 表

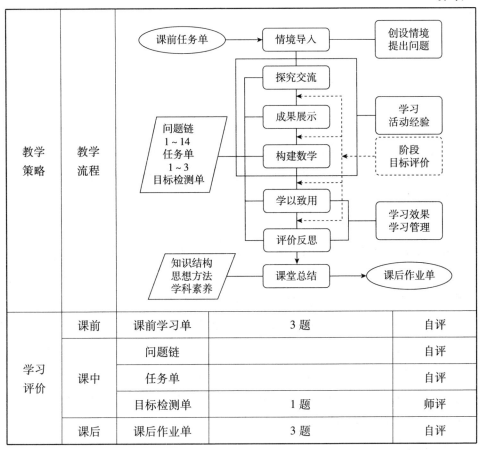

教学策略	课前	课前学习单	3 题	自评
学习评价	课中	问题链		自评
		任务单		自评
		目标检测单	1 题	师评
	课后	课后作业单	3 题	自评

（二）教学过程设计

1. 情境导入

【任务】课前学习单

（1）数列 2，5，11，20，x，47，…中的 x 等于（　　）

A. 28　　　　　　B. 32　　　　　　C. 33　　　　　　D. 27

（2）有一段"三段论"，推理是这样的：对于可导函数 $f(x)$，如果 $f'(x_0)=0$，那么 $x=x_0$ 是函数 $f(x)$ 的极值点．因为 $f(x)=x^3$ 在 $x=0$ 处的导数值 $f'(0)=0$，所以 $x=0$ 是函数 $f(x)=x^3$ 的极值点．以上推理中（　　）

　A. 大前提错误　　　　　　　　B. 小前提错误

　C. 推理形式错误　　　　　　　D. 结论正确

（3）①已知 a 是三角形一边的边长，h 是该边上的高，则三角形的面积是

$\frac{1}{2}ah$，如果把扇形的弧长 l、半径 r 分别看作三角形的底边长和高，那么可得到扇形的面积是 $\frac{1}{2}lr$；②由 $1 = 1^2$，$1 + 3 = 2^2$，$1 + 3 + 5 = 3^2$，可得到 $1 + 3 + 5 + \cdots + 2n - 1 = n^2$，则①②两个推理依次是（　　　）

A. 类比推理、归纳推理

B. 类比推理、演绎推理

C. 归纳推理、类比推理

D. 归纳推理、演绎推理

设计意图：在前面的学习中，我们学过推理的一般方法和思路，这是我们认识客观事物的一种常用手段，有助于我们更好地学习知识和认识事物．

【问题 1】

类比推理的思维过程大致分为哪几个步骤？类比推理的特点是什么？

类比推理：由两类对象具有某些类似特征的其中一类对象的某些已知特征，推出另一类对象也具有这些特征．类比推理的一般步骤是：观察、比较→联想、类推→猜测类似结论．它是一种由特殊到特殊的推理．

设计意图：通过对知识的复习，引出本节课内容．

2. 探究交流、成果展示

通过上面的学习，我们已经搞清楚类比推理的一般原理和思路，下面从我们学过的平面几何和空间几何中两类最基本的事物——三角形和四面体，来思考它们之间有什么类似的关系和结论．

【问题 2】

三角形和四面体有什么相似性？

【追问】

回想一下三角形中的一些常用结论：

(1) 三角形的任意两边之和大于第三边．

(2) 三角形的中位线等于第三边的一半，并且平行于第三边．

(3) 三角形的面积公式 $S = \frac{1}{2}(a + b + c)r$（$r$ 为三角形内切圆的半径）．

……

【追问】

从三角形到四面体应该怎样进行类比？

【追问】

从平面到空间的一般类比推理思维方式又是怎样的？

【追问】

如果把这些三角形的相关结论过渡到四面体中，那么四面体会有什么样的结论？

将三角形过渡到四面体的一般结论：

（1）三角形的任意两边之和大于第三边.

类比：四面体任意三个面的面积之和大于第四个面的面积.

（2）三角形的中位线等于第三边的一半，并且平行于第三边.

类比：四面体的中位面的面积等于第四个面面积的 $\frac{1}{4}$，且中位面平行于第四个面.

（3）三角形的面积公式 $S = \frac{1}{2}(a+b+c)r$ （r 为三角形内切圆的半径）.

类比：四面体的体积 $V = \frac{1}{3}(S_1+S_2+S_3+S_4)\cdot r$ （S_1，S_2，S_3，S_4 为四个面的面积，r 为内切球半径）.

设计意图：通过对这几个简单问题的思考，形成猜测和类比，从三角形的相关结论推理出四面体的一般结论，并尝试用规范语言描述出来，一方面有助于学生对多维空间的理解，另一方面有助于学生加深对类比推理这一推理模式的理解.

3. 构建数学

从三角形到四面体是一种从二维到三维的变化，这种变化在推理中的应用有：点→线，线→面，面→体，线线角→线面角或面面角，数字的倍数变化.

设计意图：平面三角形是平面几何中的一个基本图形，而四面体是立体几何中的一个基本图形，二者之间有着密切的联系. 这种联系不仅体现了二维空间与三维空间的联系，也体现了推理过程中一般思维模式的联系.

【目标检测单】

如表 3 - 3 - 19，找出圆与球的相似之处，并用圆的性质类比球的有关性质.

表 3 – 3 – 19

圆的概念和性质	球的类似概念和性质
圆的周长	
圆的面积	
圆心与弦（非直径）中点的连线垂直于弦	
与圆心距离相等的弦长相等，与圆心距离不等的两弦不等，距圆心较近的弦较长	
以点 (x_0, y_0) 为圆心、r 为半径的圆的方程为 $(x - x_0)^2 + (y - y_0)^2 = r^2$	

设计意图：应用所学知识解决问题，在解题中巩固新知识并构建知识体系．

4. 学以致用

【问题3】

类比平面内直角三角形的勾股定理，试给出空间中四面体性质的猜想并证明．

【追问】

直角三角形指的是有一个角等于90°的三角形，类比到四面体的性质应该是什么样的？

【追问】

直角三角形满足勾股定理，类比到空间四面体中有什么类似的结论？

有三个面两两互相垂直的四面体中，三个"直角面"的面积平方和等于"斜面"的面积平方．

【追问】

直角三角形的两条边互相垂直，所以可以选取三个面两两垂直的四面体作为直角三角形的类比对象，将直角三角形中的三边关系与四面体中的四个面的面积关系进行类比．

试给出空间中四面体上述性质的证明．

【任务】

如图 3 – 3 – 23，在 Rt△ABC 中，由勾股定理得 $c^2 = a^2 + b^2$，类比直角三角

形的勾股定理可知：在四面体 $P - ABC$ 中，$PA \perp PB$，$PB \perp PC$，$PC \perp PA$，则
$S^2_{\triangle ABC} = S^2_{\triangle PAB} + S^2_{\triangle PBC} + S^2_{\triangle PCA}.$

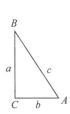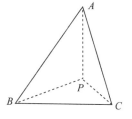

图 3 - 3 - 23

设计意图：通过对直角三角形的勾股定理类比到四面体四个面的类似结论的推理和证明，进一步加强学生对从平面到空间的推理方式的理解，并使学生深入理解这两种结论之间的区别和联系，也就是说推理中得到的结果需要证明才能当作结论．

【问题 4】

将三角形中的正弦定理类比到四面体会有什么样的结论？请证明．

【追问】

任意三角形中都有正弦定理和余弦定理，你能写出来吗？

【追问】

类比三角形的余弦定理，四面体中有什么类似的结论？

如图 3 - 3 - 24，在四面体 $A - BCD$ 中，顶点 A，B，C，D 所对底面面积分别为 S_A，S_B，S_C，S_D，以四面体的各棱为棱的二面角大小分别为 α_{AB}，α_{AC}，α_{BC}，α_{CD}，则有

$S^2_A = S^2_B + S^2_C + S^2_D - 2S_B S_C \cos \alpha_{AD} - 2S_B S_D \cos \alpha_{AC} - 2S_C S_D \cos \alpha_{AB}.$

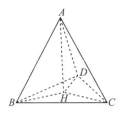

图 3 - 3 - 24

设计意图：通过三角形的余弦定理和四面体的余弦定理的类比，进一步加强类比推理中条件、结论、过程的类比分析，强化了学生的认识，锻炼了学生

的思维，也让学生更进一步了解了类比推理出来的结果不一定正确，需要证明成立才能当作结论使用．

5. 课堂总结

【问题5】

请小组合作，填写三角形和四面体的类比结论，见表3－3－20.

表3－3－20

三角形结论	四面体相应结论
三角形两边之和大于第三边	四面体任意三个面的面积之和大于第四个面的面积
三角形各边的中垂线交点为三角形的外接圆的圆心，到各顶点的距离相等（外心）	任意一个四面体都有一个外接球，即不共面四点确定一个球；这个球的球心在四面体各个面内的射影是各个面的外心，且它到四面体各顶点的距离也相等
三角形的内心为各角的平分线的交点，到各边的距离相等（内心）	任意一个四面体都有一个内切球，球心到各个面的距离相等，是从六条棱出发的六个二面角的平分面的交点
三角形的中线交于一点为重心，重心到顶点的距离是对应中线的三分之二	任意四面体的顶点与对面重心的连线交于一点，这正是四面体的物理重心，且四面体的重心到顶点的距离是它到对面重心距离的3倍（重心）
三条高交于一点（垂心）	如果四面体的三组对棱中有两组分别垂直，那么四面体存在垂心，即四条高交于一点
三角形有余弦定理：$a^2 = b^2 + c^2 - 2bc\cos A$	在四面体$A-BCD$中，顶点A，B，C，D所对底面面积分别为S_A，S_B，S_C，S_D，以四面体的各棱为棱的二面角的大小分别为α_{AB}，α_{AC}，α_{BC}，α_{CD}，则有$S_A^2 = S_B^2 + S_C^2 + S_D^2 - 2S_BS_C\cos\alpha_{AD} - 2S_BS_D\cos\alpha_{AC} - 2S_CS_D\cos\alpha_{AB}$
三角形的面积公式$S = \dfrac{1}{2}(a+b+c)r$（r为三角形内切圆的半径）	四面体的体积$V = \dfrac{1}{3}(S_1+S_2+S_3+S_4)r$（$S_1$，$S_2$，$S_3$，$S_4$为四个面的面积，$r$为内切球的半径）

续 表

三角形结论	四面体相应结论
三角形有正弦定理：$\dfrac{a}{\sin A} = \dfrac{b}{\sin B} = \dfrac{c}{\sin C}$	在三棱椎 $S - ABC$ 中，各棱所对的夹角分别为 α，β，γ，各棱所在的二面角为 A，B，C，则有 $\dfrac{\sin \alpha}{\sin A} = \dfrac{\sin \beta}{\sin B} = \dfrac{\sin \gamma}{\sin C}$
直角三角形有勾股定理：直角边的平方和等于斜边的平方	在三个面两两互相垂直的四面体中，三个"直角面"的面积的平方和等于"斜面"面积的平方
三角形的中位线等于第三边的一半，并且平行于第三边	四面体的中位面的面积等于第四个面面积的 $\dfrac{1}{4}$，且中位面平行于第四个面

【问题 6】

本节课关联了哪些必备知识？涉及了哪些数学思想方法？蕴含了哪些核心素养？

6. 课后作业单

（1）某程序执行后的输出结果为△○△△○△△△○△△△△○△△△△△○…，按这种规律往下排，则第 43 个图形（　　　）

A. 是△   B. 是○

C. 是△的可能性大   D. 是○的可能性大

（2）公安人员审问了一起盗窃案，查明了以下事实：①罪犯就是甲、乙、丙三人中的一人或几人；②不伙同甲，丙决不会作案；③罪犯是带着赃物开着汽车逃跑的，但乙不会开汽车．那么一定参与盗窃的是（　　　）

A. 甲   B. 乙   C. 丙   D. 不确定

（3）用演绎推理证明函数 $y = x^3$ 是增函数时的大前提是（　　　）

A. 增函数的定义

B. 函数 $y = x^3$ 满足增函数的定义

C. 若 $x_1 < x_2$，则 $f(x_1) < f(x_2)$

D. 若 $x_1 < x_2$，则 $f(x_1) > f(x_2)$

第2课时 "等差、等比数列的区别与联系"教学设计

(一)课时教学要素设计（表3–3–21）

表3–3–21

课时内容		等差、等比数列的区别与联系
目标设计	学习目标	1. 探究等差、等比数列的区别和联系. 2. 理解从等差数列到等比数列的类比过程和方法. 3. 在类比中培养逻辑推理素养
教学策略	资源条件	信息技术与数学融合
	教学方法	"问题链 + 任务单"教学法
	重点	从等差数列到等比数列的类比
	难点	利用推理的思路甄别等差数列和等比数列的关联，能用准确、规范的语言描述和证明
	教学流程	课前任务单 → 情境导入 → 创设情境 提出问题 探究交流 成果展示 → 学习活动经验 构建数学 ⇢ 阶段目标评价 问题链 1～14 任务单 1～3 目标检测单 学以致用 → 学习效果 学习管理 评价反思 知识结构 思想方法 学科素养 → 课堂总结 → 课后作业单

续 表

学习评价	课前	课前学习单	4 题	自评
	课中	问题链	—	师评
		任务单	—	师评
		目标检测单	2 题	师评
	课后	课后作业单	3 题	自评

（二）教学过程设计

1. 情境导入

【问题1】

等差数列、等比数列是我们高考中的重要考点，也是我们学习的重点，在学完类比推理之后，请思考一下，等差数列和等比数列之间有什么样的区别和联系．请同学们分享课前学习单．

【任务】

课前学习单：等差数列和等比数列的性质比较表（表 3 – 3 – 22）．

表 3 – 3 – 22

	等差数列	等比数列
定义	$a_{n+1} - a_n = d \ (n \in \mathbf{N}^*)$	$\dfrac{a_{n+1}}{a_n} = q \ (n \in \mathbf{N}^*)$
通项	$a_n = a_1 + (n-1)d$	$a_n = a_1 q^{n-1}$
前 n 项和	$S_n = \dfrac{n(a_1 + a_n)}{2} = na_1 + \dfrac{n(n-1)d}{2}$	$S_n = \dfrac{a_1(1-q^n)}{1-q} = \dfrac{a_1 - a_n q}{1-q} \ (q \neq 1)$
中项	$a_{n-1} + a_{n+1} = 2a_n \ (n \geq 2)$	$a_{n+1} a_{n-1} = a_n^2$
性质	（1）$a_n = pn + q$． （2）若 $m+n=p+q$，则 $a_m + a_n = a_p + a_q$． （3）S_m，$S_{2m} - S_m$，$S_{3m} - S_{2m}$，…成等差数列． （4）若 k_1，k_2，k_3，…成等差数列，则 ak_1，ak_2，ak_3，…也成等差数列． （5）若数列 $\{a_n\}$，$\{b_n\}$ 是项数相同的等差数列，则 $\{a_n \pm b_n\}$ 也是等差数列	（1）$a_n = a \cdot b^n$． （2）若 $m+n=p+q$，则 $a_m \cdot a_n = a_p \cdot a_q$． （3）$S_n$，$S_{2n} - S_n$，$S_{3n} - S_{2n}$，$S_{4n} - S_{3n}$，…成等比数列． （4）若 k_1，k_2，k_3…成等差数列，则 ak_1，ak_2，ak_3，…成等比数列． （5）若数列 $\{a_n\}$，$\{b_n\}$ 是项数相同的等比数列，则 $\{a_n \cdot b_n\}$ 或 $\left\{\dfrac{a_n}{b_n}\right\}$ 也是等比数列

【追问】

等差数列与等比数列在定义、公式、性质上有什么异同?

【追问】

等差数列与等比数列之间又有什么样的内在联系呢?

【任务】

(1) 已知数列 $\{a_n\}$ 中,$a_1 = 1$,$a_2 = 3$,$a_n = a_{n-1} + \dfrac{1}{a_{n-2}}$ ($n \geq 3$),则 a_5 等于 ( )

A. $\dfrac{55}{12}$ B. $\dfrac{13}{3}$ C. 4 D. 5

(2) 等差数列 $\{a_n\}$ 中,$a_1 + a_5 = 10$,$a_4 = 7$,则数列 $\{a_n\}$ 的公差为 ( )

A. 1 B. 2 C. 3 D. 4

设计意图:通过复习,让学生回顾知识,构建知识体系,进一步了解等差数列与等比数列的差别和联系.

2. 探究交流

【问题 2】

在等差数列 $\{a_n\}$ 中,前 n 项和 $S_n = $ _____. 类比上述性质,相应地,在等比数列 $\{b_n\}$ 中,前 n 项积 $T_n = $ _____.

设计意图:等差数列的前 n 项和公式 $S_n = \dfrac{n(a_1 + a_n)}{2}$,类比到等比数列前 n 项积为 $T_n = b_1^n \cdot q^{\frac{n(n-1)}{2}}$.

【问题 3】

若数列 $\{a_n\}$ 是等差数列,则数列 $b_n = \dfrac{a_1 + a_2 + a_3 + \cdots + a_n}{n}$ 也是等差数列.

类比上述性质,相应地,若数列 $\{b_n\}$ 是等比数列,且 $b_n > 0$,则 $d_n = $ _____也是等比数列.

【追问】

条件中给出的运算是哪两种运算?推理到等比数列中应该是怎样的?

设计意图:类比等差数列的性质,我们把加减改成乘除,则 $d_n = \sqrt[n]{c_1 c_2 c_3 \cdots c_n}$. 通过一个实例,让学生初步了解从等差数列到等比数列的过渡,进一步了解逻辑推理的本质.

3. 成果展示

（1）运算：将"加、减、乘、除"运算依次变成"乘、除、乘方、开方"运算.

（2）符号：把等差数列的定义和通项中的 d 换成等比数列的 q.

注意：

（1）将"加、减、乘、除"依次变成"乘、除、乘方、开方"的变换中，下标之间的运算无须变化.

（2）等差数列中，$d=0$ 通常类比成等比数列中 $q=1$.

【任务】

（1）设等差数列 $\{a_n\}$ 的前 n 项和为 S_n，则 S_4，S_8-S_4，$S_{12}-S_8$，$S_{16}-S_{12}$ 成等差数列. 类比以上结论有：设等比数列 $\{b_n\}$ 的前 n 项积为 T_n，则 T_4，_____，_____，$T_{16}-T_{12}$ 成等比数列.

（2）已知等差数列 $\{a_n\}$ 中，有 $\dfrac{a_{11}+a_{12}+\cdots+a_{20}}{10}=\dfrac{a_1+a_2+\cdots+a_{30}}{30}$，则在等比数列 $\{b_n\}$ 中，会有类似的结论_____.

设计意图：设计展示活动，既可以加深学生对类比推理的认识，也可以引导学生充分参与互动学习，从而培养学生交流与反思的学习习惯.

4. 学以致用

【问题4】

已知数列 $\{a_n\}$ 为等差数列，且 $a_m=s$，$a_k=t$（$m\neq k$），则 $a_{m+k}=\dfrac{sk-tm}{k-m}$；若数列 $\{b_n\}$ 为等比数列，且 $b_m=s$，$b_k=t$（$m\neq k$）.

（1）类比等差数列的结果，你认为 b_{m+k} 可能是什么值？

（2）证明你的推测是否正确.

【追问】

能否把 $a_{m+k}=\dfrac{sk-tm}{k-m}$ 变成差的形式：$a_{m+k}=\dfrac{sk-tm}{k-m}=\dfrac{sk}{k-m}-\dfrac{tm}{k-m}$？

【追问】

由上述等差数列的性质，可否写出等比数列类似的性质？并证明.

证明：由 $b_m = s = b_1 q^{m-1}$，$b_k = t = b_1 q^{k-1}$，则 $q = \left(\dfrac{t}{s}\right)^{\frac{1}{k-m}}$，所以 $b_{m+k} = b_m q^{m+k-m} = s\left(\dfrac{t}{s}\right)^{\frac{k}{k-m}} = \dfrac{t^{\frac{k}{k-m}}}{s^{\frac{m}{k-m}}}$.

【问题 5】

在等差数列 $\{a_n\}$ 中，若 $a_{15} = 0$，则有等式 $a_1 + a_2 + \cdots + a_n = a_1 + a_2 + \cdots + a_{29-n}$（$n < 29$，$n \in \mathbf{N}^*$）成立. 类比上述性质，相应地，在等比数列 $\{b_n\}$ 中，若 $b_{19} = 1$，则有等式_____成立.

【追问】

条件中给出等差数列的性质使用了什么原理？等比数列有怎样的类似的性质？

如果 $a_m = 0$，有 $a_1 + a_2 + \cdots + a_n = a_1 + a_2 + \cdots + a_{2m-1-n}$（$n < 2m-1$，$n \in \mathbf{N}^*$）.

我们知道，若 m，n，p，$q \in \mathbf{N}^*$，且 $m + n = p + q$，对于等差数列有等式 $a_m + a_n = a_p + a_q$.

类比于此，就可以得到等比数列有等式 $a_m \cdot a_n = a_p \cdot a_q$.

【追问】

那么类比就可以得到什么样的结论？

可以得到结论：若 $b_m = 1$，则有 $b_1 b_2 \cdots b_n = b_1 b_2 \cdots b_{2m-1-n}$（$n < 2m-1$，$n \in \mathbf{N}^*$）成立. 所以在本题中的 $m = 19$，即得 $b_1 b_2 \cdots b_n = b_1 b_2 \cdots b_{37-n}$（$n < 37$，$n \in \mathbf{N}^*$）.

【目标检测单】

（1）公比为 2 的等比数列 $\{a_n\}$ 的各项都是正数，且 $a_3 \cdot a_{11} = 16$，则 a_5 等于（   ）

A. 1   B. 2   C. 4   D. 8

（2）等差数列 $\{a_n\}$ 的公差为 d，前 n 项和为 S_n，当首项 a_1 和 d 变化时，$a_2 + a_8 + a_{11}$ 是一个定值，则下列各数也为定值的是（   ）

A. S_7 B. S_8 C. S_{13} D. S_{15}

设计意图：应用拓展环节，是学生对已学习的内容和解决问题的方法进行内化、吸收、提升的过程．

5. 课堂总结

【问题 6】

请同学们谈一谈类比推理的一般思路和方法．

【追问】

本节课关联了哪些必备知识？涉及了哪些数学思想方法？蕴含了哪些核心素养？

设计意图：（1）类比推理的一般步骤是：观察、比较→联想、类推→猜测类似结论、证明结论．

（2）在进行类比拓展时，可以抓住某些性质进行类比，如由等差数列定义到等比数列定义时"差"变成"商"，由等差数列的通项公式到等比数列的通项公式时"和"变成"积"（"积"又变成"幂"），也可以抓住思维方法进行类比迁移，如等差数列有等式 $a_m + a_n = a_p + a_q$，而在等比中也有类似的性质，即等比数列有等式 $a_m \cdot a_n = a_p \cdot a_q$．

6. 课后作业单

（1）等差数列有如下性质：若数列 $\{a_n\}$ 为等差数列，则当 $b_n = \dfrac{a_1 + a_2 + \cdots + a_n}{n}$ 时，数列 $\{b_n\}$ 也是等差数列；类比上述性质，相应地，若数列 $\{c_n\}$ 是正项等比数列，当 $d_n = $ _____ 时，数列 $\{d_n\}$ 也是等比数列．

（2）已知等差数列 $\{a_n\}$ 的前 n 项和为 $S_n = na_1 + \dfrac{n(n-1)}{2}d$，用类比的方法，写出等比数列前 n 项积的表达式 $T_n = $ _____．

（3）数列 $\{a_n\}$ 是正项等差数列，若 $b_n = \dfrac{a_1 + 2a_2 + 3a_3 + \cdots + na_n}{1 + 2 + 3 + \cdots + n}$，则数列 $\{b_n\}$ 也为等差数列．类比上述结论，写出正项等比数列 $\{c_n\}$，若 $d_n = $ _____，则数列 $\{d_n\}$ 也为等比数列．

三、单元整体评价与反思

（一）单元学习评价表（学生自评）（表3－3－23）

表3－3－23

阶段	序号	项目	内容	效果（程度）
学习准备	1	学习态度	学习兴趣、合理规划	优
	2	单元预习	预习单元内容	良好
课堂学习	3	课前学习单	课中展示，课前学习单	良好
	4	活动表现	交流与反思、思维与表达、回答问题、提出问题、分析问题、活动经验、参与程度、互动程度	一般
	5	任务表现	完成问题链、任务单、目标检测单	一般
	6	单元练习	完成情况	良好
	7	单元检测		良好
	8	关键能力	解决数学问题的知识与技能	良好
课后学习	9	完成作业	巩固概念、提升知识技能与综合能力	良好
	10	回顾梳理	梳理单元内容、数学思想方法、数学学科素养、典型数学模型	一般
说明			效果（程度）：一般、良好、优	

（二）单元教学评价表（教师自评）（表3－3－24）

表3－3－24

阶段	序号	项目	内容	效果（程度）
学生的学	1	目标达成度	目标的达成程度	优
	2	必备知识	知识技能，思想方法	良好
	3	关键能力	解决问题的能力	良好

续 表

阶段	序号	项目	内容	效果（程度）
教师的教	4	优点与价值	本单元两个主题代表性强	优
	5	反思与改进	类比推理的材料和案例很少，例题、习题还不够丰富	良好
	6	后续指导	研制逻辑推理方面的案例和材料	良好
说明			效果（程度）：一般、良好、优	

（三）单元整体评价与反思表（互评）（表3-3-25）

表3-3-25

评价项目	评价内容		评价要点	评价方式
单元整体评价与反思	学生的学	目标达成度	理解类比推理的内涵和外延，学会将其应用类比推理分析问题	教师评价 同事评价 专家评价
		必备知识	—	
		关键能力	提升类比推理能力	
	教师的教	优点	以问题为起点和导向，让学生在思考中深入学习，在问题中成长，重在培养学生思考的能力、解决问题的能力	
		不足	类比推理过程中结论太多，引导学生甄别，突破难点略显不足；需要加强证明过程	
	对后续教学的指导		研制和开发更多的相关内容进行类比推理学习活动	

第四节 "几何中的距离问题" 单元教学整体设计

一、单元教学要素设计（表 3 - 3 - 26）

表 3 - 3 - 26

单元名称	学习阶段	教材版本	建议课时	课型	单元类别
几何中的距离问题	高二（下）	人教版	2	单元知识探究课	素养类

单元内容		内容	几何中的距离问题
单元内容	内容解析	内容本质	数学运算是解决数学问题的基本手段，利用综合几何法、解析几何法和向量法将几何问题转化为代数问题，体现数与形的结合
单元内容	内容解析	知识结构	引导学生提高数学运算素养，几何中的距离问题在高中阶段数学中的地位非常重要，是提升学生直观想象、逻辑推理和数学运算素养的载体；理解运用解析几何和向量研究距离的方法；理解距离问题与空间向量和立体几何都有着紧密的联系
单元内容	内容解析	学科育人	学生能进一步发展数学运算能力；有效借助运算方法解决实际问题；通过运算促进数学思维发展，逐步形成规范化、程序化思考问题的品质，养成一丝不苟、严谨求实的科学态度
单元内容	内容解析	思想方法	发挥向量的重要作用，借助向量的特点研究高中阶段距离问题的所有内容，体现几何的整体性，用几何直观和代数运算的方法研究距离问题，有利于学生掌握转化与化归的思想并提高学生的数形结合能力和直观想象、数学运算素养
单元内容	内容解析	教学重点	研究几何中的距离问题

单元目标	目标	理解综合几何法、解析几何法和向量法的内涵与应用；能通过距离公式的推导提炼出距离问题的通性、通法，能够运用综合几何法、解析几何法和向量法解决距离问题；发展直观想象、数学运算的核心素养	
	目标解析	在用综合几何法、解析几何法和向量法研究基本图形的距离问题的过程中，体会三种方法的共性和差异，提炼出问题的通性、通法，领会其中蕴含的数学思想与方法，培养学生数形结合、转化与化归的数学思想，提升学生直观想象和数学运算素养	
问题诊断	认知基础	初中阶段学生对距离的概念有了初步的认识，进入高中，又进一步学习了几何中的距离问题，具备了运用综合几何法、解析几何法和向量法探究距离问题的能力．此外，学生也初步掌握了向量在几何中的简单应用并且进一步深入学习了几何，这些都为本单元的探究奠定了基础	
	障碍原因	利用综合几何法、解析几何法和向量法得到计算距离的通式是本节课的难点．突破难点的方法是搭建图形距离与向量的桥梁，用向量法推导出求距离的公式．另外，学生大量的自主探究、合作学习会增加教师控制课堂的难度	
	难点	距离公式的探究以及几何中求解距离问题	
教学策略	课时安排	综合几何法、解析几何法求距离	第 1 课时
		向量法求距离	第 2 课时
	突破难点	通过设计"问题链 + 任务单"，引导学生经历观察、思考、探究、讨论、反思等过程，逐步加深对求解距离问题公式和方法的理解．通过比较综合几何法、解析几何法和向量法求解距离问题，强化转化与化归思想的应用，构建出解决距离问题的通法	
	教学方法	单元导引"问题链 + 任务单"教学法	
	资源支持	信息技术与教学的融合是本节课学习的重要支持技术，借助了"互联网 +"技术等多媒体手段	

285

续 表

单元学习评价	学习准备	单元预习	直线和平面法向量的求法	自评
	学习活动	问题活动	—	自评
		任务活动	—	自评
	学习梳理	知识结构	梳理本单元学习内容：几何中距离问题	自评
		思想方法	回顾探究距离公式的基本数学思想和方法，掌握求解距离问题的公式和方法，深刻体会数形结合、转化与化归思想在探究数学问题中的应用	自评
	单元检测	学科素养	数学运算、逻辑推理、直观想象素养	自评
		单元练习单	共14道题（选择题8道，填空题3道，解答题3道）	自评
		单元检测单	共14道题（选择题8道，填空题3道，解答题3道）；单元结束时进行单元测试	师评

二、课时教学设计

第1课时 "综合几何法、解析几何法求距离"教学设计

（一）课时教学要素设计（表3-3-27）

表3-3-27

课时内容		综合几何法、解析几何法求距离
目标设计	学习目标	1. 了解综合几何法、解析几何法求距离的方法． 2. 理解转化与化归的思想在数学中的应用． 3. 培养学生的数形结合思想和发展学生的数学运算素养

续 表

教学策略	资源	信息技术与数学融合、几何画板等教学工具、平板		
	教学方法	"问题链＋任务单"教学法		
	重点	借助几何图像掌握综合几何法和解析几何法求距离的基本思路		
	难点	点到平面距离的求法		
	教学流程	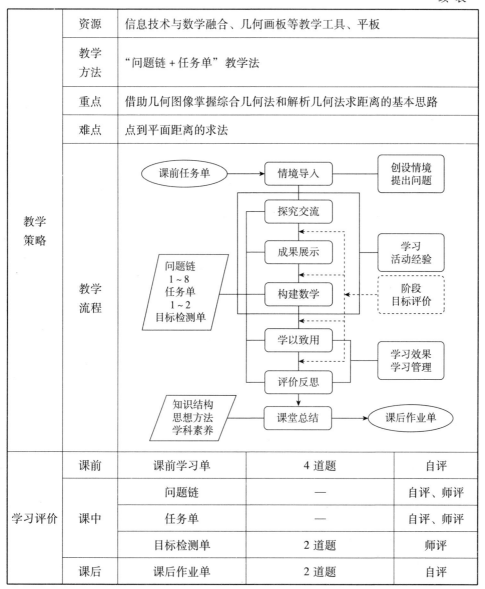		
学习评价	课前	课前学习单	4 道题	自评
	课中	问题链	—	自评、师评
		任务单	—	自评、师评
		目标检测单	2 道题	师评
	课后	课后作业单	2 道题	自评

（二）教学过程设计

1. 情境导入

【问题 1】

请同学们回顾一下我们学过哪些距离问题?

设计意图：回顾数学中的距离问题，在熟悉的数学情境中引入新课.

【追问】

在求解距离问题时，我们学过哪些方法呢？

设计意图：回顾解决距离问题常用的三种方法，为提炼解决问题的通性、通法奠定基础．

2. 探究交流、成果展示

【问题2】

已知点 A（1，2）和直线 l：$3x + 4y + 2 = 0$，请用综合几何法求点 A 到直线 l 的距离．

设计意图：构造三角形，用综合几何法求距离，让学生充分掌握综合几何法求解点到直线的距离．

【问题3】

已知点 A（－2，3）和直线 l：$3x + 4y + 3 = 0$，请用解析几何法求点 A 到直线 l 的距离．

设计意图：引导学生用解析几何法求点到直线的距离，提高学生直观想象的能力．

3. 构建数学

让学生经历综合几何法和解析几何法求点到直线的距离，体会不同方法在距离问题中的应用．

【任务】

1. 在△ABC 中，已知 $AB = 2$，$BC = 4$，$AC = 2\sqrt{3}$，且直线 l 过 A，B 两点，用综合几何法求点 A 到直线 l 的距离．

2. 已知点 A（1，3），B（3，1），C（－1，0），直线 l 为过点 A，B 的一条直线，请用解析几何法求点 C 到直线 l 的距离．

设计意图：让学生深刻理解综合几何法和解析几何法在距离问题中的应用，加深对两种方法的认识，提高学生逻辑推理的能力，培养学生数学运算的核心素养．

4. 学以致用

【问题4】

如图 3 － 3 － 25，已知棱长为 2 的正方体 $ABCD － A_1B_1C_1D_1$，求点 B 到平面 A_1ACC_1 的距离．

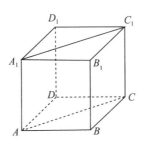

图 3 – 3 – 25

设计意图：让学生体会综合几何法在立体几何中的应用，培养学生直观想象的素养．

【问题 5】

求两平行直线 $x+y+2=0$ 与 $x+y-3=0$ 之间的距离．

设计意图：将求平行直线间的距离转化为求点到直线的距离，让学生体会数学中转化与化归的数学思想，灵活运用解析几何法解决距离问题．

【目标检测单】

（1）若 $\triangle ABC$ 的内角 A，B，C 的对边分别为 a，b，c，已知 $a=\sqrt{5}$，$b=3$，$c=2$，求点 B 到 AC 边所在直线的距离．

（2）若点 $P(x, y)$ 在直线 $x+y-4=0$ 上，O 是原点，则 $|OP|$ 的最小值是（   ）

A. $\sqrt{10}$ B. $2\sqrt{2}$ C. $\sqrt{6}$ D. 2

设计意图：检测学生是否学会方法，学生在解题中加深对综合几何法和解析几何法的理解，提高数学运算素养．

5. 课堂总结

【问题 6】

请回顾本节课的学习过程，谈一谈解决距离问题的一般方法，以及综合几何法与解析几何法的异同点．

【追问】

请结合求点到直线的距离问题的思路，谈谈本节课关联了哪些必备知识，涉及了哪些数学思想方法，蕴含了哪些核心素养．

设计意图：引导学生回顾利用几何法和解析法求距离的一般思路，梳理本节课的知识发生发展的过程，初步构建解决距离问题的知识结构体系．通过追问，引导学生理解数学的本质，体会解决核心问题、一类问题的数学思想方法．让学生充分表达求解距离问题的方法，在比较几种方法的过程中优化解法．

6. 课后作业单

（1）在 $\triangle ABC$ 中，已知 $AB = 5$，$AC = 3$，$\angle A = \dfrac{2\pi}{3}$，求 BC 边上的高．

（2）求直线 $2x + y + 2 = 0$ 与直线 $2x + y - 4 = 0$ 之间的距离．

（3）如图 $3 - 3 - 26$，在梯形 $ABCD$ 中，$AD /\!/ BC$，$\angle ABC = \dfrac{\pi}{2}$，$AB = BC = 1$，$AD = 2$，$PA \perp$ 平面 $ABCD$，且 $PA = 1$，点 F 为 AD 的中点．

① 求点 A 到平面 PCF 的距离；

② 求 AD 与平面 PBC 间的距离．

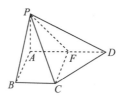

图 $3 - 3 - 26$

第2课时 "向量方法求距离"教学设计

（一）课时教学要素设计（表 $3 - 3 - 28$）

表 $3 - 3 - 28$

课时内容		向量方法求距离
学习目标		1. 理解向量法求距离的一般思路． 2. 会用向量法求点到直线的距离、点到平面的距离、异面直线的距离（选修）． 3. 培养数形结合、转化与化归数学思想，发展学生直观想象、逻辑推理和数学运算素养
教学 策略	资源	信息技术与数学融合，使用几何画板等教学工具
	教学方法	"问题链 + 任务单"教学法
	重点	构建向量法求距离问题的一般方法

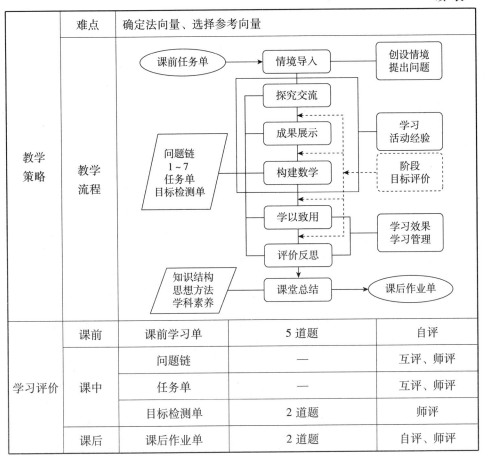

教学策略	难点	确定法向量、选择参考向量		
	教学流程			

	课前	课前学习单	5 道题	自评
学习评价	课中	问题链	—	互评、师评
		任务单	—	互评、师评
		目标检测单	2 道题	师评
	课后	课后作业单	2 道题	自评、师评

（二）教学过程设计

1. 情境导入

【问题1】

前面我们学习了利用综合几何法和解析几何法求点到直线的距离，你能用向量法求点 A（-2，3）到直线 l：$3x+4y+3=0$ 的距离吗？

设计意图：向量方法．在直线 l 上取一点 B（-1，0），先确定直线 l 的法向量 $\vec{n}$，再选择参考向量 $\overrightarrow{BA}$，计算向量 $\overrightarrow{BA}$ 到法向量 $\vec{n}$ 的投影向量，则投影向量的长度就是点 A 到直线 l 的距离，如图 $3-3-27$．

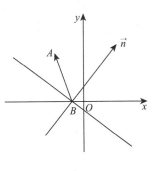

图 $3-3-27$

2. 探究交流、成果展示

【问题2】

如图 3－3－28，已知 AB 是与平面 α 相交的一条斜线段，$\vec{n}$ 为平面 α 的法向量.

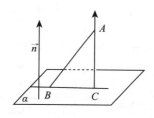

图 3－3－28

求证：A 到平面 α 的距离为 $d = \dfrac{|\overrightarrow{AB} \cdot \vec{n}|}{|\vec{n}|}$.

设计意图：确定平面 α 的法向量 $\vec{n}$，在平面 α 内取一点 B，在空间坐标系中，A，B 的坐标都是确定的. 选择参考向量 $\overrightarrow{BA}$，计算向量 $\overrightarrow{BA}$ 到法向量 $\vec{n}$ 的投影向量，则投影向量的长度即为点 A 到平面 α 的距离.

【问题3】

探究向量法计算异面直线间的距离？（选修）

设计意图：《普通高中数学课程标准（2017 年版)》明确了两条异面直线的距离属于选修内容，可以作为研究素材使用。求出与两条异面直线的方向向量都垂直的法向量，在两条异面直线上分别取点 A 和点 B，求向量 $\overrightarrow{AB}$ 到法向量的投影向量，投影向量的长度即为所求的距离.

3. 构建数学

运用向量法求点到直线、点到平面、异面直线间的距离（选修）的一般思想方法：确定法向量→选择参考向量→确定参考向量到法向量的投影向量→求投影向量的长度. 关于直线到平面和平面到平面的距离，通过转化的数学思想，都可以将它们转化为点到平面的距离.

4. 学以致用

【问题4】

已知正方体 $ABCD - A_1B_1C_1D_1$ 的棱长是 1，则直线 DA_1 与 AC 间的距离为

_____ .（选修）

设计意图：运用向量法求异面直线间的距离.

【问题 5】

如图 3 - 3 - 29，在梯形 $ABCD$ 中，$AD /\!/ BC$，$\angle ABC = \dfrac{\pi}{2}$，$AB = BC = 1$，$AD =$

2，$PA \perp$ 平面 $ABCD$，且 $PA = 1$，点 F 为 AD 中点.

（1）用向量法求点 A 到平面 PCF 的距离；

（2）用向量法求直线 AD 与平面 PBC 间的距离.

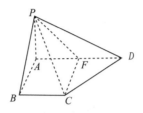

图 3 - 3 - 29

设计意图：让学生经历用向量法求解距离的问题，深刻体会向量法在距离问题中的应用，掌握转化的数学思想，培养学生直观想象和数学运算的素养.

【目标检测单】

1. 如图 3 - 3 - 30，正方体 $ABCD - A_1B_1C_1D_1$ 的棱长为 1，O 是底面 $A_1B_1C_1D_1$ 的中心，则点 O 到平面 ABC_1D_1 的距离是（   ）

A. $\dfrac{1}{2}$ B. $\dfrac{\sqrt{2}}{4}$ C. $\dfrac{\sqrt{2}}{2}$ D. $\dfrac{\sqrt{3}}{2}$

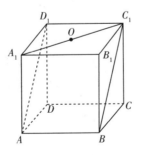

图 3 - 3 - 30

2. 如图 3 - 3 - 31，正方体 $ABCD - A_1B_1C_1D_1$ 的棱长为 1，求平面 A_1BD 与平面 B_1CD_1 间的距离.

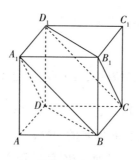

图 3 - 3 - 31

设计意图：优化算法，提高解决问题的能力.

5. 课堂总结

【问题6】

请回顾本节课的学习过程，谈一谈用向量法求距离的一般思路，谈一谈几何法、解析法与向量法三者之间的区别与联系.

【追问】

本节课关联了哪些必备知识？涉及了哪些数学思想方法？蕴含了哪些核心素养？

设计意图：引导学生回顾本节课的知识发生发展的过程，构建向量法解决距离问题的知识结构体系，引导学生理解数学本质，体会解决核心问题、一类问题的数学思想方法. 理解垂直反映了距离的本质，即线段长度最短，还有利于构造直角三角形，借助勾股定理计算线段的长，加深理解了法向量是反映垂直方向的最为直观的表达形式，体现了几何直观和定量刻画. 其中的关键是向量与起点无关的自由性.

6. 课后作业单

如图 3 - 3 - 32，在四棱锥 $O - ABCD$ 中，底面 $ABCD$ 是边长为 2 的正方形，$OA \perp$ 底面 $ABCD$，$OA = 2$，M，N，R 分别为 OA，BC，AD 的中点. 求直线 MN 与平面 OCD 间的距离，平面 MNR 与平面 OCD 间的距离.

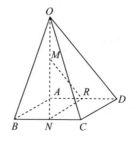

图 3 - 3 - 32

三、单元整体评价与反思

（一）单元学习评价表（学生自评）（表3-3-29）

表3-3-29

阶段	序号	项目	内容	效果（程度）
学习准备	1	学习态度	学习兴趣、合理规划	良好
	2	单元预习	预习单元内容	良好
课堂学习	3	课前学习单	课中展示、课前学习单	优
	4	活动表现	交流与反思、思维与表达、回答问题、提出问题、分析问题、活动经验、参与程度、互动程度	良好
	5	任务表现	完成问题链、任务单、目标检测单	优
	6	单元练习	完成情况	良好
	7	单元检测		
	8	关键能力	解决数学问题的知识与技能	良好
课后学习	9	完成作业	巩固概念、提升知识技能与综合能力	良好
	10	梳理回顾	梳理单元内容、数学思想方法、数学学科素养、典型数学模型	良好
说明			效果（程度）：一般、良好、优	

（二）单元教学评价表（教师自评）（表3-3-30）

表3-3-30

阶段	序号	项目	内容	效果（程度）
学生的学	1	目标达成度	目标的达成程度	优
	2	必备知识	知识技能、思想方法	良好
	3	关键能力	解决问题的能力	良好
教师的教	4	优点与价值	本单元是数学运算素养方面的典型案例	优
	5	反思与改进	本单元相关材料和案例很少，学习活动还不够充分	良好
	6	后续指导	开发和研制相关案例材料	良好
说明			效果（程度）：一般、良好、优	

（三）单元整体评价与反思表（互评）（表3-3-31）

表3-3-31

评价项目	评价内容		评价要点	评价方式
单元整体评价与反思	学生的学	目标达成度	理解综合几何法、解析几何法和向量法求距离问题的本质，可以灵活应用两种方法求解距离问题．体会距离问题中所蕴含的转化与化归、数形结合的数学思想方法	教师评价同事评价专家评价
		必备知识	—	
		关键能力	提升学生利用已有知识解决问题的能力，培养学生的数学思维和数学运算核心素养	
	教师的教	优点	比较几种研究方法，提炼解决问题的通性、通法．设计"问题链＋任务单"，让学生经历知识的梳理、方法的提炼、思想的感悟过程；重点渗透转化与化归数学思想核心，培养学生获得新知识、分析问题、解决问题的能力	
		不足	两个课时教学之间的纵向逻辑关系还可以做得更好一些	
	对后续教学的指导		1. 加强研究两个课时教学的逻辑关系．2. 对比分析三种方法的共性与差异性，可以为空间向量与立体几何提供素材	

第五节 "建立函数模型解决实际问题" 单元教学整体设计

一、单元教学要素设计（表3-3-32）

表3-3-32

单元名称		学习阶段	教材版本	建议课时	课型	单元类别
建立函数模型解决实际问题		高一（上）	人教版	4	数学应用探究课	素养类
单元内容	内容	建立函数模型解决实际问题				
	内容解析	内容本质	函数应用不仅体现在用函数解决数学问题，更重要的是用函数解决实际问题			
		知识结构	函数是高中数学的主线，也是高中数学的核心内容，函数建模就是要引导学生了解函数可以刻画变化规律，可以解决相关问题，理解用函数构建数学模型的基本过程，运用模型思想发现和提出问题、分析和解决问题			
		学科育人	学会用数学解决实际问题，感悟数学与现实之间的关联，积累实践经验，加深对数学价值的理解，培养解决问题的能力和探索精神			
		思想方法	通过把实际问题转化为数学问题体现转化与化归的数学思想，通过数学建模的可视化体现数形结合的数学思想，通过对散点图的处理与计算体现函数与方程的思想			
		教学重点	构建数学模型			

单元目标	目标	1. 会选择合适的函数模型刻画现实问题的变化规律. 2. 理解数学建模的一般步骤. 3. 运用函数模型解决实际问题, 发展数学建模和数学抽象素养	
	目标解析	1. 理解函数模型是描述客观世界中变量关系和规律的重要数学语言和工具. 会选择合适函数模型解决实际问题. 2. 用函数的三种表示法（列表、图像—散点图、解析式—函数模型）表示实际问题所反映的函数关系, 体现实际数学建模呈现形式的多样性和选择性. 3. 了解数学建模的一般步骤: 观察实际情境: 发现问题→提出问题→收集数据→分析数据→建立函数模型→检验模型→求解结论→解决问题. 4. 培养数形结合、转化与化归、特殊与一般的数学思想, 发展数学建模、数学抽象素养	
问题诊断	认知基础	学生已经学习了二次函数及其性质、指数函数、对数函数、幂函数	
	障碍原因	学生面对实际问题会束手无策, 选择函数模型没有方向, 以前学习的知识大部分是经过数学化和模型化处理的, 所给数学模型、数学建模也是经过处理的, 在现实情境中会出现数学建模的异常点, 在选择数学模型的时候容易出现障碍. 教师对于本内容也是生疏的, 学习资源少	
	难点	选择合适的函数模型	
教学策略	课时安排	函数的应用（一）	第 1 课时
		函数的应用（二）	第 2 课时
		建立函数模型解决实际问题	第 3 课时
		探究数学建模完整过程	第 4 课时
	教学重点	理解数学建模的数学素养	
	突破难点	结合现实情境中的具体问题, 强调"问题"和"问题意识", 引导学生自主进行学习活动	
	教学方法	单元导引"问题链 + 任务单"教学法	
	资源支持	多媒体技术	

续 表

单元学习评价	学习准备	单元预习	复习函数相关知识和对比几类不同函数的图像变化差异性并完成老师设计的学习表单	自评
	学习活动	问题活动	—	自评
		任务活动	—	自评
	学习梳理	知识结构	梳理函数知识，对数学建模素养的评价要注重贯穿从实际问题凝练到能力形成的全过程	自评
		思想方法	转化与化归、函数与方程、分类与整合、统计与概率等数学思想方法	自评
		学科素养	数学建模、数学抽象、逻辑推理、数学运算素养	自评
	单元检测	单元练习单	共4道题（探究性作业）	师评
		单元检测单	结题报告（探究性作业）	师评

二、课时教学设计

第1课时 "函数的应用（一）"教学设计

（一）课时教学要素设计（表3－3－33）

表3－3－33

课时内容		函数的应用（一）
学习目标		1. 能将实际问题中的量抽象成数学的变量，并找到变量之间的关系，将具体的实际问题化归为函数问题. 2. 能通过分析函数图像及表格数据了解相应的线性函数、指数函数、对数函数增长速度的差异. 3. 提升数学抽象、数学建模等素养
教学策略	资源	信息技术与数学融合，几何画板等教学工具
	教学方法	"问题链＋任务单"教学法
	重点	将实际问题中的量抽象成数学中的变量，寻找变量之间的关系
	难点	构建函数模型

续 表

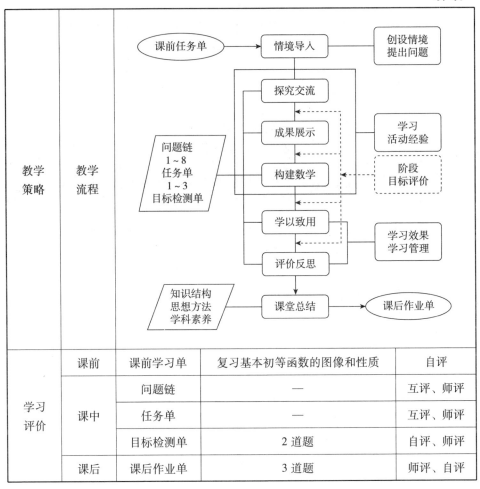

教学策略	教学流程			
学习评价	课前	课前学习单	复习基本初等函数的图像和性质	自评
	课中	问题链	—	互评、师评
		任务单	—	互评、师评
		目标检测单	2 道题	自评、师评
	课后	课后作业单	3 道题	师评、自评

（二）教学过程设计

1. 情境导入

【问题 1】

爸爸需要交多少税呢

2018 年年底《中华人民共和国个人所得税法》对个税做了一次修改，规定自 2019 年 1 月 1 日起，根据新修订的个税法，今后计算个税应纳税所得额，在 5000 元基本减除费用扣除和"三险一金"等专项扣除外，还可享受子女教育、继续教育、大病医疗、住房贷款利息或住房租金，以及赡养老人等专项附加扣除．今天我们先来算一下，爸爸的全年综合所得 249 600 元，那么他全年应该交多少个人所得税呢?

设计意图: 从生活入手,强调数学与生活、数学与学习经验的联系,激发学生的学习兴趣.

2. 探究交流、成果展示

【问题2】

依法纳税是每个公民应尽的义务,个人取得的所得应依照《中华人民共和国个人所得税法》向国家缴纳个人所得税(简称个税). 自 2019 年 1 月 1 日起,个税税额根据应纳税所得额、税率和速算扣除数确定,计算公式为:

个税税额 = 应纳税所得额 × 税率 − 速算扣除数

应纳税所得额的计算公式为:

应纳税所得额 = 综合所得收入额 − 基本减除费用 − 专项扣除 − 专项附加扣除 − 依法确定的其他扣除

其中,"基本减除费用"为每年 60 000 元,税率与速算扣除数见表 3 − 3 − 34.

表 3 − 3 − 34

级数	全年应纳税所得额所在区间/元	税率/%	速算扣除数/元
1	[0, 36 000]	3	0
2	(36 000, 144 000]	10	2 520
3	(144 000, 300 000]	20	16 920
4	(300 000, 420 000]	25	31 920
5	(420 000, 660 000]	30	52 920
6	(660 000, 960 000]	35	85 920
7	(960 000, +∞)	45	181 920

小王缴纳的基本养老保险、基本医疗保险、失业保险等社会保险费和住房公积金占综合所得收入额的比例分别为 8%,2%,1%,9%,专项附加扣除是 52 800 元,依法确定其他扣除是 4 560 元. 设小王全年综合所得收入额为 x(单位:元),应缴纳综合所得个税税额为 y(单位:元).

(1)求 y 关于 x 的函数解析式;

(2)如果小王全年综合所得收入额为 249 600 元,那么他全年应缴纳多少综合所得个税?

【追问】

（1）这个问题中存在着几个变量？

（2）应纳税所得额与综合所得收入之间是什么关系？你能用函数关系式表达出来吗？

（3）个税税额与应纳税所得额之间是什么关系？你能用函数关系式表达出来吗？

（4）当综合所得收入额 x 在什么范围内时，可以使应纳税所得额落到相应的区间，从而确定税率和速算扣除数？

（5）你能写出 y 关于 x 的函数解析式吗？

设计意图：让学生通过对问题链的思考，将实际问题转化为数学问题．将实际问题中的量抽象成数学中的变量，并找到变量之间的关系．难点在于如何将自变量 x 的取值进行分段，通过追问中的（4）（5）引导学生通过解相应的不等式求出 x 的不同范围，从而得到个税税额关于综合收入所得额的分段函数．

【追问】

（1）在上例中，如果小王全年综合所得收入额为 249 600 元，那么他全年应缴纳多少综合所得个税？

（2）在问题 1 中，如果爸爸全年综合所得收入额为 400 000 元，那么他全年应缴纳多少综合所得个税？

设计意图：让学生通过追问（1），将实际问题转化为数学问题，建立综合所得个税税额与全年综合所得额之间的函数关系；再通过追问（2），灵活应用函数关系，解决实际问题．在此过程中，激发学生应用数学的意识，逐步形成分析问题、解决问题的能力，提升数学抽象、数学建模等素养．

【问题3】

人口问题是当今世界各国普遍关注的问题．认识人口数量的变化规律，可以为制定一系列相关政策提供依据．早在 1978 年，英国经济学家马尔萨斯（T. R. Malthus，1766—1834）就提出了自然状态下的人口增长模型：

$$y = y_0 e^{rt}$$

其中：t 表示经过的时间，y_0 表示 $t=0$ 时的人口数，r 表示人口的年均增长率．表 3-3-35 是 1950—1959 年我国的人口数据资料（单位：万人）：

表 3 - 3 - 35

年份/年	1950	1951	1952	1953	1954
人数/人	55 196	56 300	57 482	58 796	60 266
年份/年	1955	1956	1957	1958	1959
人数/人	61 456	62 828	64 563	65 994	67 207

（1）如果以各年人口增长率的平均值作为我国这一时期的人口增长率（精确到 0.000 1），用马尔萨斯人口增长模型建立我国在 1950—1959 年的具体人口增长模型，并检验所得模型与实际人口数据是否相符.

（2）以（1）中的模型作预测，大约在什么时候我国人口总数达到 13 亿？

【追问】

（1）这个问题存在着几个变量、几个参数？

（2）我国 1950—1959 年的具体人口增长模型，初始值 y_0 和人口的年均增长率 r 分别是多少？

（3）你能用马尔萨斯人口增长模型建立我国 1950—1959 年的具体人口增长模型吗？

设计意图：关注教学的生成，有针对性地给出不同台阶的分层问题. 将实际问题向函数模型转化，建立函数模型.

【追问】

（1）利用计算机工具和已经求出的人口增长模型分别计算我国在 1950—1959 年各年末的人口总数，并与数据资料表中实际人口总数进行对比，你能得出什么结论？

（2）以（1）中的模型作预测，大约在什么时候我国人口总数达到 13 亿？

（3）事实上，我国 1990 年的人口总数为 11.43 亿，直到 2005 年才突破 13 亿，对于由函数模型所得的结果与实际情况不符，你有什么看法？

设计意图：将实际问题向函数模型转化，建立函数模型. 然后，应用已得的函数模型解决实际问题，并利用实际情况进行说明. 在应用已知的函数模型解决实际问题时，应注意模型的使用条件.

（三）建构数学

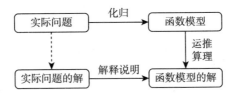

图 3 - 3 - 33

设计意图：归纳建立函数模型解决实际问题的基本过程，提升解决实际问题的能力．

（四）学以致用

【任务】

为了保护水资源，提倡节约用水，某城市对居民生活用水实行"阶梯水价"，计算方法如表 3 - 3 - 36：

表 3 - 3 - 36

每户每月用水量	水价
不超过 12 m³ 的部分	3 元/m³
超过 12 m³ 但不超过 18 m³ 的部分	6 元/m³
超过 18 m³ 的部分	9 元/m³

若某户居民本月缴纳的水费为 48 元，求此户居民本月用水量．

【目标检测单】

某企业决定从甲、乙两种产品中选择一种进行投资生产，已知投资生产这两种产品的有关数据如表 3 - 3 - 37：

表 3 - 3 - 37

产品	年固定成本/元	每件产品成本/元	每件产品销售价/元	每年最多生产的件数/件
甲	30	a	10	200
乙	50	8	18	120

其中，年固定成本和生产的件数无关，a 为常数，且 $4 \leqslant a \leqslant 8$. 另外，年销售 x 件乙产品时需上交 $0.05x^2$ 的特别关税．

（1）写出该厂分别投资生产甲、乙两种产品的年利润 y_1，y_2 与生产相应产品的件数 x 之间的函数解析式；

（2）分别求出投资生产这两种产品的最大利润；

（3）决定如何投资可获得最大年利润．

设计意图：采取限时训练的方式，及时反馈，检测学生的掌握情况，及时修正，深入理解应用函数解决实际问题，从中评价学生达成学习目标的情况．

（五）课堂总结

【问题4】

回顾本节课的学习过程，谈一谈构建函数模型的一般思路．

【追问】

本节课关联了哪些必备知识？涉及了哪些数学思想方法？蕴含了哪些核心素养？

（六）课后作业单

1. 一辆汽车在某段路程中的行驶路程 s 关于时间 t 变化的图像如图 3 - 3 - 34 所示，那么图像所对应的函数模型是（   ）

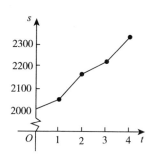

图 3 - 3 - 34

A. 分段函数 　　B. 二次函数 　　　　C. 指数函数 　　D. 对数函数

2. 某公司生产某种产品的固定成本为 150 万元，而每件产品的可变成本为 2 500 元，每件产品的售价为 3 500 元，若该公司所生产的产品全部销售出去，则：

（1）设总成本为 y_1（单位：万元），单位成本为 y_2（单位：万元），销售总收入为 y_3（单位：万元），总利润为 y_4（单位：万元），分别求出它们关于总产量 x（单位：件）的函数解析式；

（2）根据所求函数的图像，对这个公司的经济效益作出简单分析．

3. 已知 1650 年世界人口为 5 亿，当时人口的年增长率为 0.3%；1970 年世界人口为 36 亿，当时人口的年增长率为 2.1%.

（1）用马尔萨斯人口模型计算，什么时候世界人口是 1650 年的 2 倍？什么时候世界人口是 1970 年的 2 倍？

（2）实际上，1850 年以前世界人口就超过了 10 亿，而 2004 年世界人口还没有达到 72 亿，你对同样的模型得到的两个结果有何看法？

第 2 课时　"函数的应用（二）"教学设计

（一）课时教学要素设计（表 3 – 3 – 38）

表 3 – 3 – 38

课时内容		函数的应用（二）
学习目标		1. 能利用现实情境中的具体问题，比较对数函数、线性函数、指数函数增长速度的变化及差异. 2. 会选择合适的函数模型解决实际问题. 3. 提升数学抽象、数学建模等素养
教学策略	资源	信息技术与数学融合，几何画板等教学工具
	教学方法	"问题链 + 任务单"教学法
	重点	选择合适的函数类型构建数学模型
	难点	如何选择合适的函数类型建立实际问题的数学模型
	教学流程	

续 表

学习评价	课前	课前学习单	2 题	自评
	课中	问题链	—	互评、师评
		任务单	—	互评、师评
		目标检测单	2 题	自评、师评
	课后	课后作业单	4 题	师评、自评

（二）教学过程设计

1. 情境导入

【问题 1】

（1）当 x 增大时，下列函数中，增长速度最快的应该是（　　）

A. $y = 100x$ 　　　　　　　　　　　　B. $y = \log_{100} x$

C. $y = x^{100}$ 　　　　　　　　　　　　D. $y = 100^x$

（2）已知 $y_1 = 2^x$，$y_2 = x^2$，$y_3 = \log_2 x$，当 $2 < x < 4$ 时，有（　　）

A. $y_1 > y_2 > y_3$ 　　　　　　　　　　B. $y_2 > y_1 > y_3$

C. $y_1 > y_3 > y_2$ 　　　　　　　　　　D. $y_2 > y_3 > y_1$

设计意图：展示课前学习单，回顾学生熟悉的几种常见的数学函数的图像，了解这几种常见数学模型的增长差异.

【问题 2】

说说你的理财小故事：请两位同学分享"消费 or 投资，我的压岁钱去哪儿了".

设计意图：从生活入手，让学生感受到数学在生活中的体现，激发学生的学习兴趣.

2. 探究交流、成果展示

【问题 3】

假设你有一笔资金用于投资，现有三种投资方案供你选择，这三种方案的回报如下：

方案 1：每天回报 40 元.

方案 2：第一天回报 10 元，以后每天比前一天多回报 10 元.

方案 3：第 1 天回报 0.4 元，以后每天的回报比前一天翻一番.

请问，你会选择哪种投资方案？

【追问】

（1）你能根据例题提供的三种投资方案的描述，分析出其中的常量、变量及其相互关系，并建立三种投资方案所对应的函数模型吗？

（2）你选择什么标准来比较这三种模型的差异？

（3）利用信息技术计算得到表3－3－36，观察表3－3－39的数据，你对三种投资方案分别表现出的回报资金的增长差异有什么认识？

表3－3－39

x/天	方案一		方案二		方案三	
	y/元	增加量/元	y/元	增加量/元	y/元	增加量/元
1	40		10		0.4	
2	40	0	20	10	0.8	0.4
3	40	0	30	10	1.6	0.8
4	40	0	40	10	3.2	1.6
5	40	0	50	10	6.4	3.2
6	40	0	60	10	12.8	6.4
7	40	0	70	10	25.6	12.8
8	40	0	80	10	51.2	25.6
9	40	0	90	10	102.4	51.2
10	40	0	100	10	204.8	102.4
…	…	…	…	…	…	…
30	40	0	300	10	214 748 364.8	107 374 182.4

（4）借助信息技术，画出三个函数的图像，如图3－3－35所示．观察图3－3－35，你能根据图像描述一下这三种方案的特点吗？

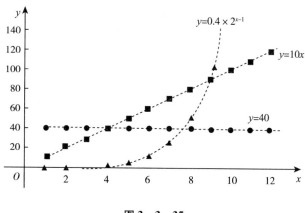

图3－3－35

设计意图：引导学生利用表格对三种模型的增长进行分析，尤其是引导学生通过观察增加量的数据，体会指数函数的增长速度，借助计算结果和函数图像直观理解"直线上升""指数爆炸"的实际含义．

【追问】

（1）根据表3－3－40可以得知，从每天的回报来看，第1～3天，方案一回报最多；第5～8天，方案二回报最多；从第9天开始，方案三比其他两个方案的回报都多，那么，仅仅分析每天的回报数就能准确地做出选择吗？

（2）除了每天的收益，我们还需要关注什么？

（3）借助信息技术得到累计的回报数列表如表3－3－40所示，根据表格数据进一步分析投资方案，你做出了什么精明的选择？

表3－3－40

方案	天数										
	1	**2**	**3**	**4**	**5**	**6**	**7**	**8**	**9**	**10**	**11**
一	40	80	120	160	200	240	280	320	360	400	440
二	10	30	60	100	150	210	280	360	450	550	660
三	0.4	1.2	2.8	6	12.4	25.2	50.8	102	204.4	409.2	818.8

设计意图：通过"问题链＋任务单"引导学生分析影响方案选择的因素，让学生认识到除了考虑每天的收益，还要考虑一段时间累计的回报，最后借助计算工具得出总收益，并做出正确判断．

【**问题4**】

某公司为了实现 1 000 万元利润的目标，准备制订一个激励销售人员的奖励方案：在销售利润达到 10 万元时，按销售利润进行奖励，且奖金 y（单位：万元）随销售利润 x（单位：万元）的增加而增加，但奖金总数不超过 5 万元，同时奖金不超过利润的 25%．现有 3 个奖励模型：$y=0.25x$，$y=\log_7 x+1$，$y=1.002^x$．其中哪个模型能符合公司的要求？

【**追问**】

（1）公司提出的要求与函数的什么性质有关？你能用符号语言把它表示出来吗？

（2）借助信息技术画出函数 $y=0.25x$，$y=\log_7 x+1$，$y=1.002^x$ 的图像（如图 3-3-36），观察图像，你能得出什么结论？

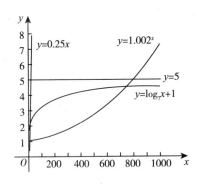

图 3-3-36

（3）如何判定你选择的奖励模型符合公司的要求？

设计意图：设计分层问题．引导学生关注实际问题的变化规律，建立实际问题与函数性质的联系，借助计算结果和函数图像直观理解"直线上升""指数爆炸""对数增长"的实际含义，结合函数的图像和函数性质选择合适的函数模型，从而实现将实际问题向函数模型转化，进而解决实际问题．

（三）建构数学

用函数建立数学模型解决实际问题的基本过程如图 3 - 3 - 37：

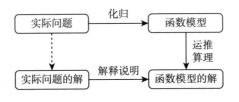

图 3 - 3 - 37

设计意图：归纳建立函数模型解决实际问题的基本过程，提升解决实际问题的能力.

（四）应用拓展

【任务】

某地今年 1 月、2 月、3 月患某种传染病的人数分别为 52，61，68，为了预测以后各月的患病人数，甲选择了模型 $y = ax^2 + bx + c$，乙选择了模型 $y = pq^x + r$，其中 y 为患病人数，x 为月份数，a，b，c，p，q，r 都是常数. 结果 4 月、5 月、6 月的患病人数分别为 74，78，83，你认为谁选择的模型更符合实际？

【目标检测单】

由于提高了养殖技术并扩大了养殖规模，某地的肉鸡产量不断增加. 2008—2018 年的 11 年间，上市的肉鸡数量如表 3 - 3 - 41：

表 3 - 3 - 41

时间/年	2008	2009	2010	2011	2012	2013	2014	2015	2016	2017	2018
肉鸡数量/吨	7 690	7 850	8 000	8 150	8 310	9 460	8 620	8 770	8 920	9 080	9 230

同期该地的人口数如表 3 - 3 - 42：

表 3 - 3 - 42

时间/年	2008	2009	2010	2011	2012	2013	2014	2015	2016	2017	2018
人口数/万	100.0	101.2	102.4	103.6	104.9	106.1	107.4	108.7	110.0	111.3	112.7

（1）分别求出能近似地反映上述两组数据变化规律的函数；

（2）如果 2017 年该地上市的肉鸡基本能满足本地的需求，那么 2018 年是否能满足市场的需求？

（3）按上述两表的变化趋势，你对该地 2018 年后肉鸡市场的发展有何建议？

设计意图：采取限时训练的方式，及时反馈，检测学生的掌握情况．

（五）课堂总结

【问题5】

回顾本节课的学习过程，谈一谈构建函数模型的一般思路．

【追问】

本节课关联了哪些必备知识？涉及了哪些数学思想方法？蕴含了哪些核心素养？

（六）课后作业单

1. 某林区的森林蓄积量每年比上一年平均增长 9.5%，要增长到原来的 x 倍，需要经过 y 年，则函数 $y = f(x)$ 的图像大致为（　　　）

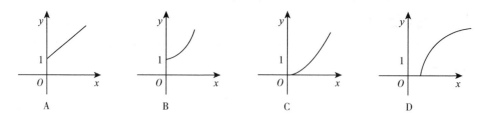

A   B   C   D

2. 现测得 (x, y) 的两组值为 $(1, 2)$，$(2, 5)$，现有两个拟合模型，甲：$y = x^2 + 1$，乙：$y = 3x - 1$．若又测得 (x, y) 的一组对应值为 $(3, 10.2)$，则应选用＿＿＿＿＿作为拟合模型更好．

3. 某地不同身高的未成年男性的体重平均值如表 3 – 3 – 43：

表 3 – 3 – 43

身高/cm	60	70	80	90	100	110
平均体重/kg	6.13	7.90	9.99	12.15	15.02	17.50
身高/cm	120	130	140	150	160	170
平均体重/kg	20.92	26.86	31.11	38.85	47.25	55.05

（1）根据表中提供的数据建立恰当的函数模型，使它能近似地反映这个地区未成年男性的平均体重 y（单位：kg）与身高 x（单位：cm）的函数关系，并写出这个函数的解析式.

（2）若体重超过相同身高男性体重平均值的 1.2 倍为偏胖，低于 0.8 倍为偏瘦，则该地区一名身高为 175 cm、体重为 78 kg 的在校男生的体重是否正常？

4. 从甲地到乙地的距离约为 240 km，经多次实验得到一辆汽车每小时耗油量 Q（单位：L）与速度 v（单位：km/h）（$0 \leqslant v \leqslant 120$）的数据如表 3－3－44：

表 3－3－44

$v/$（km·h^{-1}）	0	40	60	80	120
$Q/$L	0.000	6.667	8.125	10.000	20.000

为了描述汽车每小时耗油量与速度的关系，现有以下三种模型供选择：
$Q = av^3 + bv^2 + cv$，$Q = 0.5^v + a$，$Q = k\log_a v + b$.

（1）选出你认为最符合实际的函数模型，并写出相应的函数解析式；

（2）从甲地到乙地，这辆车应以什么速度行驶才能使总耗油量最少？

第 3 课时 "建立函数模型解决实际问题"教学设计

（一）课时教学要素设计（表 3－3－45）

表 3－3－45

课时内容		建立函数模型解决实际问题
学习目标		能够根据实际问题的需要，提出问题；收集相关数据并分析数据，根据数据分析选择恰当的数学模型，运用数学建模分析问题、解决简单的实际问题
教学策略	资源	"互联网＋"多媒体技术
	教学方法	"问题链＋任务单"教学法
	重点	培养学生获取有价值信息并进行可视化分析和定量分析的意识和能力
	难点	根据散点图拟合数学模型

续 表

教学策略	教学流程	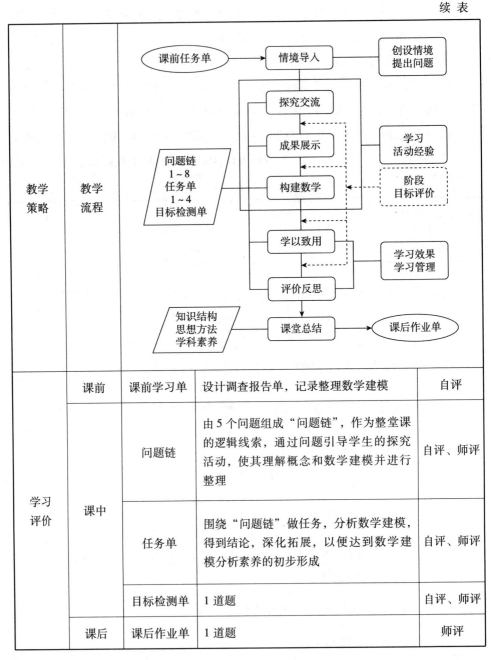		
学习评价	课前	课前学习单	设计调查报告单，记录整理数学建模	自评
	课中	问题链	由 5 个问题组成"问题链"，作为整堂课的逻辑线索，通过问题引导学生的探究活动，使其理解概念和数学建模并进行整理	自评、师评
		任务单	围绕"问题链"做任务，分析数学建模，得到结论，深化拓展，以便达到数学建模分析素养的初步形成	自评、师评
		目标检测单	1 道题	自评、师评
	课后	课后作业单	1 道题	师评

（二）教学过程设计

1. 情境导入

【问题1】

中国茶文化博大精深. 茶水的口感与茶叶类型和水的温度有关. 经验表明，某种绿茶用 85 ℃ 的水泡制，再等到茶水温度降至 60 ℃ 时饮用，可以产生最佳口感. 那么在 25 ℃ 室温下，刚泡好的茶水大约需要放置多长时间才能达到最佳饮用口感？

设计意图： 从生活入手，体现数学与生活的联系，培养学生对解决实际问题的兴趣.

2. 探究交流、成果展示

【问题2】 收集数据

为了探究这个问题，实验室老师组织学生分组利用秒表、温度计等工具，收集茶水温度随时间变化的数据. 每隔 1 min 测量一次茶水温度，得到的一组数据如表 3 - 3 - 46：

表 3 - 3 - 46

时间/min	0	1	2	3	4	5
水温/℃	85.00	79.19	74.75	71.19	68.19	65.10

【追问】

茶水温度是时间的函数吗？

设计意图： 数据来自现实实验，符合数学建模的一般步骤. 观察实际情境并提出问题，收集具体相关数据，以此激发学生探究问题的好奇心. 为了使计算更加简单又不改变数据的实质，对同学们的实验数据做适当处理，以帮助学生强化数据处理的意识和方法.

【追问】

虽然茶水温度是时间的函数，但我们没有现成的函数模型. 我们该如何利用这些数据来得出相应的函数呢？请同学们建系描点：①以标记时间为 x 轴、水温为 y 轴，建立直角坐标系；②描点——作散点图.

设计意图： 引导学生从函数图像的角度（描点法）分析数学模型，可以先画出散点图，利用图像直观分析这组数据的变化规律. 分析图形表示的变量关系，克服数学模型的选择障碍．

【问题3】

从绘制的散点图（图3 – 3 – 38）我们可以得出什么信息？

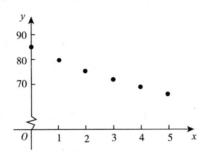

图3 – 3 – 38

【任务】 建立模型

请同学们用合理的曲线连线（图3 – 3 – 39），求出曲线对应函数的解析式——建立函数模型．

要求：

（1）曲线是已经学过的函数图像基本模型；

（2）使点在曲线上或均匀分布在曲线两侧；

（3）使不在曲线上的点尽可能靠近曲线．

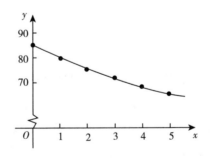

图3 – 3 – 39

设计意图：通过小组讨论合作，增强学生合作的能力和意识；通过数学拟合软件引导学生计算，使结果更加贴近实际问题，为研究差异性做准备．引导学生意识到从实际问题到具体函数模型可以有不同的选择，但模型并不一定都能准确地反映实际问题，必须检验，只有吻合度较高的才是合适的．

3. 构建数学

【问题4】

师生共同回顾"模型、数学模型、函数模型"等概念.

【任务】

模型：根据实物、设计图或设想，按比例、形态或其他特征制成的同实物相似的物体.

数学模型：对于现实世界的一个特定对象，为了某个确定的目的，根据它的内在规律，做出若干必要的简化设计，运用适当的数学工具，得到的一个数学结构.

函数模型：用函数关系表示得到的数学结构.

数学建模：建立数学模型的过程.

设计意图：回顾任务展示的过程，引导学生了解从实际问题到数学建模过程的一般步骤.

【任务】

观察实际情境：发现问题→提出问题→收集数据→分析数据→建立函数模型→检验模型→求解结论→解决问题（图3-3-40）.

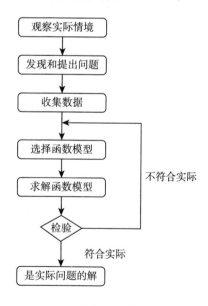

图 3 - 3 - 40

设计意图：归纳建立函数模型的步骤.

4. 学以致用

【目标检测单】

通过 A 市国民经济和社会发展统计公报收集 2010 年至 2017 年 A 市地区的生产总值（GDP）；请同学们预测 2018 年 A 市地区的生产总值（GDP）．

A 市 2010—2017 年生产总值（GDP：亿元）如表 3 – 3 – 47 所示．

表 3 – 3 – 47

年份	2010	2011	2012	2013	2014	2015	2016	2017
GDP/亿元	546.40	597.27	680.39	798.98	978.38	1055.36	1228.57	1462.45

设计意图：让学生再次经历利用数学建模知识解决问题的全过程，体验其中的基本思想与方法，巩固新知识并构建知识体系．

5. 课堂总结

【问题 5】

请各小组学生代表总结这节课的学习内容．

【追问】

本节课关联了哪些必备知识？涉及了哪些数学思想方法？蕴含了哪些核心素养？

设计意图：通过回顾这节课的学习，了解提升获取有价值信息的能力的重要性，理解建立函数模型的一般步骤．在学习过程中，体验了数学建模分析素养、直观想象素养、数形结合素养、数学运算素养、数学建模素养的价值和作用．

6. 课后作业单

某公司为了实现 1 000 万元的利润目标，准备制订一个激励销售部门的奖励方案：在销售利润达到 10 万元时，按销售利润进行奖励，且奖金 y（单位：万元）随着销售利润 x（单位：万元）的增加而增加，但奖金数不超过 5 万元，同时奖金不超过利润的 25%．现有三个奖励模型：（1）$y = 0.25x$；（2）$y = \log_7 x + 1$；（3）$y = 1.002^x$．其中哪个模型能符合公司要求呢？

第4课时 "探究数学建模完整过程"教学设计

（一）课时教学要素设计（表3-3-48）

表3-3-48

课时内容		探究数学建模完整过程	
学习目标		经历数学建模活动与数学探究活动的全过程，会撰写研究报告	
教学策略	资源条件	"互联网+"多媒体技术	
	教学方法	"问题链+任务单"教学法	
	重点	理解研究报告的四个环节	
	难点	课题研究以及对研究报告的评价	
	教学流程		
学习评价	课前	课前学习单	复习数学建模的基本步骤	自评
	课中	问题链	设计"问题链"，作为整堂课的逻辑线索，通过任务引导学生的探究活动，使其理解概念和数学建模并进行整理和分析	互评、师评
		任务单	围绕"问题链"设计任务单，分析数学建模，得到结论，深化拓展，促进数学建模分析素养的发展	互评、师评
		目标检测单	无	自评、师评
	课后	课后作业单	研究报告	自评

（二）教学过程设计

1. 情境导入

【任务1】

请同学们根据课前学习单，阐述数学建模的步骤：观察实际情境→发现问题→提出问题→收集数据→分析数据→确定函数模型→检验模型→求解结论→解决问题．

设计意图：回顾数学建模的内容，为本节课做好知识和思想方法上的准备．

【任务2】选题

请同学们仿照上节课的过程开展一次建立函数模型解决实际问题的活动，可以继续研究不同室温下泡制一杯最佳口感的茶水所需的时间，也可以从下列选题中选择一个：

1. 应在炒菜之前多长时间将冰箱里的肉拿出来解冻？

2. 根据某一同学的身高和体重，判断该同学是否超重．

3. 用微波炉或电磁炉烧一壶开水，找到最省电的功率设定方法．

4. 估计阅读一本书所需要的时间，也可以根据自己的兴趣，与教师协商后确定一个课题进行研究．

设计意图：从生活入手，利用"先行组织者"，给出学生一个知识的大背景，以学生已有认知基础为切入点，让学生感受到"数学有用"，激发学生对数学的热情，培养学生对数学的兴趣．

2. 探究交流、成果展示

【任务3】开题

1. 组建合作团队．

数学建模活动需要团队协作．首先，在班级中组成3～5人的研究小组，每位同学参加其中一个小组．在小组内，要确定一个课题负责人，使每位成员都有明确的分工．拟定研究课题，确定研究方案，规划研究步骤，编制研究手册，然后在班里进行一次开题报告．

2. 开展研究活动．

根据开题报告所规划的研究步骤，通过背景分析、数据收集、数据分析、数学建模、获得结论等过程，完成课题研究．在研究的过程中，可以借助信息技术解决问题．

【任务4】开题报告

请同学们完成开题报告（表3-3-49）：

表3-3-49

组名及成员	
成员分工	
选题名称	
选择此问题的原因及意义	
问题可行性分析	
解决问题的思路和步骤	
可能会出现的问题及解决办法	
预期结果	
参考文献	
其他	

设计意图：通过各组交流展示开题报告，教师现场点评，帮助学生判断步骤的可行性，对方案提出修改建议，引导学生迈好第一步．在此过程中，以鼓励为主，提出问题并引导学生思考方向，引导学生互相学习，发问评价，推进生生评价，让学生实现自我完善开题报告．

【任务5】建模、解模、结题

请同学们完成结题报告（表3-3-50）：

表3-3-50

课题名称	
课题组成员及分工	
选题的意义	
研究计划（包括选题的分析、解决问题的思路等）	
研究方法（收集数据、分析数据、建立模型、求解模型以及解决过程中出现的难点等）	
研究成果	
收获与体会	
对此研究的评价（教师填写）	

设计意图：让学生经历数学建模的过程，实际解决一个问题并学会撰写结题报告，体验小组内部分工协作解决问题的过程，积累分工合作、选择工具等解决问题的经验，提升学生解决问题的能力．

【任务6】结题交流

请同学们完成评价报告（表3－3－51）：

表3－3－51

姓名：	我发现或提出的新问题是：
主题：	我的评价报告：
我对自己成果的评价：	优点是：
我认为其他同学的好的结果是：	还可以发展和改进的地方是：

设计意图：引导学生通过互评报告，从而实现自主学习和提升的效果，同时培养学生的应用数学意识和创新意识，进一步激发学生的求知欲，让学生积累数学经验，提高解决实际问题的能力．

3. 构建数学

【课题研究步骤】

选题→开题→建模、解模→结题→评价反思．

设计意图：引导学生归纳数学建模的过程及步骤，构建知识结构体系，提升学生数学建模素养水平．

4. 学以致用

【任务7】

请同学们根据第3课中关于茶水温度与口感问题，完成研究报告．

设计意图：让学生再次经历利用数学建模知识书写结题报告的过程，体验其中的基本思想与方法，巩固新知识并构建知识体系．

5. 课堂总结

【问题】

请各小组学生代表总结这节课的学习内容．

【追问】

本节课关联了哪些必备知识？涉及了哪些数学思想方法？蕴含了哪些核心素养？

设计意图：在学习过程中，运用了分类与整合、一般与特殊的数学思想方法，提升了数学建模、直观想象、逻辑推理、数学运算等核心素养．

6. 课后作业单

修改完善任务 7 的研究报告．

三、单元整体评价与反思

（一）单元学习评价表（学生自评）（表 3 – 3 – 52）

表 3 – 3 – 52

阶段	序号	项目	内容	效果（程度）
学习准备	1	学习态度	学习兴趣、合理规划	良好
	2	单元预习	预习单元内容	良好
课堂学习	3	课前学习单	课中展示课前学习单	良好
	4	活动表现	交流与反思、思维与表达、回答问题、提出问题、分析问题、活动经验、参与程度、互动程度	一般
	5	任务表现	完成问题链、任务单、目标检测单	良好
	6	单元练习	完成情况	良好
	7	单元检测		
	8	关键能力	解决数学问题的知识与技能	一般
课后学习	9	完成作业	巩固概念、提升知识技能与综合能力	
	10	回顾梳理	梳理单元内容、数学思想方法、数学学科素养、典型数学模型	
说明			效果（程度）：一般、良好、优	

（二）单元教学评价表（教师自评）（表 3 – 3 – 53）

表 3 – 3 – 53

阶段	序号	项目	内容	效果（程度）
学生的学	1	目标达成度	目标的达成程度	优
	2	必备知识	知识技能、思想方法	良好
	3	关键能力	提升解决问题的能力	良好

续 表

教师的教	4	优点与价值	本单元完整、系统地学习了数学建模的概念、解决实际问题的一般步骤，培养了学生的整体性和系统性思维	优
	5	反思与改进	容量大，难点不易突破	良好
	6	后续指导	本单元可以再设子单元，分散难点	良好
说明			效果（程度）：一般、良好、优	

（三）单元整体评价与反思表（互评）（表3－3－54）

表3－3－54

评价项目		评价内容	评价要点	评价方式
单元整体评价与反思	学生的学	目标达成度	提升了数学建模的意识和能力，积累依托数学建模探索事物本质、关联和规律的活动经验．基本达到了解和理解的程度，发展了数学建模素养	教师评价同事评价专家评价
		必备知识	—	
		关键能力	培养学生数学建模的能力，增强其基于数学建模表达现实问题的意识，形成通过数学建模认识事物的思维品质，达到理解的程度	
	教师的教	优点	重视问题引领，引导学生提出、发现、解决、理解问题．强调问题情境、问题意识和问题解决，强调数学与实际生活的联系．让学生动起来了，让学生联系生活，积累应用数学解决问题的经验	
		不足	本单元是高中数学难点内容之一，教学内容灵活，思维能力要求高，与实际相关的案例文字阅读量大．本单元采用"例题讲解＋学生仿做"的教学法，形式单一，有待改进	
		对后续教学的指导	1. 引导学生尽可能地自主学习，强调学生对实际活动过程的亲历和体验． 2. 强调问题意识和问题引领． 3. 开放区域或校本资源，用好成果． 4. 可设计大单元的子单元，分散难点，分层突破	

第六节 "单位圆模型的工具性应用" 单元教学学习活动设计

《普通高中数学课程标准（2017 年版）》指出，数学抽象是指通过对数量关系与空间形式的抽象，得到数学研究对象的素养．主要包括：从数量与数量关系、图形与图形关系中抽象出数学概念及概念之间的关系，从事物的具体背景中抽象出一般规律和结构，并用数学语言予以表征．数学抽象主要表现为：获得数学概念和规则，提出数学命题和模型，形成数学方法与思想，认识数学结构与体系．

正是由于数学抽象既是数学的基本思想，也是理性思维的基础，它反映的是数学的本质特征，贯串在日常教学过程中，因此，几乎在所有教学内容中都能体验到数学抽象活动．同时，每个教学活动中，数学抽象素养与其他素养是高度融合的，与逻辑推理、数学建模、直观想象密不可分，在渗透数学抽象素养的同时，也培养了其他素养．这些活动包括基于情境的概念教学，基于逻辑的命题教学，基于问题解决的模型抽象的教学，基于思想方法抽象的教学以及基于数学知识发生、发展和关联的构建体系的教学等．

下面以"基于问题解决的模型抽象"为观察点，设计"单位圆模型的工具性应用"单元教学的学习活动，突出发展数学抽象素养，并整合发展逻辑推理、数学建模、直观想象等素养．

"单位圆模型的工具性应用" 学习活动设计
（2 课时）

（一）情境导入

【任务】展示课前学习单

1. 回顾"单位圆"数学模型的图形特征，梳理单位圆与数学公式、三角函数的关联知识.

2. 回顾概念形成（抽象某类对象的共同本质特征）的一般步骤和过程.

设计意图：回顾"单位圆"数学模型的图形特征，渗透模型的工具性意识. 学生在小学阶段就认识了圆，初中又深入研究了圆的图形特征. 从学生熟悉的知识情境、关联情境出发，符合学生的认知规律，为本节课的学习做好了铺垫.

回顾概念形成的建构数学过程的"观察辨识、属性类化、属性抽象、概括概念、符号表述"等步骤，希望能启发学生积极参与体验本节课建构数学抽象的一般思路.

（二）探究交流、成果展示

【问题1】

初中学习三角函数主要解决哪些问题？

设计意图：初中的三角函数是对直角三角形中的边角关系的刻画，其中自变量的取值是60进制的角度而不是10进制的实数，这只是为了解直角三角形，因为它不符合对应关系的函数定义.

【问题2】

从本章的学习中可以看到，弧度制的引入为三角函数的研究奠定了基础. 你能概括一下引入弧度制的必要性吗？（图3－3－41）

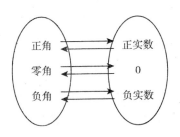

图3－3－41

设计意图：在小学阶段，是通过具体的实例来认识函数的（实例说），初中阶段建立了变量观点下的函数概念（变量说），到了高中阶段，建立了对应观点下的函数概念（对应说）. 初中已经学习了角度的概念及度量，为什么高中还要引入弧度制？其实，在学习三角函数以前，这些知识能满足函数概念的本质要求，但是，对于角度与三角函数值的对应来说，仅仅有角度值，还不能满足集合与集合的数集对应关系，有必要引进弧度制，将角度值转化为数值，这样可以帮助学生建立完整的函数概念，把函数理解为实数集合之间的对应关系，而且能在直角坐标系中画出相应的函数图像，便于用代数运算和函数图像揭示函数的主要性质，并利用函数构建模型解决现实问题．

【问题3】

自变量（角度）的值与函数值能进行运算吗？

设计意图： 如果只用角度制，那么将导致自变量是60进制的角度、函数值是10进制的实数，例如，$20° + \sin 20°$ 之类的运算失去意义．所以，弧度制的引入对建立任意角的三角函数概念是至关重要的．用角度作为自变量表示三角函数，阻碍了三角函数通过运算法则生成其他初等函数．

【问题4】

观察钟摆、潮汐等周期现象，这时的自变量一定是角度吗？

设计意图： 三角函数可以刻画振动、波动等大量周期现象，它们的自变量不是角度，而是时间、距离等其他量，这也说明了引入弧度制的必要性．在今后的学习中，我们还会不断地体验到引入弧度制对拓展三角函数应用范围的必要性，让学生感悟数学抽象的层次性．

【问题5】

引入弧度制还有哪些作用？

设计意图： 由于函数刻画了变量与变量之间的依赖关系，不仅可以对各种函数进行加、减、乘、除等运算，还可以在自变量与函数值之间进行运算，从而使函数具有更广泛的应用．弧度制的本质是用长度单位来度量角的大小，统一了三角函数自变量和函数值的单位，从而使三角函数成为从实数集到实数集之间的对应．因为只有这样，才能进行基本初等函数的运算（四则运算、复合、求反函数等），使函数具有更广泛的应用性．

【问题6】

单位圆在建立角度与对应弧长的关系中怎样充当工具性的作用？

设计意图： 借助单位圆建立角度与对应弧长的关系，用对应弧长刻画角的大小，即用线段长度度量角的大小，统一了三角函数自变量和函数值的单位，与函数强调实数集合与实数集合之间的对应相吻合．

【问题7】

单位圆在研究三角函数定义中具有怎样的工具性作用？

设计意图： 如图3－3－42、图3－3－43，抽象单位圆的图形特征，即单位

圆与终边的交点 P 的坐标 (x, y) 的唯一性，则点的横坐标 x、纵坐标 y 都是角 α $(\alpha \in \mathbf{R})$ 的函数，"单位圆上点的坐标就是三角函数"．这样一来，我们就可以利用单位圆的工具性得到三角函数的定义．

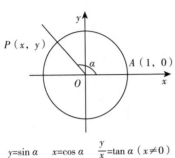

$y = \sin \alpha \quad x = \cos \alpha \quad \dfrac{y}{x} = \tan \alpha \ (x \neq 0)$

图 3－3－42

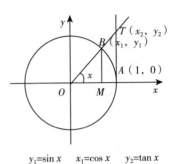

$y_1 = \sin x \quad x_1 = \cos x \quad y_2 = \tan x$

图 3－3－43

【任务】

1. 人教 A 版第一册 176 页第 12 题．

2. 人教 A 版第一册 182 页第 4 题．

【问题 8】

单位圆的对称性在推导诱导公式$\left(\pm\alpha, \ \alpha \pm \pi, \ \alpha \pm \dfrac{\pi}{2}\text{的正弦、余弦、正切} \right)$中具有怎样的工具性作用？

【任务】

如图 3－3－44，在单位圆中，角 α 的终边与单位圆的交点记为 P，角 $-\alpha$ 的终边与单位圆的交点记为 P'，通过点 P 与 P' 关于 x 轴成轴对称，探索与角 $-\alpha$ 有关的诱导公式．

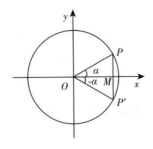

图 3－3－44

如图 $3-3-45$，在单位圆中，角 α 的终边与单位圆的交点记为 P，角 $\alpha+\pi$ 的终边与单位圆的交点记为 P'，通过点 P 与 P' 关于点 O 成中心对称，即角 α 的终边绕点 O 旋转角 π 以后得到角 $\alpha+\pi$ 的终边，探索与角 $\alpha+\pi$ 有关的诱导公式.

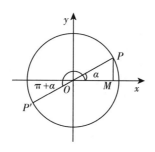

图 $3-3-45$

引导学生通过类比，尝试建立其他诱导公式 $\left(\alpha-\pi,\ \alpha\pm\dfrac{\pi}{2}\text{的正弦、余弦、正切})\right)$，如图 $3-3-46$、图 $3-3-47$.

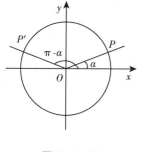

图 $3-3-46$

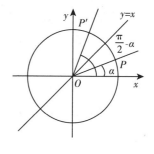

图 $3-3-47$

设计意图： 借助单位圆的对称性可以方便地推导诱导公式. 依据单位圆的图形特征，抽象单位圆模型的对称性（工具性），其中各种对称性与诱导公式的对称性是一致的. 我们结合正弦、余弦函数值的对称性，运用几何直观，探索三角函数的诱导公式，提升数学抽象、直观想象和逻辑推理素养. 引导学生通过类比，发现其他形式的对称性以及与旋转变换相关的坐标关系，并验证公式的正确性. 引导学生自己给出记忆公式的方法，理解其中的意义. 例如，理解"奇变偶不变，符号看象限"的含义.

【问题9】

借助单位圆与角的终边的特殊位置关系（图 3 - 3 - 48），分析单位圆在同角（终边相同的角）基本关系式中的工具性作用，三个三角函数值之间是否也有某种关系呢？

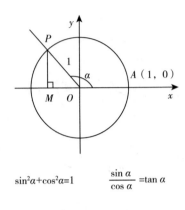

$$\sin^2\alpha+\cos^2\alpha=1 \qquad \frac{\sin\alpha}{\cos\alpha}=\tan\alpha$$

图 3 - 3 - 48

设计意图：借助单位圆与角的终边的交点坐标的唯一性，可以得出三角函数定义的几何意义，以及终边相同的角的三个三角函数值的内在关联．因为三个三角函数值都是由角的终边与单位圆的交点唯一确定的，所以终边相同的角的三个三角函数值一定有内在联系，即同角基本关系式．让学生在梳理的过程中认识到，和单位圆相关的"勾股定理"与同角三角函数的基本关系有内在的一致性，体验到灵活运用勾股定理的重要性．

【问题10】

单位圆在推导两角和与差的正弦、余弦、正切公式中具有怎样的工具性作用？

设计意图：借助单位圆的旋转对称性（任意一个圆绕着其圆心旋转任意角度后都与原来的圆重合，这一性质叫作圆的旋转对称性），以及两角的终边之间的特殊位置关系（如图 3 - 3 - 49），可以很方便地探索两角和与差的正弦公式，并能验证公式的正确性．依据单位圆的图形特征抽象单位圆模型的旋转对称性（工具性），运用几何直观探索两角和与差的正弦公式，提升学生的数学抽象、直观想象和逻辑推理素养，引导学生通过换元法，发现两角和与差的余弦、正切公式．

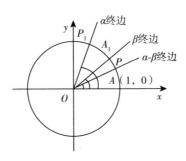

$$\cos(\alpha-\beta)=\cos\alpha\cos\beta+\sin\alpha\sin\beta$$

图 3 – 3 – 49

【任务】

人教 A 版第一册 230 页第 19 题.

【问题 11】

单位圆模型在研究任意角的三角函数（正弦、余弦）的图像与性质中具有
怎样的工具性作用？

【任务】 如图 3 – 3 – 50、图 3 – 3 – 51.

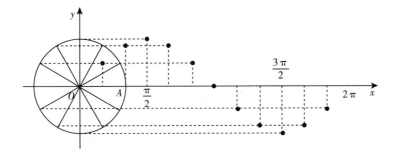

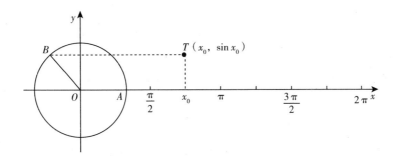

图 3 – 3 – 50

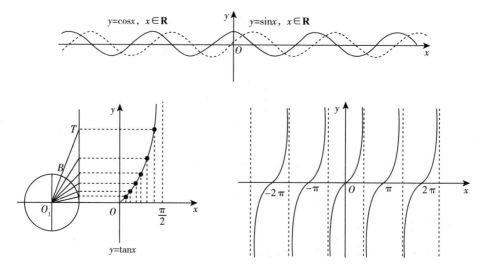

图 3 – 3 – 51

设计意图：借助单位圆的性质，将角放在直角坐标系中讨论，不但使角的表示有了统一的方法，而且使我们能够借助直角坐标系中的单位圆建立角的变化与单位圆上点的变化之间的对应关系，在建立正弦函数、余弦函数、正切函数的基础上，进一步探究它们的图像与性质．因此，正弦函数、余弦函数、正切函数的性质与单位圆的几何性质（主要是对称性）之间存在着非常紧密的联系．因此，在研究三角函数的图像与性质时，单位圆的作用也是至关重要的．

【追问】

谈一谈单位圆的几何特征与三角函数（正弦、余弦）的单调性的关系．

【追问】

谈一谈单位圆的几何特征与三角函数（正弦、余弦）的奇偶性的关系．

【追问】

谈一谈单位圆的几何特征与三角函数（正弦、余弦）的周期性的关系．

【追问】

谈一谈单位圆的几何特征与三角函数（正弦、余弦）的最大（小）值的关系．

设计意图：单位圆的性质与三角函数的性质有天然的联系，单位圆是研究三角函数性质的好工具，因此，在研究三角函数时，单位圆的作用显而易见．比如，单位圆周长为 2π 与正弦函数、余弦函数的周期为 2π 是一致的，单位圆的各种对称性与三角函数的奇偶等也是一致的……

借助单位圆研究三角函数的性质体现了数形结合的思想方法,有利于从整体上把握三角函数.借助单位圆的图形特征,抽象单位圆模型的对称性、周期性、任意角终边的唯一性(工具性),引导学生重视锐角三角函数,在熟悉了直角三角形中边角关系的基础上,借助单位圆建立一般三角函数的概念,体会引入弧度制的必要性.结合单位圆的图形特征,运用几何直观和代数运算的方法研究三角函数的周期性、奇偶性(对称性)、单调性和最大(小)值等性质.

【任务】

1. 人教 A 版第一册 214 页第 11～13 题.

2. 人教 A 版第一册 182 页第 4 题.

【问题 12】

为什么可以用函数模型 $y = A\sin(\omega x + \varphi)$(其中 $A > 0$, $\omega > 0$)来刻画一般的匀速圆周运动呢?

实际问题

《农政全书》(明)

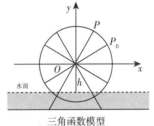
三角函数模型

图 3 - 3 - 52

设计意图:函数模型 $y = A\sin(\omega x + \varphi)$(其中 $A > 0$, $\omega > 0$)在刻画周期现象时有着非常重要的应用.对于单位圆上的点,以 $(1, 0)$ 为起点,以单位速度按逆时针方向运动(匀速运动),这是单位圆典型的周期性图形特征,与筒车上盛水筒运动的周期性相吻合,所以可以考虑利用三角函数模型刻画它的运动规律.

【追问】

如图 3 - 3 - 53,单位圆模型在探索 φ 对 $y = \sin(x + \varphi)$ 的图像的影响中具有怎样的工具性作用?

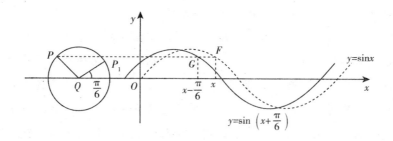

图 3 – 3 – 53

【追问】

如图 3 – 3 – 54，单位圆模型在探索 ω（$\omega > 0$）对 $y = \sin(\omega x + \varphi)$ 的图像的影响中具有怎样的工具性作用？

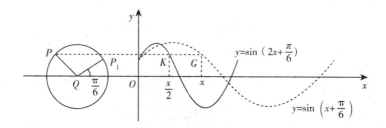

图 3 – 3 – 54

【追问】

如图 3 – 3 – 55，单位圆模型在探索 A（$A > 0$）对 $y = A\sin(\omega x + \varphi)$ 的图像的影响中具有怎样的工具性作用？

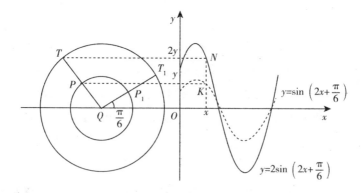

图 3 – 3 – 55

设计意图：借助单位圆的对称性，能直观说明参数 A，ω，φ 都有相应的实际意义，并能借助匀速圆周运动或其他周期现象（如简谐振动、单摆等），分析参数 A，ω，φ 的变化对函数图像的影响，这样一来，我们利用三角函数的概念和性质，建立了具有广泛应用价值的函数 $y = A\sin(\omega x + \varphi)$，并用它解决了许多实际问题.

【任务】

人教 A 版第一册 241 页第 7 题.

（三）构建数学

【问题 13】

结合以上分析，以单位圆模型为例，谈谈模型抽象的一般思路.

【任务】 如图 3 - 3 - 56.

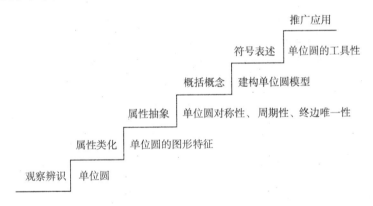

图 3 - 3 - 56

设计意图：回顾建构数学概念形成过程中的"观察辨识、属性类化、属性抽象、概括概念、符号表述"等步骤，希望能启发学生积极参与体验本节课建构数学抽象的一般思路.

（四）学以致用

【问题 14】

已知 $P(x, y)$ 是单位圆 O：$x^2 + y^2 = 1$ 上任意一点，圆 O 与 x 轴正向的交点是 A，将 OA 逆时针转到 OP 位置，它们所成的角记为 α（$\alpha \in \mathbf{R}$）.

（1）请分别写出函数 $x = f(\alpha)$，$y = g(\alpha)$ 的表达式，并说明 x，y 的几何意义.

（2）利用单位圆模型说明这两个函数 $x = f(\alpha)$，$y = g(\alpha)$ 的周期性、奇偶性、单调性和最值.

（3）当 $0<\alpha<2\pi$ 时，不等式 $g(\alpha)<\alpha$ 是否恒成立？请给出证明.

（4）当 $0<\alpha<2\pi$ 时，已知不等式 $0\leqslant f(\alpha)+g(\alpha)\leqslant1$ 成立，求 α 的取值范围.

【任务】

（1）如图 $3-3-57$，过点 P 作 $PM\perp x$ 轴，$PN\perp y$ 轴，垂足分别为 M，N，$x=f(\alpha)=\cos\alpha$，$y=g(\alpha)=\sin\alpha$，x，y 的几何意义分别为向量 $\overrightarrow{OM}$ 和 $\overrightarrow{MP}$，x，y 的几何意义也可以分别看成是向量 $\overrightarrow{OP}$ 在 x 轴和 y 轴上的投影.

（2）观察单位圆，终边 OP 与单位圆的交点 $P(x,y)$ 是唯一的，所以 $x=\cos\alpha$，$y=\sin\alpha$ 都是唯一的，所以终边在 OP 的任意角对应的 $x=\cos\alpha$，$y=\sin\alpha$ 也是唯一的. 这些角相差 2π 的整数倍，则 2π 是函数 $x=\cos\alpha$，$y=\sin\alpha$ 的一个周期，即函数 $x=\cos\alpha$，$y=\sin\alpha$ 是周期函数.

观察单位圆，$x=\cos\alpha=\cos(-\alpha)$，几何意义对应的都是 $\overrightarrow{OM}$，所以函数 $x=\cos\alpha$ 是偶函数.$y=\sin\alpha$ 的几何意义对应的是 $\overrightarrow{MP}$，$y=\sin(-\alpha)$ 的几何意义对应的是 $\overrightarrow{MP'}$，$\sin(-\alpha)=-\sin\alpha$，所以函数 $y=\sin\alpha$ 是奇函数.

观察单位圆的圆周运动，可以发现，函数 $x=\cos\alpha$ 在 $[0,\pi]$ 上单调递减，在 $[\pi,2\pi]$ 上单调递增，再根据单位圆的周期性，得到函数 $x=\cos\alpha$ 在 $[2k\pi,2k\pi+\pi](k\in\mathbf{Z})$ 上单调递减，在 $[2k\pi-\pi,2k\pi](k\in\mathbf{Z})$ 上单调递增. 函数 $x=\cos\alpha$ 在 $x=2k\pi(k\in\mathbf{Z})$ 时取最大值 1，在 $x=2k\pi+\pi(k\in\mathbf{Z})$ 时取最小值 -1. 同理，可以发现，函数 $y=\sin\alpha$ 在 $\left[0,\dfrac{\pi}{2}\right]$ 上单调递增，在 $\left[\dfrac{\pi}{2},\dfrac{3\pi}{2}\right]$ 上单调递减，在 $\left[\dfrac{3\pi}{2},2\pi\right]$ 上单调递增，再根据单位圆的周期性，得到函数 $y=\sin\alpha$ 在 $\left[2k\pi-\dfrac{\pi}{2},2k\pi+\dfrac{\pi}{2}\right](k\in\mathbf{Z})$ 上单调递增，在 $\left[2k\pi+\dfrac{\pi}{2},2k\pi+\dfrac{3\pi}{2}\right](k\in\mathbf{Z})$ 上单调递减. 函数 $y=\sin\alpha$ 在 $x=2k\pi+\dfrac{\pi}{2}(k\in\mathbf{Z})$ 时取最大值 1，在 $x=2k\pi-\dfrac{\pi}{2}(k\in\mathbf{Z})$ 时取最小值 -1.

（3）先讨论 $0<\alpha<2\pi$ 的情况，观察单位圆，$y=\sin\alpha$ 的几何意义是 $\overrightarrow{MP}$，α 的几何意义是弧长 $\overset{\frown}{AP}$，因为 $0<\alpha<2\pi$，$|\overrightarrow{MP}|$ 总是小于弧长 $\overset{\frown}{AP}$，所以 $\sin\alpha<\alpha$ 成立.

（4）当 $0 < \alpha < 2\pi$ 时，满足 $0 \leq f(\alpha) + g(\alpha) \leq 1$，即 $0 \leq \cos\alpha + \sin\alpha \leq 1$，如图 3-3-58，观察单位圆，将单位圆分为 8 个对称的区域进行分类讨论，可以发现，满足条件的 α 的取值范围是 $\left[\dfrac{\pi}{2}, \dfrac{3\pi}{4}\right] \cup \left[\dfrac{7\pi}{4}, 2\pi\right]$.

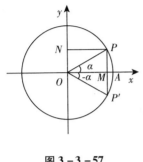
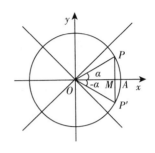

图 3-3-57   图 3-3-58

设计意图： 问题 14 的这种呈现，目的是建立直观图形与抽象函数之间的联系，可以考查学生运用单位圆解释和分析三角函数概念、性质以及运用单位圆的直观模型解决三角函数问题的能力，涉及的数学学科素养主要包括数学抽象、直观想象．逻辑推理和数学运算的核心素养，其重点是运用几何模型理解抽象的数学概念及其性质．

（五）课堂总结

【问题 15】

本单元学习了哪些知识，你能梳理一下这些知识所在的结构体系吗？

【追问】

本单元关联了哪些必备知识？涉及了哪些数学思想方法？蕴含了哪些核心素养？

设计意图： 本单元以单位圆为例，学习了数学模型的抽象的思维过程，总结了模型的抽象的一般步骤，初步理解和发展了数学抽象素养．

设计问题 15 和追问，引导学生理解数学模型的抽象不只是对数学事实的陈述，抽象出来的数学模型还具有一定的工具性，可以用于解决一类问题．让学生体会到不仅模型的抽象的结果很重要，而且，模型的抽象的过程也非常重要，能领会、理解、学会在这个过程中蕴含的数学思想方法，以及数学抽象、直观想象、数学建模、逻辑推理的素养．

本单元借助单位圆建立了一般三角函数的概念，利用单位圆的性质（主要是对称性），研究了诱导公式、基本关系式、和（差）角公式等反映三角函数之间的内在联系的内容，结合单位圆的几何性质，用几何直观和代数运算的方法研究了三角函数的周期性、对称性、单调性和最大（小）值等性质．

单位圆在三角函数的研究中有非常重要的作用，通过这节课的学习，学生能在情境中抽象出数学命题、方法和体系，积累从具体到抽象的活动经验，养成在日常生活和实践中一般性思考问题的习惯，把握事物的本质，以简驭繁．

（六）课后作业单

（1）人教 A 版第一册 255 页第 14，17 题．

（2）人教 A 版第一册 256 页第 24，25，27 题．

参 考 文 献

[1] 中华人民共和国教育部．普通高中数学课程标准（2017 年版）［M］．北京：人民教育出版社，2018．

[2] 史宁中，王尚志．《普通高中数学课程标准（2017 年版)》解读［M］．北京：高等教育出版社，2018．

[3] 加涅．教学设计原理［M］．上海：华东师范大学出版社，2018．

[4] 崔允漷．课堂观察［M］．上海：华东师范大学出版社，2008．

[5] 钟启泉．单元设计：撬动课堂转型的一个支点［J］．教育发展研究，2015（24）：1-5．

[6] 章建跃．单元—课时教学设计体例与要求［J］．中学数学教学参考，2019（8）：14-16．

[7] 崔允漷．学科核心素养呼唤大单元教学设计［J］．上海教育科研，2019（4）：1．

[8] 钟启泉．学会单元设计［J］．新教育，2017（14）：卷首语．

[9] 吕世虎，杨婷，吴振英．数学单元教学设计的内涵、特征以及基本操作步骤［J］．当代教育文化，2016（8）：41-42．

[10] 陈小波．高中数学单元教学整体设计的区域研究与实践［J］．中学数学教学参考，2020（4）：10-15．

[11] 陈小波．挖掘例题的育人功能，发展学生的核心素养［J］．中学数学教学参考，2019（4）：69-71．

[12] 陈小波．巧设情景呈现方式，考查直观想象素养［J］．中学数学教学参考，2019（9）：52-55．

[13] 罗新兵，陈小波．应关注和研究数学学业质量［J］．中学数学教学参考，2019（8）：卷首语．

［14］陈小波．基于教学设计能力提升的"三步式"教研模式探究［J］．文理导航，2019（4）：17.

［15］陈小波．基于学科素养视域下高中数学大单元教学设计研究［J］．明日，2019（6）：28.

［16］陈小波．素养立意视觉下的高中数学试题命制［J］．理科考试研究，2019（6）：2－5.

［17］陈小波．做孩子生命的引路人［J］．天津教育，2019（7）：4－5.

［18］陈小波．对"二倍角的正弦、余弦、正切公式"一节课的点评［J］．中学数学教学参考，2019（7）：37.

［19］罗新兵，陈小波．关于数学学业质量内涵思考［J］．高中数学教与学（中国人民大学报刊复印），2021（2）：57－59.

［20］罗新兵，陈小波．关于数学学业质量内涵的思考［J］．中学数学教学参考，2020（10）：40－42.

［21］陈小波．基于"问题链＋任务单"教学设计与反思［J］．数学教学通讯，2021（3）：19－21，26.

［22］陈小波．基于"情境活动"的"问题链＋任务单"教学设计与反思［J］．中学数学教学参考，2021（6）：13－15.

［23］陈小波．"几何特征"：高考"情境化试题"解题思路的来源［J］．中学教研（数学），2021（9）：43－46.

［24］陈小波．高考数学难点问题全面破解36策［M］．广州：广东经济出版社，2019.

［25］陈小波．高中数学大单元教学设计策略与案例研究［M］．广州：广东经济出版社，2020.

［26］陈小波．高考数学提分进阶攻略［M］．广州：广东经济出版社，2020.

［27］李志敏．"主体性问题化"教学法与课例精选［M］．深圳：海天出版社，2019.

［28］陈小波，张志峰，闫瑞习．分析情境载体的几何特征，探索解决问题的思路来源［J］．中学数学教学参考，2022（10）：62－65.

［29］陈小波．高中数学"问题链＋任务单"单元式教学策略探索［J］．数学教学通讯，2023（1）：3－8.

后 记

这是一次"教研、实践、反思、写作"的教育科研之旅！

高中数学"问题链＋任务单"单元式教学探索是我从事数学教学工作30年的实践经验，也是形成自身教育主张、孕育团队专业成长、惠及学生素养形成的一次有益尝试！

我从事高中一线教学工作16年、教研员工作14年，这其中时常思考的问题是如何实现从"解题教学"到"思维教学"的转变，如何推进从"学科教学"到"学科育人"的转变，如何成为一名"智慧型"学科带头人，如何成为一名"专家型"教研员．

关于"思维教学"的思考，始于2006年．因在教育教学方面取得一些成绩，我被推荐为广东省基础教育"百千万人才工程"名教师培养对象．从那时候起，我开始重视教学研究理论与实践相结合，秉承"思维是课堂教学的灵魂"，探索"新授课＋复习课"混合教学法，特别关注数学课堂中思维的广度、深度和灵活度，通过单元复习课梳理知识结构体系、数学思想方法和思维逻辑线索，提升学生解决问题的能力，取得一些教科研成果．比如，主持了广东省科研课题"高中数学课堂教学有效性研究"；2006年任教班级数学平均分达到750分（标准分满分900分）；学生方颂文获得高考数学满分成绩；学生张峻豪入选中国奥林匹克数学竞赛冬令营并获二等奖；等等．

关于"整体设计"的思考，始于2008年．这一年，我选调担任深圳市罗湖区教科院教研员，得益于教研工作平台，深入研究课程教学和教材教学法，开始关注数学课堂教学中存在的一些问题，比如"重局部轻整体，教学内容碎片化""重技能轻思维，教学活动解题化""重结果轻过程，教学方式单一化"等

"三重三轻三化"现象．为了破解这些难题，坚持"整体观""联系观""思维观"等教育教学理念，提出了整体设计思维课堂的教学与实践主张，关注知识结构的整体性、逻辑思维的系统性，逐步形成了整体设计教学的基本雏形．这与后来新一轮课改中"发展学生的数学核心素养"的课程目标指向不谋而合，与新课改提倡的"加强主题教学"理念也是高度契合．实践过程中，构建了基于课例研究的"三步式整体教研"模式，成为区域教研特色创新项目，并已在区内外广泛推介，全面提升了教师的教学整体设计能力和专业化水平．

关于"单元教学"的思考，始于 2017 年．《普通高中数学课程标准（2017年版）》（以下简称《课标 2017》）明确了数学教育承载着落实立德树人、发展素质教育的功能，要求以数学学科育人为出发点，通过有思维的教与学活动，形成人的理性思维、科学精神，促进个人智力发展．《课标 2017》建议加强单元教学、主题教学，促进深度学习、真实学习，实现数学学科核心素养的连续性和阶段性发展．对比高中数学 2019 年版与 2005 年版教材，除了内容和结构的调整以外，主要体现在"情境化"的呈现方式的变化，比如学科知识的整体性、逻辑关系的系统性、内容融合的关联性、思想方法的普适性、获得体验的情境性等．《课标 2017》要求在教学过程中，应该关注单元知识的逻辑，内容主线的关联，学科素养的融合，整体理解必备知识的结构体系，准确把握课程目标、课程内容、学业质量，不仅关注每一节课的教学目标，更要关注主题（单元）的教学目标，实现学业质量的相应单元"学业要求"．基于此，我开始重点研究高中数学大单元教学整体设计策略与实践，探索"以整体内容设计为载体""以系统性思维为目标"的单元教学整体设计体例．积极倡导大单元教学，引领团队增强单元教学整体设计的意识，提高单元教学整体设计教学的能力．其间，我主持了广东省 2019 年教育科学"十三五"规划课题"三步式教研：高中数学大单元教学设计能力提升策略研究"，于 2020 年正式出版相关成果著作《高中数学大单元教学设计策略与案例研究》，发表相关成果论文 3 篇．

关于"高中数学'问题链＋任务单'单元式教学"的思考，源于 2017 年，我首次提出"问题链＋任务单"教学法．后来，国务院办公厅发文《关于新时代推进普通高中育人方式改革的指导意见》（国办发〔2019〕29 号），要求在全面"实施新课程""使用新教材"的过程中，积极探索"双新"时代背景下基于情境、问题导向的探究式、互动式、启发式、体验式课堂教学方式．它进一步坚定了我探索基于大单元视角构建"单元导引—课时教学—整体评价"的一体化整体设计方案的研究方向，即构建高中数学"问题链＋任务单"单元式教学理论，厘清其核心思想和理论支点，立足学科育人目标，探索"问题链＋任务单"单元式教学模型，从课例研究、课程引领、教研创新等三个方面探索理论与实施路径，形成包括"单元教学要素设计""课时教学要素设计""单元整体评价与反思"等内容的整体设计策略与评价体系．引导教师结合学习任务及其蕴含的数学学科核心素养，创设合适的教学情境、提出合适的数学问题，引导学生用数学的眼光观察现象、发现问题，使用恰当的数学语言描述问题，引发学生思考与交流，用数学的思想、方法解决问题，在问题解决的过程中，理解数学内容的本质，促进学生数学学科核心素养的形成和发展．实践中，解决了"高中数学教学中重技能轻思维的局限性问题""高中数学课程改革中学科育人的技术性问题""高中数学'问题链＋任务单'单元式教学模式的规范性问题""高中数学'问题链＋任务单'单元式教学中系统性评价的有效性问题"等四方面的难题．经过几年的探索，构建了"问题链＋任务单"教学法、构建了"三段七步十九要素"单元式教学模型、构建了单元导引下"纵向＋横向"系统性评价体系、开发了"高中数学'问题链＋任务单'单元式教学整体设计体例"，这些研究成果具有创新性、实践性、时代性、普适性和示范性．近年来，受邀到陕西师范大学、华南师范大学、广东韶关学院、华南理工大学继续教育学院、广东省教研院、深圳市教科院、大湾区各地市、罗湖区教科院等推介相关成果《高中数学"问题链＋任务单"单元式教学》讲座共 40 余次，组织全国、省、市、区各级示范教研活动 30 余次，在《中学数学教学参考》《数学教学通讯》等期刊发表相关成果论文 5 篇．

回顾书稿的形成过程，这是一次"深度教研、研教优学、建构主张"的专业成长之旅！

感谢指导和帮助过我的各级领导、专家学者和教育同行，受惠于你们的智慧、指导和支持．特别感谢人民教育出版社章建跃博士，广东省教研院研究员吴有昌博士，深圳市教科院潘希武副院长，陕西师范大学罗新兵教授，深圳大学张文俊教授，湖北师范大学陈强教授，岭南师范学院张子石教授，《中学数学

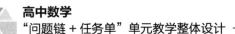

教学参考》段养民主编，特级、正高林伟副校长，特级、正高李志敏老师以及罗湖区教科院的各位领导及同事．

特别感谢章建跃博士为本书作序，并提出了专业性的指导意见．

特别感谢吴振文、吴漫华、韩芸、尹微、胡勇进、朱丛云、雷小明、叶文豪、曾慧、张涛、田倩、刘夙鑫等老师，他们为本书提供了部分素材并参与了部分审校工作．

"道而弗牵，强而弗抑，开而弗达"，"教育是美丽的遇见"，扎根教育教学实践的沃土，深耕细作，回归初心，做新时代智慧教育的探索者．

陈小波

2022 年 8 月 18 日于深圳